KB234600

퍼펙트
타이밍

세계 최고의
타이밍 구루
스튜어트 앨버트가
20년간의 연구결과를
집대성한 타이밍
전략의 바이블

퍼펙트 타이밍

스튜어트 앨버트 지음

유지훈 옮김 · 최성락 감수

시간을 지배하는 자가 이긴다

THE ART OF PERFECT TIMING

아템포

《퍼펙트 타이밍》은 구체적인 예시가 풍부한 사례별 연구 기반 도서로 경영서에 독특한 안목을 덧붙였다. 타이밍이 생명인 독자에게 앨버트의 이 책은 사막의 오아시스가 될 것이다.

_〈퍼블리셔스 위클리Publisher's Weekly〉

저자는 시간의 역할을 이해하는 데 참신한 안목을 제시한다. 우리는 절호의 순간에 벌어지는 행동과 패턴을 포착할 수 있도록 이 책에서 기회의 창을 내다보는 법, 리스크가 불거질 시기를 포착하는 법, 리듬과 레이트, 시퀀스 및 인터벌의 윤곽을 잡는 법을 배운다. 《퍼펙트 타이밍》은 역동적인 세상에서 리더답게 처신할 때 필요한 대처 요령과 어떤 일을 진행할 적절한 시기를 배우려는 이들에게 특별한 선물이 될 것이다.

_데보라 안코나Deborah Ancona, MIT 경영학부 셸리 석학교수·MIT 리더십센터 대표

스튜어트 앨버트는 의사 결정 시 개입하는 타이밍의 역할을 재치 있고 비중 있게 밝혀냈다. 시류에도 걸맞은 책이다. 그는 결정 타이밍이 우리 손에 달려 있다는 점, 타이밍을 분석해 '시간의 설계도Temporal Design'를 파악하는 것이 혁신의 성공을 여는 열쇠가 된다는 점을 일깨운다. 또한 기업뿐만 아니라 정치 및 예술계에서 추출해낸 풍부한 사례를 소개하며 얽히고설켜 있어 거의 잊다시피 한 시간의 복잡한 실체를 한 꺼풀씩 벗긴다. 그런 의미에서 성 오거스틴St. Augustine이 시간을 언급한 격언("시간은 아무도 묻지 않으면 그것이 무엇인지 알지만 이를 규명하고 싶어지면…… 알 재간이 없다")도 타이밍에 적용되지 않을까 싶다. 타이밍을 쉽게 풀어쓴 책이니 읽으면 감이 잡힐 것이다.

_토머스 피셔Thomas Fisher, 미네소타 대학교 디자인학부장

《퍼펙트 타이밍》은 다반사가 되어버렸지만 딱히 대처할 방법을 모르는 문제를 독창적으로 분석하고 적용해봄 직한 사례도 다수 소개했다. 스튜어트 앨버트는 시간의 구조를 쪼갬으로써 새로운 관점으로 경험을 진단하는 데 도움을 준다. 일상과 비즈니스 문제를 두고 분석할 필요성을 느끼지 못하고 있다면 이 책

이 새로운 통찰을 선사할 것이다.

_에드거 쉐인**Edgar Schein**, MIT 슬론 경영대학원 명예교수

호머**Homer**에 따르면, 사람은 철드는 시기가 너무 늦어 심히 어리석다고 한다. 《퍼펙트 타이밍》은 분주한 세상에서 만나야 할 값진 책이다. 정독할 시간을 내는 것이 어리석음을 피하는 지름길이 될 것이다.

_엘런 랭어**Ellen Langer**, 하버드 대학교 심리학 교수, 《마인드풀니스**Mindfulness**》 저자

시중에 나온 책이 대개 비즈니스의 '요령'과 '대상'을 짚어준다면 《퍼펙트 타이밍》은 지나치기 쉬운 타이밍을 일러준다. 사업 제안도 너무 이르거나 늦을 때가 더러 있는 까닭에 타이밍을 잡는 것이 핵심인데 때마침 스튜어트 앨버트가 이를 체계적으로 가르쳐주고 있다.

_짐 로런스**Jim Lawrence**, 북미 로스차일드협회장, 전前 제너럴 밀스 부회장

이 책은 의사결정을 이루는 구성원과, 각 구성원의 추이를 관찰하는 안목을 제시함으로써 의사결정을 보는 관점을 바꾸어놓는다. 구성원을 판단하는 과정은 실제로도 많은 도움이 되었는데, 여기에 시간의 상호관계를 면밀히 분석할 수 있다면 좀더 합리적인 결정을 내릴 수 있을 것이다. 누구나 배워야 할 멋진 테크닉이다.

_알렉스 시릴로 2세**Alex Cirillo, Jr**, 전前 3M 부사장

프로젝트의 착수 시기를 결정해야 한다면 사건의 시퀀스를 비롯하여 주요 변곡점과 병렬 사건의 듀레이션 및 실행 속도 등은 어떻게 파악할 것인가? 스튜어트 앨버트는 지금껏 시간만 연구하며 살아온 사람답게 이 같은 타이밍 문제의 근본적인 구조를 탁월한 시선으로 꿰뚫고 있다. 아울러 《퍼펙트 타이밍》은 풍부한 사례를 통해 시간과 타이밍이 만사에 영향을 주고받는 경위도 일러줄 것이다. 책을 읽으면서 이토록 설렌 적이 있었던가!

_스릴라타 자히르**Srilata Zaheer**, 미네소타 대학교 칼슨 경영대학원 학장

옮긴이 및 편집자의 일러두기

1_ 저자 스튜어트 앨버트 교수는 본문에서 시간의 구성 요소를 음악 용어를 사용해 개념화했다. 그래서 이 용어를 우리말로 옮기는 과정에 적잖은 갈등이 있었다. 이를테면 인터벌interval은 음악용어로 사용될 때 '음정'으로 옮겨야 정확하지만, 책의 주제와는 직관적으로 거리가 멀게 느껴진다. 그래서 '구두법punctuation'을 제외한 나머지는 모두 원어를 살려 표기했다. _옮긴이

2_ 본문 중에서 ●표시가 된 부분은 감수자 주를 나타낸 것이다. 감수자 주는 대부분 해당 사례나 용어에 대한 부연설명으로 본문 좌우편에 마련한 별도 난에 실었다. 원저자 주는 숫자 '1, 2, 3, (…)'의 형식으로 표기했고, 해당 내용은 본문 말미에 '주석'으로 처리했다. _편집자

로시타Rosita에게 이 책을 바칩니다.

한 차원 더 높게
더 멀리 보는
시간의 힘

—

시간은 중요하다. 시간은 우리가 살아가는 사회에서 모든 것을 결정하는 요소이다. 많은 사람이 열심히만 하면 성공하리라고 생각한다. 그러나 열심히 한다고 해서 무조건 성공하는 것은 아니다. '언제' 열심히 하는지, 그 타이밍이 매우 중요하다. 예를 들어 어느 기업에서 새로운 신상품을 연구한다고 해보자. 세상에 없는 것, 아주 창조적인 상품을 만들면 그 기업은 무조건 크게 성공할까? 결론부터 말하면 그렇지 않다. 신상품이 '언제' 완성되었는지, 그리고 이 신상품을 세상에 '언제' 공개하는지가 중요하다. 타이밍이 맞지 않으면 아무리 열심히 노력했더라도 좋은 결과를 얻을 수 없다. 즉 아무리 좋은 상품을 개발했더라도 히트 상품이 되지 못하고 결국 사람들에게서 잊힌다. 우리는 타이밍이 맞지 않아 시대를 앞서 나온 기술이 나중에서야 주목받는 사례를 무수히 찾을 수 있다.

시간이 이렇게 중요한 이유는 시간이 바로 4차원을 규명하는 요소이기 때문이다. 0차원은 점, 1차원은 선이다. 2차원은 면이고 3차원은 공간이다. 우리는 이 3차원 공간에서 살고 있고, 그래서 3차원에서 벌어지는 일들에 대해서는 잘 안다. 4차원은 인간이 인식할 수 있는 세상이 아니다. 하지만 현대과학은 인간이 체감할 수 없는 4차원의 정체를 수학적으로 증명해냈다. 4차원은 시간이다. 3차원 공간에 시간의 요소를 더하면 4차원이 된다. 4차원의 세계는 시간이 기본적인 변수로 작용하는 세상이다.

인간은 3차원에서 살고 있기 때문에 시간의 중요성을 잘 인식하지 못한다. 그러나 만약 우리가 시간이 이 세상에 미치는 영향을 항상 고려한다면 3차원을 넘어서는 능력을 발휘할 수 있다. 3차원에서 생활하는 인간이 4차원의 능력을 갖춘다면 어떻게 될까? 3차원에서 벌어지는 대부분의 일을 예측할 수 있는, 과장되게 말하자면 신의 능력 중 일부를 가진 것과 다름없을 것이다.

개미는 평면에서 움직인다. 3차원에 살고 있기는 하지만 개미의 인식 체계는 2차원에 가깝다. 예를 들어 개미는 하늘을 인식하지 못하고, 하늘에서 무슨 일이 벌어지는지 알지 못한다. 단지 땅(2차원인 면의 세계)을 기어 다니면서 그 위의 먹을거리에만 집중할 뿐이다. 이때 참새가 하늘에서 내려와 이 개미를 잡아먹는다면 어떻게 될까? 3차원에서 사는 우리는 하늘에 있던 참새가 땅으로 내려와 개미를 잡아먹는 일을 자연스럽게 받아들인다. 여기에는 이상할 것도, 특별할 것도 없다. 하지만 잡아먹힌 개미와 한발 떨어져 있던 동료 개미에게는 아주 불가사의한 일이다. 조금 전에 함께 있던 동료 개미가 사라졌으니 말이다.

평면에서 주된 생활을 하는 개미는 땅과 하늘 사이의 공간, 즉 3차원을 잘 이해할 수 없다. 참새가 갑작스럽게 나타나는 일도, 옆에 있던 동료 개미가 불쑥 사라진 일도 이해하기 어렵다. 하지만 3차원을 인식할 수 있는 인간들에게는 자연스러운 일이다. 참새가 내려오는 순간 어떤 일이 벌어질지를 알고, 어떤 개미가 앞으로 어떻게 될지도 알 수 있다. 여기에 특별한 예측 능력은 필요 없다. 그저 보고만 있어도 알 수 있다.

한 차원 높은 인식을 한다는 것은 이와 같다. 차원을 넘어서는 인식 체계를 가지면 현재 어떤 일이 벌어지고 있는지, 그리고 앞으로 이 일이 어떻게 흘러갈지를 쉽게 알 수 있다. 특별한 노력도 필요 없고 그저 보는 것만으로도 가능한 것이다. 만약 3차원에 사는 우리가 4차원을 인식할 수 있다면, 지금 우리 세상에서 일어나는 일들을 거의 다 이해할 수 있을 것이다. 그리고 앞으로 어떤 일이 벌어지게 되는지도 파악할 수 있을 것이다. 4차원은 시간의 세계이다. 시간의 비밀을 알면 알수록 지금 우리들의 세상과 사회를 제대로 이해할 수 있고, 그리고 미래를 파악하고 대비하는 일도 가능해진다.

꿈과 같은 일이다. 하지만 아쉽게도 3차원에 사는 인간은 4차원의 시간을 완벽히 이해할 순 없다. 무수한 시간의 특성 중 몇 가지 중요한 요소만을 가지고 시간의 틀을 파악해볼 수는 있다. 또 그 시간의 틀을 활용해서 3차원을 해석해보려고 노력할 수는 있다. 하지만 이러한 행동만으로도 3차원에서는 큰 역량을 발휘한다. 4차원의 인식 체계를 완벽히 구축할 수는 없더라도 단지 3차원을 조금 뛰어넘는 인식 체계, 즉 단순한 표현으로 3.5차원만 돼도 다른 사람들보다 훨씬 많은 일을 해나갈 수 있다.

이 책 《퍼펙트 타이밍》은 시간의 틀을 가지고 이 세상을 바라보는 길을 제시한다. 이 책을 숙지하면 최소한 3.5차원의 인식 체계를 갖출 것이다. 《퍼펙트 타이밍》에서 제시한 시간의 틀을 항상 고려하면 분명히 이 세상을 좀 더 잘 이해할 수 있고, 또 올바른 의사결정도 할 수 있다. 한 단계 업그레이드된 의사결정을 할 수 있다면 성공으로 가는 문은 더 크게 열릴 것이다.

이 책에서 현실에 적용하는 시간의 틀, 즉 시간의 중요한 요소는 6가지가 있다. 첫째는 시간의 연속성을 뜻하는 '시퀀스'이다. 어떤 일이든 그 일을 진행하는 순서가 중요하다. 순서가 제대로 되어 있으면 노력한 만큼의 결과를 얻는다. 하지만 시간의 순서가 잘못되어 있으면 쉬운 길을 놔두고 멀리 돌아갈 수도 있고, 심지어는 최악의 결과를 얻을 수도 있다. 예를 들어 '라면 끓이기'를 생각해보자. 끓는 물에 라면과 스프를 넣고 3~4분만 기다리면 된다. 이 간단한 절차에서도 순서가 중요하다. 만일 찬물에 라면을 먼저 넣고 끓이면 어떻게 될까? 물론 이때에도 스프는 넣었다. 그러나 물, 라면, 스프라는 동일한 재료를 사용했음에도 결과는 엄청나게 달라진다. 면발이 쫄깃쫄깃한 맛있는 라면이 아닌 그저 푹 퍼진 면 무더기가 만들어질 뿐이다. 모든 일이 다 마찬가지이다. 시간의 순서를 고려해 그 순서에 맞게 일을 진행해야 한다. 시간의 순서를 따르지 않으면 라면 끓이기 같은 간단한 일조차 엉망진창이 되고 만다.

두 번째 시간의 요소는 '시간의 구두점'이다. 우리는 어떤 일을 할 때 언제 시작하는지, 언제 끝나는지를 분명히 해야 한다. 시작점과 끝점을 확실히 구분해주는 것이 시간의 구두점이다. 예를 들어 회사에서 어떤 업무를 맡았다면 언제쯤 그 일을 끝낼지 고려해야 한다. 업무 강도에 따라 다르겠지만 다른 사람이 보통 일주일 동안 해결하는 일을 한 달이고 두 달이고 마냥 붙잡고 있다가는 능률성이 형편없는 사람으로 낙인찍힌다. 마감 기한을 정하고 일을 하는 것과 그렇지 않고 하는 일은 능률이 다르다. 일의 결과가 만족스러운가는 마감 기한이라는 끝점을 얼마나 잘 활용하느냐에 달려 있다. 끝점이 없으면 항상 분주하게 일해도 막상 결과는 좋지 않은 사태가 발생한다. 다시 라면 끓이기 예로 돌아가 보자. 라면을 끓여 먹겠다는 생각이 들었다. 그런데 이 생각만 계속해서는 절대로 라면을 먹을 수 없다. 라면을 끓이기 위해 '가스레인지에 물이 담긴 냄비를 올리는' 시작점이 필요하다. 이윽고 라면이 만들어지면 맛있게 먹는다. 여기까지가 끝일까? 빈 그릇을 내버려두면 마무리가 다 되었다고 볼 수 없다. 냄비와 그릇을 깨끗이 설거지하는 시점, 그 점이 바로 라면 끓여 먹기의 끝점이다. 끝점을 찍어야 드디어 다음 일로 넘어갈 수 있다.

세 번째 시간의 요소는 듀레이션(시간의 지속성)과 인터벌(시간의 간격)이다. 먼저 듀레이션은 어떤 일을 할 때 그 일이 어느 정도 시간이 걸리는지를 파악하고, 그 기간에는 계속해서 일을 수행하는 게 중요하다는 것을 의미한다. 헬스장에서 근육 운동으로 살을 뺄 계획을 세웠다고 하자. 그러면 헬스장을 다니기 전에 근육 운동으로 살을 빼는데 어느 정도의 시간이 걸리는가를 파악해야 한다. 굶어서 살을 빼는건 1~2개월 만으로도 가시적인 효과를 볼 수 있지만 일반적인 근육 운동으로 살을 빼려면 효과가 나타나기까지 보통 6개월이 걸린다. 그런데 이러한 사실을 무시한 채 운동을 시작하면, 1~2개월 후 실망스러운 결과를 마주하고 운동을 포기할 것이다. 정리하면, 어떤 일을 수행할 때 어느 정도의 시간이 걸리는지를 제대로 파악하고 그 시간 동안 꾸준히 해야 원하는 결과를 얻는다. 열심히 한답시고 듀레이션을 넘어서는 시간 동안 하는 것도 좋지 않다. 라면은 3~4분만 끓여야지 20분 넘게 끓이면 죽이 된다. 반대로 1분만 끓여서도 맛 좋은 라면을 만들 수 없다. 꼭 필요한 시간만큼 지속성을 유지할 때 최고의 결과를 얻을 수 있다.

시간의 간격, 즉 인터벌도 중요하다. 앞서 듀레이션이 중요하다고 했지만 아무런 간격을 두지 않고 지속하는 것은 좋지 않다. 예를 들어 4~5시간을 한자리에서 쉬지 않고 공부해봤자 능률이 떨어진다. 대다수 공교육 기관이 50분 동안 수업하고 10분 쉬는 체제로 운영되는 이유는 그렇게 했을 때 공부 능률이 가장 높기 때문이다. 쉬지 않고 3시간을 계속 공부하는 것보다 50분 공부하고 10분 쉬는 걸 3시간 동안 하는 게 훨씬 학습 효과가 좋다. 또 다른 예를 들자면, 방금 막 지은 밥이 맛있다고 해서 밥이 익자마자 밥솥을 열면 오히려 밥맛이 떨어진다. 밥이 다 된 후 뜸을 들이는 시간도 필요하다. 이 뜸 들이는 시간이 인터벌이다.

네 번째 시간의 요소는 레이트(속도)이다. 빨리 일해야 하는 경우가 있고 다소 천천히 일해야 하는 경우가 있다. 빨리 결과를 내야 하는 일이 있고 천천히 결과를 내야 하는 일도 있다. 무조건 빨리하는 것만이 좋은 건 아니다. 예를 들어 인간관계에서는 급속히 친해지는 것보다 천천히 친밀감이 쌓였을 때 더 좋은 관계가 만들어지곤 한다. 또 식사할 때 지나치게 급히 먹으면 체하기 십상이다. 그렇다고 너무 늦게 먹으면 설거지할 사람에게 피해가 간다. 군대 훈련소에서는 빠르게 식사해야 한다. 하지만 데이트 장소에서 군대 훈련소에서의 속도로

식사하면 상대방에게 큰 실례다. 일할 때도 마찬가지이다. 어떤 업무를 진행하든 그 업무에 적합한 속도가 있다. 일 자체가 필요로 하는 속도가 있고, 주변 환경에서 요구하는 속도도 있다. 그 속도에 맞추어 일을 진행해야 한다. 너무 빨라도, 너무 늦어도 좋은 결과를 얻을 수 없다. 따라서 어떤 일을 시작하든 그 일의 속도가 어느 정도여야 하는지를 먼저 파악해야 한다.

다섯 번째 시간의 요소는 형태, 즉 시간의 셰이프이다. 경제 상황이 항상 호황기인 경우는 없다. 호황기였다가 불황기를 맞고, 불황기였다가 다시 호황기를 맞는다. 즉 주기가 있다. 올라갔다 내려갔다 하는 주기의 모습이 바로 시간의 셰이프이다. 경제 활동에서는 특히 이 주기를 잘 타야 한다. 내가 아무리 좋은 상품을 내놓는다 하더라도 불황기에 상품을 내놓으면 주머니가 가벼운 소비자들은 호응하지 않는다. 호황기에는 웬만한 상품도 히트 상품이 될 수 있지만, 불황기에는 아무리 좋은 상품도 히트 상품이 되기 어렵다. 또 다른 예로 실력이나 노력과 관계없이, 호황기에 주식시장에 들어가면 큰 이익을 얻는다. 그러나 아무리 공부를 많이 했어도 불황기에 주식시장에 들어가면 성적이 좋지 않다. 사실 경제 활동에서 큰 수익과 손해를 결정짓는 중요한 요소가 바로 이 시간의 흐름 형태, 주기적 요소이다.

경제 상황만이 아니라 모든 흐름에는 주기가 있다. 언제나 좋거나 언제나 나쁜 일만 생기지는 않는다. 좋은 일이 생기는 흐름과 나쁜 일이 생기는 흐름이 있다. 일정한 시간을 두고 이 흐름은 변화한다. 그 변화하는 물살을 따라가야 한다. 물살을 거슬러서 움직이려면 힘이 든다. 같은 노력으로 어느 정도의 결과를 얻는가는 이 물살의 흐름에 얼마만큼 맞추는가에 달려 있다.

　여섯 번째 시간의 요소는 폴리포니이다. 폴리포니는 오케스트라 음악처럼 여러 악기의 소리가 한데 어울려서 조화를 이루는 것을 말한다. 오케스트라에서 바이올린은 자신의 악보대로 멜로디를 연주한다. 첼로는 첼로대로 자신의 멜로디를 연주한다. 그런데 이 바이올린의 멜로디와 첼로의 멜로디가 서로 만나 오케스트라에서 화음을 만들어낸다. 이때 중요한 점은 바이올린 멜로디의 시간과 첼로 멜로디의 시간이 서로 맞아야 한다는 것이다. 시간대가 정확히 맞으면 오케스트라의 멋진 음악이 만들어진다. 그러나 시간대가 조금이라도 어긋나면 이 오케스트라의 음악은 귀를 괴롭히는 소음이 된다. 바이올린이나 첼로의 멜로디를 따로따로 들으면 어떨까? 분명 아름다울 것이다. 그 아름다운 멜로디가 서로 정확한 시간대에 함께 연주되면 훨씬 더 아름다운 음악이 되고, 시간대가 조금이라도 어긋나면 소음이 된다는 것은 폴리포니의 중요성을 잘 드러낸다. 업무를 수행할 때도 폴리포니를 고려해야 한다. 지금 하는 일이 전체 중에서 어떤 위치를 차지하고, 서로 영향을 주고받는 다른 업무들과 시간대가 잘 맞아떨어지는지를 살펴야 한다. 다른 업무들과 발맞추어 가야 하는데 성급하게 앞서 진행했다가는 결국 전체적으로 좋지 못한 결과가 나올 수 있다. 나만 열심히 해서 앞서나가는 건 소용없다는 뜻이다.

시퀀스, 시간의 구두점, 듀레이션과 인터벌, 레이트, 셰이프, 폴리포니. 이 6가지가 이 책에서 제시하는 시간의 주요 구성 요소들이다. 이 시간의 구성 요소들을 고려하고 인식할 때 더 나은 성과를 낼 수 있다. 시간 요소들을 고려하지 않는다면, 아무리 열심히 노력해도 좋은 결과를 얻기 어렵다.

많은 사람이 열심히 노력하고 업무에 충실하면 다른 사람들에게서 인정받고 성공할 수 있으리라고 생각한다. 하지만 이는 3차원의 사고방식이다. 2차원에서 부지런히 움직이는 개미가 아무리 노력해도 3차원에 사는 참새를 따라갈 수 없듯이, 3차원의 사고방식으로 아무리 노력해도 4차원의 사고방식으로 움직이는 사람을 당해낼 수 없다. 시간의 요소를 고려하면서 행동하는 사람이 4차원의 사고방식으로 움직이는 사람이다.

우리가 3차원이라는 공간의 한계를 넘어서기 위해서는 4차원의 시간 요소들을 고려해야 한다. 《퍼펙트 타이밍》은 4차원의 사고방식을 갖추는 데 꼭 필요한 시간 요소를 분석하고 현실에 실제로 적용하는 방법들을 제시한다. 남들보다 한 차원 더 높게, 더 멀리 보고 싶은가? 이 책이 그 길을 안내해줄 것이다.

차 례

PERFECT TIMING

《퍼펙트 타이밍》이
세상에
나오기까지

—

타이밍을 규명하려고 애써봤자 무익하다는 것이 사회적 통념이다. 시장이 돌아가는 추이에 즉각 대응하거나 미래를 정확히 예측하는 사람이 아무도 없다는 점에서 그렇다. 세상이 복잡다단한 데다 모르는 것도 너무 많고, 형편 또한 시시각각 변하기에 경험이라는 길잡이도 영 믿을 수 없다. 그래서 때로는 운이 따라야 타이밍을 잡을 수 있다는 풍문이 떠돈다. 이를테면 상품이나 서비스가 딱 알맞은 시간과 장소에 출시되려면 행운의 여신이 편을 들어주어야 한다는 이야기다. 이를 죄다 근거 없는 낭설이라고 싸잡을 수는 없지만, 타이밍의 기술을 습득할 수 없다는 발상은 너무 비관적일 뿐만 아니라 사실도 아니다. 통념과는 달리 적절한 수단을 갖추면 타이밍이 좌우하는 문제를 좀 더 효과적으로 관리할 수 있다. 이 책 《퍼펙트 타이밍》에는 그러한 수단의 본질을 밝히고 이를 문제 해결에 적용하는 요령을 담았다.

타이밍을 성찰하게 된 계기는 2004년으로 거슬러 올라간다. 당시 나는 브라질 상파울로의 장모님 아파트에 마련된 간이 사무실에서 업무를 보고 있었다. 장모님(이름은 도나 엘라)이 암 투병으로 생사의 갈림길에 있었기에 아내와 함께 현지에 머물렀던 것이다. 한 생명이 종국에 이를 때가 되니 문득 '시간'이 뇌리를 스쳤다. 매일 아침 동이 틀

무렵 차디찬 겨울의 햇살이 짙은 암갈색 침실 벽을 밝힐 때면, 동네를 배회하다가 집 앞을 들르곤 하던 수탉 소리에 귀를 기울이곤 했다. 그러나 왠지 올해는 수탉 소리가 들리지 않았다. 도시 외곽의 과거를 알리던 최후의 증언이 사라진 셈이다. 나는 약 30년간 여름휴가와 크리스마스를 보냈던 그 아파트에서 이 책의 핵심인 '시간의 구조Temporal Architecture'를 발견했다. 그땐 잘 몰랐지만, 이 개념 덕택에 타이밍이라는 난제를 극복할 신선한 비결에 눈뜰 수 있었다.

1991년 봄, 타이밍 연구를 개시했을 때 직업의 통념은 따르지 않겠노라 스스로 다짐했다. 자연과학과 사회과학도 배운 적 있지만 본업은 경영대학원 교수다. 타이밍 연구는 다른 동료들의 연구와는 달리 검증해야 할 **사실**을 해명하거나 **가설**을 세울 필요가 없었다. 또한 대규모 조사와 객관적인 실험 단계를 구상할 일도, **데이터 분석** 및 수학적 모델을 제시할 컴퓨터를 설치할 필요도 없었다. 통계 자료가 없다고 문제가 되는 일은 없었다. 한마디로 현대 사회과학의 첨단 도구는 없어도 그만이었다. 대신 첨단 도구가 발명되기 이전으로 거슬러 올라가 수렵채집인을 자처하기로 했다.

〈뉴욕타임스〉와 〈월스트리트저널〉, 〈이코노미스트〉를 처음부터 끝까지 꼼꼼히 읽으면서 타이밍과 관련이 있어 보이는 기사는 주제를 막론하고 마구 스크랩했다. 특히 모종의 작전이 너무 이르거나 늦게 착수되었다는 기사, 프로젝트가 돌연 지연되었거나 유망한 기업이 하루아침에 문을 달아 충격을 주었다는 기사 등 타이밍을 놓친 사건에는 각별히 관심을 두었다. 또한 해당 기사의 사례에서 당시 타이밍을 제대로 잡았다면 결과가 어떻게 달라졌을지도 가늠해보았다.

스크랩한 자료를 추적할 수 있도록 분류 체계를 찬찬히 작성하다 보니 지금껏 모은 기사가 2000건을 웃돌았다. 순수한 학술적 연구 활동이 아닌데도 그랬다. 사람들이 타이밍에 결과가 좌우되는 일을 선뜻 파악하지 못하는 까닭은 이를 찾는 방법을 모르기 때문이다. 명칭과 위치를 정해두어야 무엇이든 쉽게 찾을 수 있지 않겠는가? 직장이나 가정에서 마주치는 타이밍과 관련된 문제의 명칭과 위치는 이 책을 읽다 보면 자연히 알게 될 것이다.

자료를 정리하면서 수많은 기업과 공조해왔다. 관련 이슈도 다양했다. 예컨대 부도가 난 신기술 벤처 기업은 내막을 열어보니 분명 타이밍을 놓친 것이 화근이었고, 계약 위반을 둘러싼 모 기업의 법정 소송은 타이밍만 제대로 파악했더라면 결과가 달라졌을 법했다. 어느 기업주는 경쟁 업체의 가격 구조를 두고 맞불을 놓아야 할지, 그저 방관해야 할지를 고민했다. 그때 실시한 타이밍 분석 결과에 따르면 업계가 급속도로 변하고 있어 문제가 자연히 해결될 것이므로 방관이 열쇠인 것으로 나타났다.

기업의 일거수일투족에 타이밍이 매우 깊이 연루되었다는 사실을 깨닫자 잠시 머리를 식혀야 했다. 타이밍의 경계가 당최 보이지 않았기 때문이다. 중심은 고사하고 시작과 끝의 구분도 없었다. 복잡한 것도 골칫거리였다. 또한 굳이 타이밍을 들먹이지 않아도 될 때가 더러 있었다. 알다시피 '언제 손을 쓰느냐'와는 무관하게 성패가 갈리는 경우도 비일비재하다. 타이밍 연구에 착수한 첫 10년은 메모와 분석 결과를 직접 손수 적어두었는데, 그간 모아놓은 자료를 헤아려보니 약 800쪽 정도 되었다. 이를 컴퓨터 폴더에 저장한 후 파일명을 '내 전용

책 A Book for My Own Use'으로 잡았다. 메모를 기록하다 보니 타이밍을 놓치는 실수가 아무렇게나 벌어지진 않는다는 점을 깨달았다. 그러니 적어도 일부는 예방할 수 있을 것이다. 주제를 깊이 파헤칠수록 여태 경험해본 적 없는 프로세스와 현상이 눈에 들어왔다. 내가 개발한 방법론은 기업의 고충에 즉각 적용해도 손색이 없었다.

후에 나는 책상에 앉아 아이디어를 정리하려다가 시간에 대한 아이러니에 봉착하고 말았다. 시간이 없는 독자가 눈에 밟힌 것이다! 분주한 사람들은 두껍거나 어려운 책을 읽을 겨를이 없을 것이다. 그래서 될 수 있으면 분량을 줄이고 군더더기는 쳐내며 원고를 간소화했다. 대서양을 건널 일이 있을 때 기내에서 책을 읽기 시작한다면 타이밍 분석의 구성 요소쯤은 익힐 수 있으리라고 생각한다. 혹시라도 비행기가 연착된다면(그리 드문 일도 아니다) 여유 있게 완독할 수 있을 것이다. 타이밍을 밝힌 책을 읽으며 시간을 보내는 것보다 더 유쾌한 일이 어디 있겠는가?[1]

퍼펙트 타이밍을
읽는
6개의 렌즈

—

타이밍이 생명이다. 신제품을 출시하는 일도 그렇지만, 전략을 수정하고 업무를 나누거나 대안을 수락하는 일도 타이밍이 중요하다. 혹은 신규 설비에 투자할 시기를 결정하는 기업이라면 부서를 막론하고 타이밍을 고려하지 않을 수 없다. 역사를 돌이켜보면, 제품과 서비스는 가히 혁신적이나 흥행에는 실패한 사례가 비일비재하다. 너무 일찍 나오다 보니 시장은 이를 감당할 재간이 없는 데다 기술에 결함도 많고 이를 뒷받침할 인프라도 없어 실패한 것이다. 물론 약물까지 먹어가며 질주하려는 세상에서 가장 심각한 잘못은 늑장이다. 그래서인지 우리는 좀 더 서둘러야 했다든가, 조금만 더 빨리 움직였더라면 계획이 통했을 거라며 아쉬워한다. 호머**Homer**의 말마따나 "사람은 철드는 시기가 너무 늦어 심히 어리석다"고나 할까.

분야와 조직을 떠나 중역이든 일반인이든 타이밍을 포착해야 하는 사람에게 보탬이 되고자 이 책을 썼다. 조직과 개인은 어떻게든 타이밍을 의식하며 산다. 이를테면 개인은 육감이나 과거의 경험에 비추어보고, 기업은 당사만의 기획 절차나 정교한 모델 혹은 알고리듬을 마련해둔다. 그러나 어느 접근법을 쓰든 타이밍은 놓치기 쉬운 문제다.

타이밍에 얽힌 문제가 모두 어렵기만 한 것은 아니다. 상식적으로

나마 익히 알고 있는 것도 더러 있다. 이를테면 신제품을 출시하고 회사를 설립할 적절한 시기는 언제인가? 너무 이르거나 빠른 것은 아닌가? 기회의 창은 언제 열리고 닫히며, 타이밍을 놓칠 때 감당해야 할 리스크는 무엇인가? 업계의 동향이 하루아침에 변하는가? 절차는 어떠한가? 신중히 차근차근 접근해야 하는가? 될 수 있으면 속도를 내야 하는가? 그런데 이와는 달리 어떤 문제는 규정하기도 쉽지 않으며 자칫했다간 참담한 결과를 초래할 수도 있다. 예컨대 당신이 2010년 밴쿠버 동계 올림픽 관리자로 기용되었다고 치자. 이때 당신에게 타이밍과 관련해 가장 중요한 문제는 경기가 시작되기 전에 경기 장소 및 부대시설이 완벽하게 마련되어야 한다는 것이다. 그러려면 시설 관리에 필요한 첨단 장비를 도입하고, 물류뿐만 아니라 일정 관리에도 주안점을 두어야 한다. 일이 더디다 싶을 땐 속도를 끌어올리면 그만이다. 하지만 개막전을 앞두고 사고가 일어난다면? 설마 그것까지 신경 쓸 사람이 있을까? 2010년 동계 올림픽 당시 그루지야 대표로 출전한 루지 선수인 21세 노다르 쿠마리타시빌리가 최종 훈련 중 루지 충돌 사고로 사망했다.[•] 그러니 이러한 돌발 사고가 아주 없지는 않다. 당신이라면 대형 사고를 만날 줄 알았을까? 이를 고려했어야 마땅하진 않았을까? 사고란 언제 일어나든 심기가 불편해지기 마련이지만, 개막식 직전에 그랬으니 타이밍이 그보다 더 나쁠 수는 없을 것이다.

아래는 타이밍을 놓쳐 사고가 발생하게 된 경위를 열거한 것이다.

• 올림픽이 막을 올리기 전에는 최종 훈련이 있다. 최종 훈련에서 몸을 푼 뒤 실전에 임하는 순서는 누구나 알고 있는 **시퀀스**

루지 경기는 인공 얼음 트랙에서 썰매를 타고 누가 더 빨리 내려오느냐를 겨루는 게임이다. 한 명이 누워서 썰매를 탄다. 본문은 2010년 밴쿠버 동계 올림픽에서 그루지야 선수가 개막 전 연습 중에 코스의 제일 마지막 커브에서 썰매가 전복되어 사망한 사건을 이야기하고 있다.

- 공식 경기 직전에 실시하는 훈련에서는 속도를 최대한 높여 트랙을 달릴 것이다. 속도가 우승을 좌우하는 루지 선수가 **속도**Rate를 높일 거라는 점은 누구나 예측할 수 있다. 물론 처음에는 트랙을 익혀야 하니 전력을 다해 질주하진 않을 것이다.

- 훈련 종료와 개막식 사이에는 경계가 뚜렷하다. 시간적인 여유는 거의 없지만(**인터벌**Interval은 매우 좁다) **구두점**Punctuation Mark은 확실히 찍혀 있다는 이야기다.

- 무슨 일이든 시작과 끝에는 감정이 묘해진다. 초반에 사고가 벌어지면 경기가 끝날 때까지 짙은 먹구름이 가시질 않고, 경기가 다 끝날 무렵에 사고가 터지면 뇌리에 각인되어 이전 기억마저 흐려진다. 심적인 고통을 극대화하는 대형 사고의 타이밍은 당신도 잘 알 것이다.

- 트랙은 왜 그리 위험했을까? 트랙이 설치된 현장(올림픽이 끝나면 기대 이상의 수익을 창출할 것으로 전망)은 애당초 경사가 급하고 이리저리 뒤틀려 있어 루지 트랙에 적합한 지형이었다. 즉 원래부터 위험한 지형을 올림픽이 끝난 후의 **미래** 용도까지 고려한 토지 계획으로 위험한 트랙을 만든 셈이다. 여기에서 **기회의 창**은 올림픽 기간과 폐막 후에 있었는데, 이때 후자는 전자에 결부된 리스크를 증가시켰다.

- 결국 이 같은 변수들이 작용한 까닭에 **동시성 리스크**Synch-ronous Risk(트랙을 달리는 최고 속도와 올림픽 개막이라는 두 사건이 심각한 결과와 매우 가까운 범위에서 발생하리라는 것) 상황이 조성

된 것이다.

직책상 타이밍을 놓쳐 사고가 벌어질지도 모를 행사를 주시하거나 경기장 시공 업체에 안전을 신신당부해본 적이 있는가? 그 같은 결정에 필요한 단서나 변수가 주변에, 이를테면 미처 신경 쓰지 못했거나 아예 관심이 없는 무언가에 도사리고 있진 않았는가? 나는 어느 정도 대처할 시간이 있다는 전제를 깔고 타이밍이 관건인 문제를 사전에 파악하는 데 도움을 주려고 이 책을 썼다.

왜 타이밍을 놓치는가?

◉

타이밍을 놓치거나 이를 두고 엉뚱한 결정을 내릴 때가 더러 있다. 세상이 그만큼 복잡하고 불투명해서 그러기도 하지만 세상을 해석하는 방식과 업무에서, 의당 파악해야 할 사실이 누락되기 때문이기도 하다. 나는 이러한 단편적 해석을 **부실한 시간**Time Impoverished이라고 부른다. 사건 및 행동, 계획과 관련하여 시간의 구조 일부, 즉 시퀀스와 레이트, 구두점, 인터벌, 리드Lead, 랙Lag, 오버랩Overlap 등의 관련 특징을 모두 담지 못했기 때문이다.

엄밀히 말하자면 계획을 세울 때 시간의 특징을 담아내지 않았다기보다 평소에 이를 미처 생각하지 못한 것이다. 기업의 인센티브를 보자. 우리는 당사자들이 모두 같은 인센티브를 받았는지, 인센티브는 적절한지, 바람직한 결과를 창출해낼 만큼 유용한 것이었는지를 물을 것이다. 그러나 타이밍 관점에서 보면 그 밖의 다른 변수도 염두에 두어야 한다. 이를테면 관련 인센티브가 모두 **동시에** 제공되는지, 서로 다른 인센티브가 마련된다면 어떤 것이 주류를 이루는지, 부각되는 인센티브에 반해 점차 사그라질 것은 무엇인지를 파악해야 한다. 아울러 **그릇된** 결과가 나왔다면 인센티브가 잘못되었다는 점을 지적하는 것도 중요하지만, **바로 그때** 인센티브를 적용할 수밖에 없었던 까닭도 알아야 한다.

'부실한 시간' 개념을 대학생들에게 가르칠 때면 으레 키스에 대한 이야기를 꺼낸다. 이를테면 입술이 닿는 시간이 몇 초에 불과하면 그냥 뽀뽀일 뿐이고, 1분 정도라면 유혹으로 볼 수 있다. 5분을 넘긴다면? 그건 인공호흡이다. 즉 키스의 의미를 살리려면 입술끼리 접촉하는 시간도 대충은 알고 있어야 한다. 포옹도 그렇다. 무언가를 감싸되 두 팔에 힘을 빼면 시간을 아무리 오래 끌어도 포옹으로 보기 어렵다. 무언가를 지탱하려는 거라면 또 모를까. 따라서 시간은 행동을 담는 그릇이 아니라 행동의 **구성 요소**다. 세상에서 벌어지는 사건에는 특정한 순서가 있고 시간이 소요되며 처음과 끝이 있다. 이 같은 특징을 구체적으로 파악하지 않으면 실상을 놓치거나 오독하기 쉽다.

평소 나는 "변수 T를 쓰지 않으면 t는 해결할 수 없다"라고 입버릇처럼 말한다. 세상의 현상을 이해할 때 타이밍을 결정하는 시간 관련 변수(시퀀스, 레이트, 듀레이션Duration, 시작과 끝 등)의 전체성Totality을 빼버린다면 사태의 시기를 규정하거나 조치를 취해야 할 타이밍을 결정할 수 없다. 또한 타인의 행동이 어떤 결과를 초래할지 파악하기도 어렵다. 즉 시간의 특징을 찾아내지 않고 그것에 주목하지 않는다면 타이밍을 제대로 포착하는 데 필요한 정보는 입수할 수 없다.

세상의 현상을 해석하고 풀이할 때 시간의 구성 요소가 부실해지는 이유가 몇 가지 있다. 우선 부동산 중개인이 자주 강조하듯 '첫째도, 둘째도 입지Location'라고 생각하기 때문이다. 우리가 고집하는 시간상의 입지는 **지금Now**이라는 한 단어로 설명된다. **지금**이란 인간이 사는 현시점을 가리킨다. 즉 구체적이며 우리가 직접 부딪치는 현실이다. 은유적인 표현이 아닌 이상 "과거에서 산다"거나, 상상력을 동원하지 않는 이상 "미래에서 산다"고 말할 수 없다. 물론 소싯적에는 역사의 교훈을 마음에 새기고 장기적인 안목을 가져야 한다고 배웠지만, 사람은 누구나 늘 현재의 순간에 매여 산다. **지금**이야말로 우리가 살아가는 유일한 시간적 공간인 셈이다.

아이러니하게도 시야가 좁아진 또 다른 원인으로 상상력(Vision, '시력'의 뜻도 있다.—옮긴이)을 꼽을 수 있다. 사람은 가시적인 영역에만 주의를 집중한다. 그래서 보이지 않는 시간을 고려하지 못할 때가 더러 있다. 예컨대 손이 쓸 데가 많은 이유는 엄지손가락이 다른 손가락의 맞은편에 붙어 있어 물건을 쥐거나 잡을 수 있기 때문이다. 그러나 엄지의 중요성을 밝힌 기삿거리를 모조리 훑어봐도 **시간의 동시성**이 필요하다는 점을 지적한 사람은 없었다. 동시성이 필요하다는 말은 엄지와 나머지 네 손가락이 같은 지점에 **동시에** 모여야 한다는 뜻이다. 혹시라도 엄지가 다른 손가락을 몇 분씩 기다려야 한다면(다른 손가락이 엄지를 기다려도 그렇다) 뭐든 손가락 사이로 **빠져나가고** 말 것이다. 최고의 도구로 정평이 났다고 하더라도, 그래서야 어디 제 기능을 발휘할 수 있겠는가? 재주는 타이밍이 부렸는데 박수는 손가락의 공간적 배치가 받는 격이다!

　보이는 데만 주의를 기울이는 습성 외에 타이밍을 잡는 데 필요한 정보를 놓치는 또 다른 이유는 두뇌의 역량과 관계가 깊다. 간단히 실험을 해보면 그 뜻을 쉽게 이해할 수 있을 것이다. 우선 현관의 열쇠 구멍에 열쇠를 넣는 모습을 그려보라. 이미지가 분명히 떠오르는가? 좋다. 그러면 빠뜨린 점을 짚어보자. 이 책을 읽는 현장에서 집에 이르는 과정은 전부 생략되었지만, 뇌는 그 과정이 빠졌는지조차 일러주지 않았을 것이다(이를테면 집에 가려면 어떤 건물을 빠져나와 차를 타고 혼잡한 도로를 달려야 한다는 사실 말이다). 그렇다고 경고음이 울렸다거나 두뇌가 전 과정이 담긴 필름을 빨리 감아버린 것도 아니다. 거두절미하고 열쇠를 현관 자물쇠에 넣었을 뿐이다. 신경학에서는 이 같은 현상을 시간여행Time Travel으로 규정하지만 나는 뇌의 양자력●이라고 부르고 싶다. 인간은 먼 과거나 미래를 상상할 수 있다. 그에 도달하는 과정을 일일이 상상하느라 시간을 허비하지 않고도 말이다. 중간 과정을 모두 건너뛸 수 있는 능력은 분명 커다란 이점이다. 혹시라도 양자력이 없었다면 인류는 생존할 수 없었을 것이다. 1시간이 걸리는 일이 있다고 치자. 그것을 생각하는 데도 같은 시간이 걸리는 뇌를 달고 산다면, 일거수일투족이 느려지다 못해 아주 마비가 될 것이다. 이는 역량의 패러독스Paradox of Competence로 볼 수 있다. 뇌의 기능이 너무 뛰어난 까닭에 오히려 타이밍을 결정하는 일에는 형편없어졌다는 이야기다. 어느 한 시점에서 다른 시점으로 건너뛰다 보니 정말 중요한 시퀀스와 인터벌, 포즈(Pause, 멈춤) 등의 시간적 변수는 망각하기 일쑤다.[1]

타이밍을 잡는 데 필요한 정보를 뇌가 입수하기 어려운 이유가 한 가지 더 있다. 이번에는 뇌로서는 아주 불가능한 점을 지적할까 하는 데, 뇌는 행동과 사건이 동시에 발생할 때 나타나는 패턴을 찾거나 그리지 못한다. 이 같은 특성은 작곡가 에런 코플런드의 이름을 차용하여 **코플런드의 한계**Copland's Constraint라고 한다. 그는 음악을 들을 때 동시에 연주되는 멜로디가 넷을 넘으면 귀에 잘 들어오지 않는다고 주장했다. 멜로디 네다섯이 한꺼번에 연주되면 내적 구성 패턴이 소실되어 소리의 경계가 모호해지기 때문이다. 사건도 마찬가지다. 매 순간 수십만 건의 사건이 동시에 터지거나 진행되는데 이때 수렴되는 패턴은 놓치기가 쉽다. 예컨대 최악의 폭풍을 예측하려면 오만가지 자연현상과 기타 작용 및 추이 등을 동시에 관측하고 이해해야 한다. 물론 사람 머리로 할 수 있는 일은 아니다. 어찌 보면 인간은 환경에 잘 적응하지 못한 것 같은데, 인간이 순차적인 존재Serial Creatures라서 그런지도 모르겠다. 말을 하려면 단어를 차근차근 내뱉어야 하고, 발을 다른 발 앞에 두어야 몸을 이동시킬 수 있는 데다, 하다못해 계획을 세우거나 머리를 쓸 때도 전후관계를 되짚어봐야 한다. 반면 우리가 발을 붙이고 사는 세상은 지극히 병렬에 가깝다. 즉 여러 가지 사건들이 동시다발적으로 일어난다. 그 결과 사건을 두루 이해하는 데 쓰이는 주변 시야가 매우 좁은 인간은 사건의 나중 결과를 상당수 놓친다.

두뇌의 양자력과 코플런드의 한계라는 2가지 특징 탓에 인간은 타이밍을 결정하는 데 필요한 정보를 간과하기 쉽다. 그러므로 부족한 변수를 입력해야 하는 수학 모델로 버블 및 유동성 위기의 **시기**나 폭풍의 참혹한 여파를 파악할 수 없는 게 당연하다. 이 같은 상황을 예측하는 데 필요한 정보(T)가 그 모델에는 없기 때문이다.

뉴스 보도에서 우리가 읽거나 듣는 기사도 그렇다. 인터넷에서 읽든 라디오에서 듣든, 모든 기사는 완전하지 않다. 사건이 벌어진 때와 경위, 나중 결과를 이해하는 데 필요한 시간의 특징 중 일부가 빠져서 그렇다. 기사에 필요한 정보가 누락되는 까닭은(이 책을 다 읽어갈 때쯤이면 누락된 정보의 비중이 사소한 것이 아니라는 사실을 체감하리라고 자신한다) 부족한 지면이나 편집자의 그릇된 판단력 때문이 아니다. 문제는 사건의 타이밍을 좌우하는 시간의 특성이 기자나 편집자 혹은 독자의 머릿속에 아예 들어오질 않는다는 것이다. 우리는 시스템 리스크Systemic Risk●에 대해 이야기할 때 단편적인 사실을 근거로 결론을 도출하는 경우가 더러 있다. 하지만 그러기에 앞서 진짜 근거를 찾아내는 것이 중요하다. 물론 2010년 동계 올림픽 사건에서 보듯 쉽지는 않겠지만 말이다. 따라서 데이터를 분석하고, 산산이 흩어진 수백만 개의 정보 조각을 엮어 결론을 도출하려는 것은 해결책이 될 수 없다. 제아무리 데이터베이스가 방대하고 검색 알고리듬이 정교한들, 입력되지 않은 정보는 불러올 수 없기 때문이다.

무슨 사건이 **언제** 벌어질지는 실제 사건과 관련된 인터벌과 리듬, 시퀀스 등을 고려해야 좀 더 정확히 예측할 수 있다. 아랍의 봄The Arab Spring●●은 '시간의 구성 요소를 충분히 담은Time Rich' 사례를 잘 보여준다. 알다시피 아랍의 봄은 (꽤 오래전에 벌어진 듯 아득하다) 튀니지의 한 노점상이 경찰에게 굴욕을 당한 뒤 분신자살을 기도한 데서 촉발되었다. 그가 숨지자 곳곳에서 시위가 벌어졌고, 급기야 현직 대통령이 사임하는 사태까지 벌어졌다. "이젠 어떻게 되는 거지? 반정부 시위가 이집트에까지 번질까?" 당시 많은 사람이 궁금해했던 물음이지만 답은 아무도 몰랐다. 그러면 사건의 추이를 열거해가며 타이밍과의 관계성을 짚어보자.

2010년 가을 — 이집트에서 총선이 시행되었으나 부정선거로 낙인찍힌다.

12월 17일 — 튀니지 노점상 무함마드 부아지지가 분신자살을 기도했고, 이튿날 그의 고향에서 시위가 촉발된다.

2011년 1월 4일 — 부아지지가 튀니지 대통령이 방문한 직후(너무 늦기도 했고 금방 자리를 뜬 것으로 보인다) 병원에서 사망하자, 그의 죽음뿐만 아니라 급증하는 실업률을 기화로 국민의 분노가 폭발, 대규모 시위로 발전한다.

1월 14일 — 반정부 시위로 튀니지 대통령 벤 알리가 축출된다.

1월 25일 — 경찰의 과잉 진압에 맞서 몇 달 전부터 이집트에서 계획됐던 시위가 벌어져 급속도로 확산된다.

2월 11일 — 무바라크 이집트 대통령이 퇴진한다.

나는 사건의 타이밍이 무바라크 퇴진으로 이어진 경위를 부각하기 위해 사실을 약간 바꿀 참이다. 우선 튀니지 사태가 실제보다 **5개월 뒤에** 벌어졌다고 가정해보자. 그러면 2가지 결과가 달라질 것이다. 우선 이집트 가을 선거와 튀니지 사태의 (시간적) **거리가 벌어진다.** 분노는 민중을 선동하는 사건과 시간상 가까울 때 좀 더 쉽게 끓어오를 수 있다. 둘째, 튀니지 사태는 경찰의 폭행으로 시위를 벌이기로 했던

1월 25일 이후로 밀려날 것이다. 1월 25일에 시위를 벌인 이집트 국민은 튀니지 사태가 아직 벌어지지 않았으므로 이를 모델로 삼진 못할 것이다.

그럼 연대기는 그냥 놔두고, 시위 계획이 애당초 없었다고 치자. 튀니지 사태 이후 이집트에서도 갈등이 빚어졌지만, 이를 발산할 때가 정해지지 않았다면 어떻게 되었을까? 사람들의 힘을 집중할 수 있는 단일 시점이 있다면 시위가 폭발할 공산이 크다(고교 물리 시간에 배웠듯이 압력은 힘을 면적으로 나눈 값이다).

끝으로 튀니지에서 벌어진 시위가 다른 경로를 탔다고 가정해보자. 시위가 **급속도로** 전개되지 않아 벤 알리 대통령이 **즉각** 퇴진하지 않았고, 대통령 축출까지 **수개월**이 걸렸다면 결과는 어떻게 달라졌을까? 대체로 물리적인 원인은 몇 가지 결과가 **즉시** 나타날 때 더욱 막강해 보이는데, 인간의 행동도 그럴 것이다. 즉 사람은 까다로운 목표를 **금방** 달성하면 자신이 유력한 존재라며 뿌듯해하기 마련이다. 따라서 튀니지 사태가 모방할 만한 강력한 반정부 시위 모델이 된 경위를 꼽으라면 현지 시위자들이 달성한 결과뿐만 아니라 속도도 빼놓을 수 없다.

사태의 타이밍을 바꾸면 무바라크가 계속 집권하고 있을지도 모른다. 물론 단정할 수는 없다. 몇 차례에 걸친 시위로 그가 퇴진했을지도 모르나, 앞서 밝힌 시간의 구성 요소(시위를 둘러싼 시간의 추이 **Time-shape**를 비롯하여 시위의 태동과 발전 속도, 경찰을 겨냥한 계획적인 시위 일자, 다른 사건과의 상대적인 시기 등)를 고려해본다면 사건의 자초지종과 시기를 좀 더 훤히 꿸 수 있을 것이다. 이를 모두 염두에 두고 실시간으로 관찰해보자. 앞으로 벌어질 사태에 더욱 지혜롭게 대비할 수 있을 뿐만 아니라 리스크 분석 또한 정확해질 것이다.

유력한 용의자를 넘어서

◉

타이밍에 대한 책을 쓴다고 하니 온갖 억측이 난무했다. 그래서 책의 의도를 밝히는 것이 중요할 듯하다. 영화 〈카사블랑카Casablanca〉의 끄트머리에는 경시청장이 부하에게 고개를 돌리고 "용의자는 싹 다 잡아들여"라고 말하는 장면이 있다. 그 대사를 지금 들어도 낯설지 않을 것이다. 이 책의 내용과는 거리가 먼 유력한 용의자는 다음과 같다.

우선 나는 속도를 일러주지 않는다. 엄밀히 말해, 신속한 일 처리와 융통성을 위한 노하우(개인이나 조직이 정책의 방향을 신속히 전환할 수 있는 역량)를 가르쳐주진 않는다. 효율성도 아니다. 적은 시간에 더 많은 업무를 소화해내는 비결도 이 책에서 찾아볼 수 없을 것이다. 주식시장의 타이밍, 즉 주식을 매매하기 딱 좋은 시기를 귀띔해주지도 않으며, 처리할 일은 많은데 시간이 부족할 때의 대처 요령이나 우선순위를 정하는 법을 전수하지도 않았다. 시간 관리나 프로젝트 관리, 혹은 좀 더 조직적인 사람이 되는 비결을 밝히지도 않는다. 예컨대 적당한 부품이나 자원이 필요할 때 이를 확보할 수 있도록 운영체제를 개선하는 일에는 이 책이 보탬이 되진 않을 것이다. 게다가 시나리오 플래닝Scenario Planning●이나 트렌드 분석, 혹은 미래를 예측하는 법도 거론하지 않았다. 이 같은 용의자들은 모두 유력하지만, 본서에서 다루지는 않는다.

이 책은 타이밍을 둘러싼 문제를 아래와 같이 4가지로 나누어 이를 관리하는 능력을 계발하는 데 도움이 되고자 세상에 나왔다. 단체든 조직이든 타이밍 문제는 피할 수 없으며 가정과 직장에서 항상 부딪치게 될 것이다.

1. 손을 써야 할 시기를 파악한다.
2. 타이밍 리스크를 관리한다.
3. 타이밍 관련 문제를 파악한다.
4. 바람직한 시간 설계를 선택한다.

하나씩 차근차근 살펴보자.

손을 써야 할 시기를 파악한다

가장 먼저 부딪치는 문제는 2음절 단어인 '언제When?'로 압축된다. 신제품을 출시하기에 적절한 때는 언제이며, 시장에 진입하거나 시장에서 철수해야 할 때는 언제인가? 회사를 인수하거나 기업 구조를 조정하거나 신기술에 투자해야 할 때는 언제이며, 전략적인 계획을 시행하거나 이를 피해야 할 때는 언제인가? 손을 써야 할 때는 언제인가?[2]

지휘자 레너드 번스타인은 타이밍이 정확히 맞아떨어지는 순간에 느끼는 기분을 다음과 같이 기술했다.

출발선을 끊기에 가장 좋은 순간은 찰나에 불과하다. 기다림 가운데 오케스트라는 심신을 추스르고 지휘자는 손에 든 작품에 의지력과 에너지를 집중하며 청중은 조용히 입을 다문다. 어느덧 기침 소리는 사그라지고 팸플릿을 만지작거리는 미미한 소음마저 들리지 않는다. 악기가 정자세를 잡고 있는 순간, '빵!' 하고 터지면 바로 그때가 출발점이다. 1초라도 늦으면 아주 곤란하다.[3]

번스타인은 시간의 패턴을 예리하게 의식하고 있기에 타이밍을 곧잘 잡는다(이때 콘서트가 시작될 시기를 의식하며 긴장이 팽팽해지면 아울러 적확한 순간에 이를 발산해내야 한다는 욕구도 상승한다). 경영진에게 타이밍의 관건은 단연 **속도**다(경쟁에 뒤지지 않기 위해서는 신속한 조치가 중요하다). 웬만하면 1등으로 나서는 게 늘 유리하다고들 생각하는데, 아래와 같은 경우라면 정말 그렇다.

- **개척자가 된다**는 이미지가 중요하다.
- **배움과 경험**이 관건이며 이를 모방하기가 어렵다.
- **고객의 충성도가 중요하다.** 고객은 일단 선택하고 나면 다른 데에는 관심이 없거나 주의를 두지 않을지도 모르기 때문이다.
- **희소자원을 선취하거나** 시장의 틈새를 완벽히 점유할 수 있다.
- **공급 및 유통 업체와의 실적을 늘려 비용을 절감할 수 있고,** 우선 거래처 대우를 받을 수 있다.
- **한발 앞서 있는 점과 원대하고 돌이킬 줄 모르는 의지력이** 같은 시장에 진출하는 **경쟁 업체를 저지할 수 있다.**
- **구매자 전환 비용이 많이 든다.** 판매자가 상품에 적응하도록

업체가 자금을 투입하면 그것이 올무가 될 수도 있다.

- **1위를 차지하면 경쟁이 끝난다.** 즉 우승 트로피를 먼저 확보하면 경합은 더 이상 이루어지지 않는다는 점을 경쟁자들과 합의했다. 그래서 계속 싸워봐야 득이 되지 않는다는 사실을 모두가 알고 있다.[4]

반면 다음과 같이 다른 누군가가 1등으로 손꼽힐 때까지 기다리는 편이 나을 때도 있다.

- **언제든 추월이 가능하다.** 제조나 마케팅, 혹은 유통에 일가견이 있어 실추된 입지를 언제든 회복할 수 있는 기업이라면 다른 회사가 고객을 교육하며 시행착오를 겪어도 크게 아쉽지 않을 것이다. 재빨리 모방해도 늦지 않기 때문이다.
- **시장이 매우 불확실하다.** 때로는 분명한 기준과 리스크가 밝혀질 때까지 대기하는 편이 더 현명할 때도 있다. 일찌감치 시장에 진입했다가 주력 기술에 오류가 생기는가 하면 엉뚱한 기술에 자금을 투자하기도 한다. 또한 환경이 달라지면 기술을 교체하는 비용이 만만치 않게 발생할 수도 있다.

구소련의 대숙청
Great Purge
구소련에서 레닌으로부터 정권을 이어받은 스탈린 서기장이 1930년부터 1938년까지 자신을 반대하는 사람들을 대대적으로 숙청한 사건.

남이 따라줄 준비가 되어 있지 않으면 오히려 선두주자가 불리해질 수 있다. 내가 알고 있는 극적인 사례 중 구소련의 대숙청**Great Purge**● 시기에 있었던 일화가 이를 잘 대변해준다. 공산당 대회가 끝날 무렵 청중은 스탈린에 경의를 표하자는 구호에 맞춰 일제히 기립하여 박수갈채를 보낸다. 몇 분이고 손뼉을 치다가 격정이 다소 누그러지자 긴 장이 감돌기 시작했다. 누가 먼저 박수를 멈출까? 연단에 선 서기장은 아니었다. 11분쯤 흘렀을까, 강단에 선 무리 중 제지공장 이사가 박수를 그치고 제자리에 앉았다. 다행이다 싶은 마음에 청중도 그를 따랐다. 아니나 다를까, 이사는 당일 저녁에 검거되었다. "첫 단추를 채우진 말았어야지." 수사관에게서 체포 사유를 들은 후 그는 10년간 옥살이를 해야 했다.[5]

암울하지만 가볍게 웃고 넘길 수 있는 일화다(옛날이야기이고, 우리에게 벌어진 사건은 아니었으니까). 하지만 이 에피소드는 1등이 항상 좋은 것만은 아니며, '**언제?**'가 답변하기 쉬운 물음은 아니라는 요점을 강조한다.

타이밍 리스크를 관리한다

타이밍의 두 번째 화두는 리스크다. 사람이라면 누구나 미처 예기치 못한 타이밍 리스크에 속절없이 당해본 경험이 있기 마련이다(2010년 동계 올림픽의 경우에도 사고를 예측하지 못한 사실이 못내 안타까울 것이다). 경영 관련 저술가 마크 잉게브레첸이 《왜 회사는 망하는가?**Why Companies Fail**》에서 제시한 전형적인 사례를 보자. 파인애플 가공시설을 원산지의 상류에 세운 미국의 어느 대형 식품제조업체가 있다. 수확 철이 되면 화물선이 파인애플을 통조림 공장으로 실어 나를 참이었는데, 하필이면 **바로 그 시기에** 강의 물살이 너무 센 나머지 배가 왕래할 수 없게 되었다. 굽이치는 강과 함께 회사의 수익이 휩쓸려 내려가는 현장에 직접 있지 않았지만 정황은 어렵지 않게 짐작할 수 있다. 아마도 윽박지르는 소리와 문책이 이어졌을 테고, 사표를 쓰라며 누군가를 타박했을 것이다. 그럴 법도 하고 어쩌면 그래야 옳을지도 모른다. 그러나 책임자들은 이러한 리스크를 진작 눈치챘어야 했다. 타이밍을 고려하지 않은 게 그들의 잘못이다.[6]

리스크를 염두에 둘 때 대개는 **타입Type**을 떠올린다. 이를테면 "'어떤' 리스크가 기다리고 있을까?", "내가 장악하고 있는 틈새시장에 경쟁 업체들이 진입하진 않을까?", "이번에 제정된 법 때문에 신기술 도입에 차질이 빚어지진 않을까?", "과학과 기술의 발전으로 상품이나 서비스가 무용지물이 되는 것은 아닐까?" 등이다. 이렇게 우려하고 난 다음에는 **규모Magnitude**를 생각한다. "리스크는 얼마나 심각할까?", "리스크가 정말 벌어진다면 어떻게 될까?" 하고 말이다. 물론 타이밍도 고려해야 한다. 최악의 폭풍 같은 리스크는 **언제** 몰아치며, 경보를 얼마나 일찍 감지할 수 있는가도 관건이라는 뜻이다.

타이밍 관련 문제를 파악한다

마이크로소프트의 CEO인 스티브 발머는 2009년 기자와의 인터뷰에서 "가장 곤욕스러웠던 일이 무엇인가?"라는 질문을 받았는데, 이때 그는 "진작 예상했어야 하거나 아예 눈치챌 수 없는 문제가 발목을 잡을 때"라고 밝힌 바 있다.[7]

그의 답변에서 타이밍 문제가 모두 훤히 드러나는 것은 아니다. 예컨대 채용이나 감원을 결정해야 할 때라는 점은 잘 알지만 그에 대한 기회가 얼마나 빨리 닫혀버릴지는 눈치채지 못하는 것과 같다. 또 다른 예로는 경쟁 업체가 신규 생산 설비에 어떻게 대응할지 우려할 수는 있으나 대응 타이밍이 마케팅 계획에 어떤 악재로 작용할지는 훤히 들여다보지 못하는 것, 당신이 지휘하는 프로젝트가 예상보다 연장될 수 있다는 정도는 직감으로 알 수 있겠지만 그 결과로 손해를 당할 직원과 재원을 보호할 대책은 생각하기 어려운 것 등이 있다. 복잡다단한 비즈니스 세계에서는 의식해야 할 타이밍 문제가 한둘이 아니다. 나는 이 같은 문제가 불거질 때 기습공격을 당하지 않게 하려고 이 책을 썼다.

바람직한 시간 설계를 선택한다

어느 한 시점에서 한 가지 조치를 취하기는 아주 불가능한 것이 아니다. 특수 기술과 정규 교육을 이수한 직원이 돌연 직장을 그만두면 공석을 채울 인재가 필요하다. 이때 당신은 믿음직한 인맥을 통해 경력이 인정되는 직원을 채용할 것이다.

하지만 여유를 두는 경우가 더 많다. 예를 들어 새로운 CEO를 구한다면 이사회와 현역 CEO는 인수인계가 적절히 이루어질 수 있도록 수년에 걸쳐 CEO에 합당한 최고경영자상을 고려한다. 회사는 각계각층의 후보자들과 면담을 시행하고, 그들에게 수석 보좌관 자격을 부여하여 CEO가 사임할 날짜와 방편을 함께 계획한다. 타이밍을 좀 더 세심하게 맞추려고 그러는 것이다.

바람직한 **시간 설계**를 선택하려면 다음을 심사숙고해야 한다. 무엇부터 시작해야 하는가? 시제품을 점진적으로 진행·개발하고 나서 결과를 살펴볼 것인가? 잠시 하던 일을 중단하거나, 될 수 있으면 일을 서두르는 편이 더 나을까? 원대한 맥락에 따르면 각 대안에는 나름대로 타당한 구석이 있다. 최선의 시간 설계(즉 무엇을 해야 하며 무엇이 필요한지에 대한 바람직한 시퀀스와 레이트, 리듬 등)를 선택하는 데도 보탬이 될 테니 이 책을 정독하기 바란다. 조지 미첼은 영국의 토니 블레어 총리와 아일랜드의 버티 어헌 총리의 회담을 계획하면서• 효과적인 시간 설계가 무엇인지 몸소 보여주었다.

목요일 오전, 회담이 진행되고 나면 어떻게든 끝장을 보지 않고는 종료할 수 없다는 점을 분명히 밝히고자 합니다. 쉴 틈이나 다소 지체할 여유는 의논할 바가 못 되니, 애당초 그런 당부는 아예 고려하지 않는다는 점을 거듭 일러두겠습니다. 그럼에도 "거의 막바지에 이르렀지만 다들 기력이 없으니 다음 주까지 쉽시다"라며 회담을 지연시킨다면, 저는 "그럴 수 없습니다. 일주일은 고사하고 하루나 한 시간도 여유를 낼 수 없습니다. 우리는 회담이 끝날 때까지 자리를 지켜야 하며, 합의하든 결렬되든 종지부를 찍어야 할 겁니다. 그래야 회의장을 나와 합의하게 된 경위나 합의에 실패한 원인을 언론과 세상에 소상히 밝힐 수 있지 않겠습니까?"라고 대꾸하겠습니다.[8]

위 진술에는 의사 결정에 대한 중요한 핵심 2가지가 담겨 있다. 첫째는 시간의 구두법Temporal Punctuation에 대한 것이다(2장 참조). 미첼은 마디마디 끊어지지 않은 연이은 회담 과정을 주문했다. 쉴 틈이나 작전타임, 휴식은 전혀 없었고, 합의를 위한 장기적인 노력만 있었다. 둘째는 이 같은 특정한 시간 설계가 필요했던 '때'에 대한 것이다. 두 당사자의 존경을 받았던 미첼에게는 때를 선택할 권한이 있었다. 아울러 중요한 사실은 당시 자신에게 선택권이 있다는 점과 **이 특정한 순간에** 그러한 시간 설계가 효과적이라는 점을 미첼이 자각하고 있었다는 점이다.

타이밍 분석

타이밍 분석이란 상황을 막론하고 좀 더 바람직한 타이밍을 결정하는 데 필요한 사실을 파악하는 구조화된 방법론이다. 가장 기본적인 차원은 3단계로 나뉜다. 3단계란 ①직장이나 환경에서 패턴을 찾고, ②이를 분석하여, ③패턴에 담긴 정보를 의사 결정에 활용하는 것이다.

타이밍 분석의 핵심은 패턴을 파악하는 것이다(아무 패턴이나 다 좋다는 뜻은 아니다). 타이밍이 관건인 문제를 해결하는 데 중요한 패턴에는 2가지 특징이 있다. 첫째는 6가지 요소로 구성되어 있다는 점인데 이는 차차 언급할 것이고, 둘째는 악보 이미지를 활용하여 풀이할 수 있는 구조로 되어 있다는 것이다. 음악과는 거리가 먼 여러분을 위해 내가 베토벤의 〈교향곡 5번〉의 일부를 〈도표 I.1〉에 발췌해두었다.

꽤 복잡해 보이겠지만 걱정은 붙들어 매도 된다. 음악적인 지식은 필요 없으며 악보의 전체적인 구조가 중요하다.

알다시피 악보에는 수직과 수평적인 면이 존재하고, 다양한 악기가 (수직으로 배열해두었다) 각자 맡은 파트를 연주한다. 각 파트를 이루는

〈도표 1.1〉 베토벤의 〈교향곡 5번〉 중에서[9]

음표는 오선 사이에 자리를 잡고 있으며 왼쪽에서 오른쪽 순으로 연주된다. 소리를 동시에 내는 음표들은 화음이나 (곡에 따라) 불협화음을 이루기도 한다. 차례로 나열된 음표는 멜로디를 이룬다. 수평 및 수직적 차원을 구성하는 음표들의 관계가 곡을 정의하고 창조하는 것이다.

잠시 직장 업무를 생각해본다면 악보의 비유에 공감할 것이다. 타이밍이 관건인 상황에서는 역할의 이동이 잦다. 게다가 많은 일이 동시에 벌어지기도 한다(수직적 차원). 어떤 회사는 이런 업무를, 어떤 회사는 저런 업무를 처리하고 개인이나 단체도 각자 나름의 선율을 연주하거나 적어도 그러려고 노력할 것이다(수평적 차원). 각 선율(일련의 행동)에는 각자의 시퀀스와 레이트, 리듬이 있다. 각각 다르지만 중첩된 선율이 전개되는 방식은 협화음이든 불협화음이든(단지 소음이나 잡음에 불과하더라도) 특정 행동에 대한 조건이 맞아떨어지는 시기를 결정할 것이다.

비즈니스 환경에서 벌어지는 일을 유심히 살펴보면 6가지 구성 요소로 이루어져 있음을 알 수 있다. 그중 5가지 요소인 시퀀스, 구두법, 인터벌, 레이트, 셰이프**Shape**는 악보의 수평적 차원을 규정하고, 마지막 요소는 다양한 층을 추가하여 수직적 차원을 구성한다. 마지막 요소에 대해서는 화성학 용어인 **폴리포니**(Polyphony, 다성악)를 차용할 참이다. 그러면 각 구성 요소를 간략히 살펴보자.

- **시퀀스** 시퀀스란 멜로디에 담긴 음표가 진행하는 순서이자 사건의 순서를 가리킨다. 타이밍이 관건인 상황에서라면 사건의

순서를 파악하는 것이 도움이 되기도 하고 중요할 때도 더러 있다. 보통 제품을 만든 다음에 판매하지만, 반대로 먼저 팔고 나서 제품을 만드는 상황이 성립할 때도 있다.

- **시간의 구두법** 사건이나 과정이 시작, 중단, 종료된 시기를 일컫는다. 시간의 구두법은 언어의 구두법과 기능이 흡사하여 쉼표나 마침표 등을 삽입하지 않으면 행동이나 사건이 연이어 벌어진다. 비즈니스에 마감 시한이 있듯, 계획이나 과정에는 착수 일이 있기 마련이다.

- **인터벌과 듀레이션** 사건 사이의 경과 시간(간격의 길이, 인터벌)과 각 사건이 지속되는 시간(기간, 듀레이션)을 일컫는다. 평소에도 그렇지만 비즈니스에서 벌어지는 일 또한 시간이 필요하다.

- **레이트** 사건이 벌어지는 속도를 일컫는다. 속히 발전하는 일이 있는가 하면 서서히 전개되는 일도 있다. 프로젝트를 추진하면서 마감 시한을 훌쩍 넘기거나 예산을 초과해본 적 없는 사람이 과연 몇이나 될까? 업계의 환경이 급속도로 변할 수 있다는 사실에 놀란 적 없는 이도 거의 없을 것이다.

- **셰이프** 리듬을 비롯한 사건의 패턴들(주기, 사건의 연결망, 최고점 및 최저점 등)을 가리킨다. 예컨대 시장의 하락 국면은 V자 모양일까, W자 모양일까? 둘 말고 다른 모양은 아닐까?

- **폴리포니** 패턴을 보면 숱한 일이 동시에 벌어지기도 하는데 그에는 각자 나름의 경로가 있다. 폴리포니는 이들의 내적 관계를 두고 의문을 제기한다. 예컨대 중국의 침체기와 결합한 유럽연합EU의 금융 위기도 미국의 경기에 악재가 될 수 있다.

각 부서가 조직된 방식이 기업의 원동력이 되듯, 6가지 구성 요소가 음악적으로 결합하는 방식이 수평·수직적으로 조직된 패턴을 형성하며 타이밍에 대한 혜안을 제시한다. 예컨대 시장이 존재하고 상품 출시를 앞두고 있으며 경쟁 업체가 몇 년씩 뒤처져 있는 등, 몇 가지 조건이 동시에 충족된다는 의미의 협화음이 조성되면 기회의 창이 열릴 수 있다는 이야기다. 그러나 조건이 달라지면 결과는 최악의 폭풍이나 참혹한 사고로 이어질지도 모른다. 그래서 나는 "정확한 타이밍을 포착하고 싶다면 악보를 제대로 이해해야 한다!"[10]라는 말을 즐겨 쓴다.

우리가 찾아내야 할 패턴은 구축·조직되는 방식과 용도뿐만 아니라 공간 구조처럼 미적, 정서적 특징도 있으므로 **시간의 구조**라고 부를 것이다. 구조를 보면 당면 과제에 대해 감이 잡힐 것이다(시간의 구조는 부록에서 좀 더 자세히 다루었으니 이를 참고하기 바란다). 시간 구조의 패턴을 찾아 면밀히 살펴보면 타이밍뿐만 아니라 상황이 발전하는 경위에 대해 자신이 생각보다 많은 것을 알고 있다는 사실을 깨닫는다. 모르거나 확실치 않은 점도 좀 더 분명히 보인다.

타이밍 분석은 미래를 예측하는 것이 아니라 보이지 않거나 자세히 살피지 않은 패턴을 읽어내는 요령에 가깝다. 추상적인 모델이나 체제, 혹은 연구 결과를 응용하는 것도 타이밍 분석이라고 보기 어렵다. 어느 한때에 연구소와 업계에 통한 비결이라고 해서 지금 당면한 과제에도 적용할 수 있다는 보장은 없다. 타이밍 분석은 우리가 부딪히는 특이하고, 복잡하고, 어지러운 실제 상황을 (혹자의 말마따나 몇 가지 조건을 깔고) 풀이하는 **진단·분석** 도구라고 정의하는 편이 나을 듯하다.

타이밍 분석의 쓰임새는 다양하다. 개인과 조직이 타이밍 문제를 처리하고 결정하는 요령을 보강하고 확장시킬 뿐만 아니라, 필요하면 이를 비판하고 수정할 수 있다. 또한 타이밍을 논할 때 통일된 언어를 제시할 수도 있다. 언어가 통일되면 각자 나름의 용어를 구사하는 부서(금융과 경제, 소프트웨어 엔지니어링 및 마케팅 등) 간의 협력과 대화가 더욱 수월해질 것이다. 아울러 한 부서에서 개발한 타이밍 솔루션을 타 부서와 공유한 뒤 공동으로 개발한다면 좀 더 조직적인 타이밍 전략이 탄생할 것이다.

이 책의 구성

◉

패턴을 보려면 구성 요소부터 찾아야 하는데 이는 1~6장에 담았다. 나는 구성 요소를 한 장에 한 가지씩 구체적으로 서술했다. 각 장은 구성 요소를 자세히 찾고 들여다볼 수 있는 렌즈(사례와 예증 및 우리가 찾고 있는 것에 대한 지식 등)라고 생각하라.

옛말에 "생선을 주면 하루쯤은 끼니를 때울 수 있지만, 낚시를 가르치면 생선을 평생 먹을 수 있다"고 했다. 책을 읽다 보면 직장에서 즉각 적용해볼 만한 구체적인 사례나 도구 혹은 기술을 다룬 지면을 상당히 많이 발견할 것이다. 이는 특별한 경우에 맞닥뜨린 문제를 해결하거나 의사를 결정하는 데 보탬이 될 테니 생선을 주는 쪽에 가깝다. 그러나 내가 렌즈라는 은유를 쓴 까닭은 각 장이 폭넓은 기능을 담당하기 때문이다. 이를테면 쌍안경으로 물체를 관찰하면 전에는 보이지 않던 미세한 부분을 발견할 수 있듯이, **어떤 상황에서도** 타이밍이 생명인 문제를 **살펴보고 분석할 수 있는** 비결을 전수할 거라는 이야기다. 낚시를 가르친다는 것은 이를 두고 하는 말이다. 내 생각에는 그런 비결이야말로 각 장에서 얻을 수 있는 가치 있고 중요한 먹거리가 아닐까 싶다.

6장까지는 각각 한두 가지 사례가 첫머리를 장식하는데, 이는 전체적인 맥락에서 구성 요소를 이해하는 데 도움을 줄 것이다. 구성 요소의 특징도 자세히 서술해두었다. 각 요소에 따라 달라지는 특징은 대개 6가지이며, 타이밍이 관건인 리스크의 원인이 되므로 매우 중요하다. 리스크에 대한 정보는 앞으로 맞닥뜨리게 될 위기에 대비하고, (과거로 거슬러 올라가면) 타이밍을 놓쳐 계획이나 프로젝트가 소기의 목적을 달성하지 못하게 된 경위를 이해하는 데 활용할 수 있을 것이다. 각 장에서는 리스크를 언급한 후 대안과 기회에 관한 이야기로 이어간다. 대안과 기회는 해당 구성 요소를 활용하여 업무의 효율 및 수익성을 끌어올리는 요령을 다룬 것이다. 각 장의 말미에서 다룬 글은 '시간의 추이에 따른 상상'으로 제목을 잡았다. 이 결말부에서는 내 호기심을 끌었던 사례를 간략히 소개했다. 주요 코스를 즐긴 뒤의 디저트로 여겨도 좋을 것 같다. 실속을 차리기보다는 가볍게 읽고 넘어갈 요량으로 썼다(물론 주식이 될 만한 것도 간혹 집어넣었다). 아울러 핵심 아이디어를 강조하기 위해 내용을 요약하며 각 장을 마무리했다.

7장 '6개의 렌즈를 활용하라 : 갑론을박 타이밍을 찾아서'에서는 모든 요소를 동원하여 6가지 타이밍 렌즈를 비즈니스 환경에 적용하는 법을 구체적으로 다루었다(CEO를 비롯한 경영진이 신제품 출시를 앞두고 벌인 가상 회의). 주장의 타이밍과 효율성을 모두 잡기 위해 각 구성 요소를 활용하는 요령을 구체적으로 밝힌 것이다.

끝으로 마지막 장은 7장까지 쌓아둔 토대에 기반해 타이밍 분석을 위한 일반적인 지침과 단계별 과정을 제시한다.

시간의 구조 요소와 그것이 조성하는 패턴을 발견하기 위해 안목을 훈련시키려고 할 때 세상은 더욱 복잡해 보일 것이다. 표면 아래를 들여다보거나, 건물의 하부구조를 검토하거나, 뇌의 MRI 사진을 찍을 때처럼 말이다. 그러나 타이밍 분석의 목표는 복잡성을 **덧붙이는** 것이 아니라 **복원하는** 것이다. 즉 눈과 머리가 지나쳐버린 대상을 떠올리는 것이 관건이다. 좋은 소식은 타이밍 분석이 이 같은 복잡성을 정리하는 비결을 제시한다는 점이다. 타이밍 분석의 위력이 대단한 이유도 그 때문이다.

타이밍 분석의 또 다른 위력은 경영자가 부딪힐 만한 대부분 상황에 적용할 수 있다는 점이다. 우선 코플런드의 한계와 뇌의 양자력에서 비롯된, 타이밍을 놓치게 하는 걸림돌은 특수한 환경이나 조직, 역할에 국한되지 않는다. 둘째, 타이밍 분석의 도구와 기술이 매우 보편적이다. 환경에 따라 달리 판단해야 하는 공간으로 세상을 이해하면 자칫 복잡하고 혼란스럽게만 느껴질 수 있다. 우리는 다양한 환경에서 쓸 수 있는 도구가 필요하다.

복잡다단한 세상에서 리더와 경영진이 감안해야 할 변수, 즉 금융과 법률, 경제, 조직, 경쟁력, 전략, 정책 및 심리적 측면 등은 항상 다른 것과 결합된다. 그 때문에 이 책은 다양한 사례를 담고 있다. 리더와 경영진은 위기에 봉착할수록 타이밍을 결정하기에 앞서 사고력을 증진하고, 문제를 여러모로 관찰할 수 있어야 한다. 또한 타이밍 기술을 개발하려면 문제의 표면 아래를 살펴 근본적인 시간의 설계나 구조를 파악할 줄 알아야 한다. 물론 이 같은 일은 다양한 맥락에서 작용하는 타이밍 원리를 볼 수 있어야 가능하다.

각 장을 채운 사례는 크게 2가지 카테고리로 구분된다. 첫째는 어떤 상황이나 환경에서 벌어지는 사건을, 둘째는 당신이나 타인의 행동을 다루었다. 이때 각 카테고리는 타이밍 분석이 이중으로 활용된다는 점을 반영한다. 이를테면 환경을 이해함으로써 손을 써야 할 시기를 포착한 뒤, 해당 맥락에서 효과를 기대할 수 있는 조치를 구상할 시기도 아울러 파악한다.

타이밍의 기술

타이밍 문제를 해결할 수 있는 유용한 도구도 제시하겠지만, 타이밍을 포착하는 '스킬'이 일종의 '아트'라는 점부터 알아두길 바란다. 저절로 혹은 '원칙대로만 하면' 되는 것이 아니라는 이야기다. 타이밍의 기술을 거론하려면 전설적인 무대 감독 피터 브룩의 리허설에 대한 설명을 적는 편이 나을 것 같다(강조 표기는 내가 한 것이다).

한 배우에 정신을 집중해야 할 **때가 있는가 하면**, 전반적인 작품의 흐름을 살리기 위해 개별적인 연기를 중단해야 할 **때도 있다.** 각자의 일거수일투족을 다 관찰할 수는 없다. 가급적 많은 배우와 어떻게든 소통하려고 하면 속도가 느려져 전반적인 의사소통에 독이 될 수도 있다. 그래서 감독은 **시간 감각**이 있어야 한다. 이를테면 프로세스의 리듬을 느끼고 각 부분을 주시해야 한다. 연극의 원대한 맥락을 이야기할 **때도 있고**, 이를 망각하는 **때도 있고**, 희열과 호사 및 무책임을 통해서 찾을 수 있는 것만 발견할 **때도 있다**. 노력의 결과를 두고 걱정하지 말아야 할 **때도 있다**. …… **어떤 때**는 감독이 감을 잡아야 한다. 각자의 배역에 몰입하며 작품에 흥분한 배우들이 극의 흐름을 놓칠 때가 언제인지 눈치채야 한다는 말이다. **어느 날 아침**, 작품은 **돌연** 달라져야 한다. 결과가 관건이니까. 농담이나 자수刺繡도 저 멀리 던져놓고, 저녁에 감도는 분위기와 내레이션, 대사, 테크닉, 발성 및 객석과의 소통에 온 정신을 집중한다. 고지식한 편견을 늘어놓는 감독이 있다면, 그만큼 어리석은 자도 없을 것이다(두 부류가 있다. 속도나 성량 따위의 기술적인 용어를 쓰는 부류와 예술과는 거리가 멀다며 그런 건 아예 꺼내지 않는 부류다). 이때 감독은 방법론에 치중하기가 정말 쉽다.[11]

감독의 이야기를 들어보면 그가 왜 거장인지를 확실히 알 수 있다. 환경을 정확히 읽고 있는 데다 당면 문제가 무엇인지 감을 잡고 있다. 또한 타이밍이 정확한 조치가 언제, 어떻게 리허설의 성패를 좌우하는지도 파악하고 있다. 그는 공연뿐만 아니라 배우의 기술과 리허설의 **시간 설계**에 주의를 집중한다. 즉 극의 리듬을 비롯하여 긴장이나 이완이 이루어지는 순간이나, 동작을 멈추거나 방향을 전환해야 할 순간에도 귀를 기울인다. 앞서 인용한 글을 읽노라면 타이밍 전문가의 이모저모를 간파할 수 있다. 물론 브룩이 털어놓는 기술을 하루아침에 습득할 수는 없을 것이다. 하지만 당신과 조직이 먼저 기회를 찾고 이를 살려냄으로써 막대한 손실을 피하고 싶다면, 타이밍 기술에 숙달하는 데 시간을 투자해야 한다. 이 책을 정독한다면 일상을 보는 눈이 달라지리라고 자부한다. 타이밍을 포착해야 성공 가도를 달릴 수 있다.

01

시퀀스
sequence

일의 순서부터
파악하라

시퀀스란 멜로디에 담긴 음표가 진행하는 순서이자 사건의 순서를 가리킨다. 타이밍이 관건인 상황에서라면 사건의 순서를 파악하는 것이 도움이 되기도 하고 중요할 때도 더러 있다. 보통 제품을 만든 다음에 판매하지만, 반대로 먼저 팔고 나서 제품을 만드는 상황이 성립할 때도 있다.

깔때기에 물을 붓는 모습을 상상해보라. 물 분자들이 하나같이 좁다란 끄트머리를 빠져나가려고 한다면 어떻게 될까? 상영관에서 "불이야!"라는 비명에 부랴부랴 출구를 뛰쳐나가려는 사람들처럼 이리저리 부딪치는 형국이 될 것이다. 그러나 깔때기에는 중력을 비롯한 여러 힘이 작용하기 때문에 물 분자가 줄을 서서 나선형으로 질주한다. 깔때기는 모양이 눈에 들어오고 나서야 그 기능을 알게 되는데, 그래서인지 깔때기에서 육안으로 관찰되지 않는 근본적인 타이밍 메커니즘(시퀀스)을 고려하는 사람은 거의 없다.

인생도 그렇지만 비즈니스 세계 또한 보고 만질 수 있는 것은 조작하기 쉽다. 이를테면 기술을 대체하거나 포장을 다시 설계하는 일은 어렵지 않으나, 시퀀스는 추상적인 까닭에 손에 잡히지가 않는다. 그래서 놓치기 쉽지만 이를 찾아야 한다. 시퀀스를 수정해보라. 수요가 발생한 **후가** 아니라 **그전에** 제품을 만들면 리스크와 기회가 아주 달리 보일 것이다. 시퀀스를 수정하거나 되뇌는 습관도 바꿔보자. 제품의 인상이 달라져 매출에도 변화가 있을 것이다. 가령 지금 구매하려는 자동차 재규어는 **전에** 누군가가 '취득했던' 차량인가, 남이 몰고 다닌 **후에** 내놓은 '중고' 차량인가?

행동 타이밍의 실마리는 시퀀스를 발견하거나 주목하는 데서 결정된다. 예컨대 국가가 핵무기를 제조하기 위해 거쳐야 할 절차를 알고 있어야, 혹시라도 이를 철회하려고 할 때 그 시기를 결정할 수 있지 않겠는가? 이처럼 시퀀스가 타이밍의 단서를 제공하기 때문에 우리는 주변 환경에 도사리는 시퀀스를 찾아내는 안목을 훈련해야 한다. 또한 일이 지연되는 이유를 이해하는 데도 시퀀스가 도움이 된다. 가령 한 국가가 자국(및 회원국)을 위험에 빠뜨리지 않으면서 유럽연합을 탈퇴한다고 치자. 그러한 절차를 밟는 과정에서 시퀀스가 분명하지 않다면 결정은 미뤄지게 마련이다(무기한 연기될 공산이 크다).

시퀀스의 특징

시퀀스를 이루는 사건을 발견했다면(예컨대 깔때기를 통과하는 물 분자 등) 좀 더 자세히 관찰해보라. 시퀀스는 사건의 순서만을 일컫는 개념이 아니다. 다른 중요한 특징이 많은데 이를 열거하자면 아래와 같다.

1. **순서**Order 사건의 순서와 원인은 무엇인가? A 후에 B가, B 다음에 C가 벌어진 이유가 있는가? 순서가 달라질 순 없는가? 순서를 바꾸면 더 낫지 않은가?
2. **구두점** 단계별 과정이나 절차가 눈에 들어오는가? 하나 정도는 건너뛰어도 괜찮은가? 이를 끝마칠 수는 없는가?

3. **인터벌 및 듀레이션** 단계별 과정이나 절차는 얼마나 걸리며, 각 단계 사이의 경과 시간은?

4. **셰이프** 병목을 비롯하여 진행 과정의 걸림돌이 되거나 이를 더 디게 할 모양인가? (이에 대해서는 차차 언급하겠다.)

5. **위치**Location 시퀀스는 일련의 위치를 규정한다. 사건이 시퀀스 초반에 벌어졌는가? 중반이나 끝에 발생하진 않았는가? 위치가 주요 관건인가?

6. **외연**Extension 시퀀스의 길이는? 언제 시작되고 언제 끝나는가?

시퀀스의 특징을 확대한 〈도표 1.1〉을 관찰하고 나서 각 특징을 구체적으로 짚어보자.

〈도표 1.1〉 확대한 시퀀스

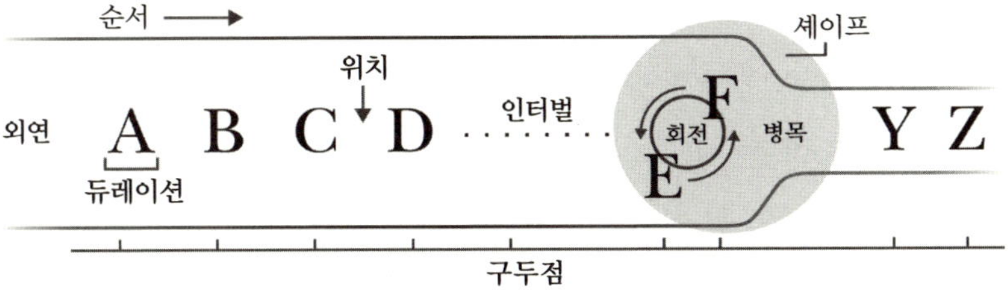

순서

사건이나 행동이 벌어진 **순서**란 시퀀스의 핵심적인 특징으로 A 후에는 B가, B 다음에는 C가 일어난 상황을 일컫는다.

예를 들어 향이 다른 커피를 생산하려면 제품을 발표하기 전에 제조법에 합의하고 향의 명칭을 규정해야 한다. 그런 다음 시음회를 열어 소비자의 미각에 맞도록 재료를 수정한 뒤 다시 시음회를 여는 등 단계별 과정이나 절차를 적용해야 한다. 이처럼 공정의 순서를 규정하거나 준수했다면 그다음에는 이를 바꿀 수 있느냐가 관건이다. 뒤의 어느 한 단계가 앞에 오거나 두 단계가 삽입될 순 없을까? 순서가 달라지면 비즈니스에는 득이 될까, 실이 될까? 가령 시음회가 끝나고 나서 커피 향의 이름을 짓는다면 소비자의 반응은 어떻게 달라지며, 2차 시음회를 생략하면 예산에는 어떤 변화가 있을까?

인간의 행동에는 순서가 있기 마련이다. 수년간 같은 순서로 일을 진행해왔다면 그보다는 다른 대안을 찾는 게 더 나을 때도 있다.

시퀀스의 순서를 바꿀 수 없다면(각 단계의 순서가 달라선 안 되며 어떤 것도 건너뛸 수 없을 때) 문제가 불거질 수 있다. 예컨대 딘 케이멘**Dean Kamen**이 발명한 세그웨이**Segway**●가 출시된 배경은 이른바 **엄격한 순차성의 한계**Strict Serial Constraints를 잘 보여주는 사례다.

2001년 세그웨이 PT(Personal Transporter, 개인 이동수단)가 처음 소개되었을 때 이를 몰고 다니는 사람을 본 적이 있을지 모르겠다. 모양새를 보아하니 탑승자와 세그웨이가 쉽게 넘어질 것 같지만, 첨단 기술로 주목받는 세그웨이만의 자체 균형 메커니즘 덕택에 그런 불상사는 벌어지지 않았다. 그러나 직접 타보기 전에는 편의와 안전성을 확신하기가 어려울 듯하다. 혹시라도 구매할 의향이 있다면 당신은 언제 사겠는가? 시험 운전을 해보고 난 후에 결정하지 않을까? 그렇다면 시험 운전은 언제 할 텐가? 유통 업체가 보급하기 전에는 이를 살 수

● 세그웨이
Segway
2001년 딘 케이멘이 발명한 1인용 탈것. 모터로 움직이는 두 개의 바퀴가 달려 있고, 탑승자는 기계 위에 서서 균형을 잡으면서 운전한다.

없을 것인데, 미국의 주 정부는 대개 세그웨이 사용을 금지했기 때문에 얼마간은 유통되지 않았다. 그러니 법을 개정하기 전에는 세그웨이를 구매할 수 없다. 결국 회사는 세그웨이가 널리 보급될 수 없음에도 이를 출시한 탓에 약 5년간 영업 손실을 기록했다.

세그웨이는 **악순환**에 빠지고 말았다. 즉 유통 업체는 시장이 조성되지 않으면 제품을 보급할 수 없는데 고객들이 시험 운전을 하지 못한 까닭에 시장을 파악할 수 없는 상황이었고, 소비자는 유통 업체가 손을 쓰지 못한 까닭에 시험 운전조차 할 수 없었던 것이다. 게다가 혁신적인 기술답게 비밀리에 개발됨으로써 인도에서 탈 수 있도록 지방자치단체를 상대로 로비 활동을 벌이는 등의 하류식 업무 **Downstream Task**•도 진행할 수 없었다. 제품의 베일이 아직 벗겨지지 않은 까닭이다. 그렇다면 세그웨이 개발자들은 당국의 승인을 신속히 받을 방편을 찾아냈을까? 출시일을 그냥 미루기로 하진 않았을까? 유통 업체를 둘러싼 악순환은 예상하고 있었을까? 답할 길은 없으나, 내 목적에 비추어보면 그다지 중요한 의문은 아닌 듯하다. 직장에서 당면할지도 모를 난관을 좀 더 정확히 예측하려면 시퀀스와 관련된 의문을 던질 수 있어야 한다.

세그웨이 사건에서 알 수 있듯이 시퀀스와 관련된 타이밍 리스크는 주의를 집중하면 얼마든지 초기에 밝혀낼 수 있다. 그런데 요즘은 기업의 타이밍 전략이 틀에 박힌 구습에서 벗어나질 못하는 것 같다. 시장에 빨리 내놓으면 그만이라고들 생각하니 말이다. 어디를, 어떻게 봐야 하는지 알면 보이는 영역이 아주 넓어진다는 것이 바로 이 책의 요지다.

하류식 업무
Downstream Task
기업의 영업 활동 중 소비자와 가까운 부분에서 벌이는 영업 활동.

딘 케이멘과 마찬가지로 솔 그리피스Saul Griffith 또한 발명품의 진가를 살리기 위해 단계별 과정을 의식해야 했다. 2004년 MIT에서 박사 과정을 밟고 있던 그는 개발도상국을 대상으로 저렴한 안경을 맞춤 제작하는 길을 찾아냈다.[2] 가난한 나라는 형편이 여의치 못하기 때문에 공장 없이도 렌즈를 제조할 수 있느냐가 관건이었다. 결국 그리피스는 속건성 액으로 렌즈를 제작해냄으로써 몸소 해결책을 내놓았다.

발명품이 대성공을 거둔 덕택에 그는 모교와 맥아더재단에서 각각 3만 달러의 상금과 50만 달러의 '천재 보조금'을 받았다. 하지만 아쉽게도 **타이밍 렌즈**를 염두에 두지 않아 발명품의 성공을 좌우할 시퀀스는 보지 못했다.

그리피스의 말마따나, "개발 도상국에 보급할 안경을 둘러싼 문제는 렌즈 제작이 아니라 …… 의료 서비스를 거의(혹은 아주) 받을 수 없는 국민에게 처방전을 쓰고 시력 검사를 하는 것이다. 그건 기술력보다는 정치·경제적 문제라야 옳다."[3] 독보적인 기술을 활용하기 **전에** 파악했어야 할 단계별 과정을 놓친 결과, 그의 발명품은 판로를 찾지 못했다. 따지고 보면 문제를 잘못 진단한 점도 눈에 띈다. 정치·경제적인 문제라고 지적해도 아주 틀리진 않지만 시퀀스의 문제라고 보는 게 더 타당하다.

시퀀스에는 비즈니스와 관계가 깊은 순서 외에도 여러 특징이 있는데, 각 장에서 심도 있게 다루었으니 지금은 간략히 정리만 해둘 생각이다.

구두점

쉼표와 세미콜론이 문장을 끊고 빈칸이 단락을 나누듯, 시퀀스 또한 사건의 과정을 여러 부분으로 쪼개기 위해 단계별 과정과 절차를 활용한다. 대개는 과정을 축소하고 몇몇 단계를 쳐내야만 고객의 시간을 절약할 수 있다고 생각하기 쉬운데, 일부 단계를 생략하고 더 빠른 과정을 끼워 넣는 것이 능사는 아니다. 예컨대 팬케이크는 얼리거나 말린 달걀을 반죽 재료에 넣으면 좀 더 빨리 조리할 수 있다. 물을 섞고 반죽해서 구우면 그만이니까. 하지만 제조업체는 조리 과정이 너무 간편한 데다, 신선한 재료가 들어가지 않았다는 이유를 들먹이며 주부들이 이를 꺼림칙하게 여길 거라고 간주했다. 그래서 달걀은 직접 넣으라는 추가 절차를 덧붙인 것이다.

쉼표나 다른 구두점을 찍지 않고 매번 종착지로 건너뛸 수는 없다. 예컨대 첫 걸프전 당시 동맹군은 수많은 군소 도시를 우회하며 바그다드에 서둘러 진입했다. 물론 수도에는 비교적 일찍 도착했지만, 복귀해야 할 때는 그간 심각해진 보안 문제를 감당해야 했다. 속도를 강조할 땐 건너뛴 단계와 그 때문에 벌어질 타이밍 문제에 대비해야 한다. "언제 복귀할 수 있으며 결과적으로 얻는 것은 무엇인가?"를 자문해보라.

금융계의 선행매매Front-running가 그렇듯, 훌쩍 건너뛰는 게 불법인 경우도 있다. 선행매매는 투자자의 주문을 받아 주식을 사들이는 거래자가 주가가 오를 것을 미리 알고 실제 주문이 있기 전에 주식을 사들이는 것을 가리킨다. 거래자는 사들인 주식을 더 높은 가격으로 투자자에게 되팔아 차익을 챙긴다.

시퀀스의 단계별 과정을 모두 고려하지 않으면 실수를 저지를 때도 있다. 비즈니스의 성패를 결정할 만큼 중요한, 제품의 가격을 생각해 보라. 재화의 공급량이 늘면 가격이 하락하고 수요가 늘면 가격이 상승하게 마련이나, 현실은 그렇게 간단하지가 않다. 예를 들어 천연가스의 가격은 생산량이나 전반적인 수요에 따라 상승하거나 하락하지 않는다. 가스정에서 소비자에게로 직접 유통되지 않기 때문이다. 즉 중간 단계를 거친다. 천연가스는 저장할 수 있다. 저장 용량이 증가하면 공급과잉 현상이 발생하기 때문에 물가가 회복될 때까지 유통이 금지될 수 있다. 구두점을 찍지 않으면 문장을 읽기가 어려워지듯, 이 같은 단계를 망각하고 있다면 가스정에서 추출하고 있는 풍부한 천연가스가 소비자가격을 항상 낮추진 않는다는 사실을 이해하기 어려울 것이다.

인터벌 및 듀레이션

시퀀스를 볼 때는 단계별 과정 사이의 경과 시간(인터벌)과 각 단계나 절차에 소요되는 시간(듀레이션)에도 주목해야 한다.

신규 회사가 자금을 조달하면, 투자자들은 가능한 한 수익이 빠르게 발생하는 것을 선호한다. 투자 시기와 회수 시기라는 두 단계 사이의 시간이 될 수 있으면 짧은 편이 낫다는 것이다. 이처럼 단계별 과정이나 절차를 두고 짤막한 인터벌을 선호하는 예는 비일비재하다. 예를 들어 2010년 유럽의 규제 당국은 거래가 완료된 뒤에 증권이 현금으로 교환되는 시간을 단축할 방편을 논의하기 위해 회동한 바 있다.● 인터벌이 좀 더 단축되면 그 사이에 디폴트(Default, 부도) 같은 돌발 사태가 벌어질 리스크는 줄어들 것이다.

우리는 관습적으로 일주일을 평일(닷새)과 주말(이틀)로 구분한다. 하지만 반대로 주말을 닷새, 평일을 이틀로 잡는다면 2008년 리먼브러더스에 악재로 작용한 금융 위기의 결과도 사뭇 달라졌을 것이다. 정부가 방책을 논의할 시간이 그만큼 많아질 테니 회사를 회생시킬 대책도 내놓을 수 있지 않았을까 한다.

셰이프

시퀀스를 고려하려면 사건과 또 다른 사건이 이어지는 관계를 논리적으로 따지게 된다. 이를 육안으로 볼 수 있도록 가장 간단히 나타내면 A 뒤에는 B가, B 다음에는 C가 벌어졌다는 뜻으로 수평선 위에 점을 몇 개 찍을 것이다. 예컨대 신제품을 출시하려면 A(제품을 기획해야 한다)와 B(상품을 제조해야 한다) 및 C(시장에 내다팔아야 한다)를 거쳐야 한다. 그러나 이 같은 시퀀스에 걸림돌이 될 수 있는 셰이프로 회전 형태와 병목 형태가 있다. 〈도표 1.1〉에서 살펴본 바와 같이, 이 둘은 직선 상에서 표현할 수 없다.

회전 형태는 고전적인 '캐치22 상황(Catch-22, 조지프 헬러의 동명 소설에서 비롯된 관용어로 진퇴양난의 딜레마를 일컫는다.—옮긴이)'을 대변한다. 예를 들어 고객들은 세그웨이가 듣도 보도 못한 제품이라 시험 운전을 하지 않고는 구매하지 않을 것이고, 유통 업체는 시장성을 파악하기 전에는 제품을 보급할 수 없으므로 고객이 시험 운전을 하지 못하면 유통할 수 없는 경우와 같다.

한편 **병목 형태**는 사건의 속도를 늦춘다. 2006년 여름, 질병통제예방센터는 환자가 어떤 증상을 보이는가와 관계없이 에이즈 검사를 시행하라는 지침을 1차 진료 전문의들에게 전달했다. 그러자 이 소식을 들은 에이즈 퇴치 운동가들은 아연실색했다. 의료 서비스는 그대로 둔 채 무조건 검사 대상만 확대하면 환자들이 제대로 치료받을 수 없기 때문이다. 상류식 해결책Upstream Solutions은 하류식 병목을 일으킬 수 있다는 위험을 감수해야 하므로, 병목을 피하면서 효과적으로 속도를 끌어올리려면 시퀀스 전체를 수정해야 한다. 에이즈 치료의 경우 증상을 보이거나 감염 가능성이 매우 높은 환자들에게 검사 및 치료의 우선권을 부여하면 될 것이다.

다양한 세이프는 5장에서 좀 더 구체적으로 다룰 것이다.

위치

시퀀스상의 단계별 과정이나 절차가 상대적으로 단축되거나 연장될 수 있다는 점은 미리 염두에 두어야 한다(비즈니스에서는 이를 의식하는 것이 중요하다). 시퀀스의 처음과 중간, 끝이 깔끔하게 구분된다면 처음과 마지막 단계는 비교적 짧다는 것도 고려하라. 예컨대 비행이 지루해지는 것도 같은 이치다. 탑승 전까지는 불편을 감수하고라도 이런저런 안전장치를 준비하지만 모든 채비가 끝나고 자리에 앉았을 때는 조금만 이륙이 지연돼도 불쾌지수가 치솟는다. 비행 중에 지연되는

15분이야 거의 눈치채지 못하지만, 기체가 착륙한 후 같은 시간(15분)을 기다려야 한다면 좀이 쑤실 거라는 이야기다. 기내를 나올 참이라면 성가신 일이 벌어지지 않기를 바란다. 그러므로 **얼마나 오래** 지연되는가만큼이나 **언제** 그러는가도 중요한 문제다.

외연

내가 정의하는 외연이란 시퀀스의 처음과 끝을 잰 길이를 일컫는다. 사람들이 수많은 시퀀스의 길이를 일일이 재지 않기에 종종 난관에 부딪히는 것이다. 시퀀스가 아직 종료되지 않았는데도 그렇다고 단정하거나, 솔 그리피스의 사례에서처럼 시퀀스가 얼마나 일찍 시작되었는지 망각해버리는 때도 허다하다. 그래서 사건이 터지면 당황한다. 충분히 예측할 수 있었는데도 말이다.

　2007년에는 중국제 장난감 중 상당수가 회수된 사건이 일어났다. 당시 〈뉴욕타임스〉는 '리콜의 여진'이라는 머리기사에서 리콜 사태가 단편적인 사건으로 일단락되지 않고, 하류식 문제가 적잖이 작용한 **다중 쇼크**로 비화했다는 점을 역설했다.⁴ "1단계는 제품을 리콜하는 것이고, 2단계는 업체가 제품을 회수하는 것이다. 그렇다면 3단계는?" 미국 소비자재단 제품안전부의 레이철 와인트라우브 이사가 한 발언이다.● 시퀀스의 다음 단계를 아는 사람이 없었던 것이다. 이때 신문 기사는 리콜된 제품 중 80퍼센트가 아직 회수되지 않았다고 폭로했지만, 실은 업체들이 제품의 판매처를 알고 있었다손 치더라도 조치를 취해야 할 법적인 의무는 없었다. 또한 자발적으로 제품을 회수했다

● 2007년 8월, 바비 인형으로 유명한 미국 마텔 사의 장난감에 대한 리콜 사태가 발생했다. 마텔 사는 중국에서 인형들을 주문 생산하였는데, 중국에서 제조된 장난감에서 납 성분이 발견되었기 때문이다. 총 2000만 개가 넘는 인형들이 리콜되어 마텔사는 엄청난 피해를 입고 말았다.

면 해외에 되팔아도 무방했다.

누구도 리콜을 둘러싼 사태의 시퀀스를 예상치 못했기에 불량품은 다시 아이들의 손에 쥐여지고 말았다.

비즈니스 환경에서 시퀀스에 주목하려면 최장기 관련 시퀀스**The Longest Relevant Sequence**(수십 년까지 이어질 때도 있다)를 살펴야 한다. 중요해 보이는 점은 모두 담을 수 있도록 시퀀스가 과거와 미래를 넉넉히 아우를 수 있어야 한다는 것이다.

———

시퀀스의 외연을 감안하지 못하거나 당면 문제와 밀접한 타이밍의 특징을 간과한다면, 시퀀스와 직결된 주요 리스크 및 기회를 놓칠 수 있다.

시퀀스와 관련된 리스크

○

시퀀스와 관련된 리스크 중 다수는 사전에 밝혀내면 얼마든지 피할 수 있고, 설령 그러지 못한다 해도 리스크를 극복하기 위한 대비는 해둘 수 있다. 흔히 부딪히는 시퀀스 관련 리스크는 아래와 같다.

시퀀스를 놓치다

가장 흔한 리스크는 솔 그리피스의 사례에서처럼 시퀀스 자체를 의식하지 못해 'A는 반드시 B 앞에 와야 한다'는 점을 깨닫지 못하는 것이다. 그럼 2008~2009년에 불거진 금융 위기(금융 부문에서 벌어진 사건들이 꼬리에 꼬리를 문 사태)를 살펴보자. 당시 국가의 부채는 눈덩이처럼 불어나고 주택 시장은 거품이 빠졌으며 서브프라임 모기지는 위기 모드로 전환되었다. 금융 전문가들은 개별적인 현안과 걸림돌을 분명히 파악하고 있었지만, 사건들의 인과관계와 속도에는 어두웠다. 데이터의 관계성을 규명하지 못했다는 이야기다(원문은 '점을 연결하지 못했다**They didn't connect the dots**'이다.—옮긴이). 그러나 데이터의 관계성을 규명한다고 해서 문제가 해결되는 것은 아니다. 각 데이터(점)는 서로 얽히고설킨 행동에서 비롯된 것이기 때문이다. 가령 A가 x를 한다는 조건에 B가 y를 한다면 A는 z의 반응을 보일 수도 있고(그것도 아주 빠르게), 그 뒤에 C가 가담할 수도 있다. 국민과 기관은 연쇄적인 행동에 묶여 있지만 이를 예측할 수도, 그에서 벗어날 수도 없었던 것이다. 앞서 살펴본 바와 같이, 이 같은 형국에서 해결책을 찾기란 쉽지 않다.

시퀀스가 그리 중요하다면, 추상적이라는 점은 일단 제쳐놓았을 때 왜 우리는 이를 놓치는 걸까? 내가 **캣포인트 싱킹**Cat-point Thinking이라고 부르는 것이 한 가지 이유다. 캣포인트 싱킹에 빠진 사람은 행동의 카테고리에서 마음을 정한 후("칸Cannes에서 와인과 디저트를 파는 주점을 차려야지"), 따로국밥 식으로 시기를 결정한다("50세가 되는 날이 좋겠군"). 캣포인트 싱킹이란 시간의 한 '점'에 정신을 집중하는 것을 일컫는다. 그러나 한 점에 몰입하면 그 전후에 벌어질 사건을 결정하는 시퀀스에 관심을 두지 않게 된다.

주요 시퀀스와 관련된 리스크를 피하고 싶다면 "현 절차나 상황에 대한 사건의 순서를 제대로 파악했는가?"를 자문해보라. 물론 시퀀스

2000년대 초반부터 미국과 세계 각국의 주택 가격이 급등한다. 오래 지속된 저금리, 그리고 소득이 거의 없는 사람들에게도 대출을 해주는 서브프라임 모기지 등으로 주택 가격이 상승했다. 그러나 2007년경부터 주택 가격이 하락하고 주택 대출금을 갚을 수 없는 사람이 증가하면서 금융기관의 파산이 이어졌다. 특히 세계 최고의 대형 금융기관인 리먼브러더스가 2008년 가을 파산하면서 금융 위기가 본격화되었고, 이후 전 세계 모든 금융기관, 국가들로 금융 위기가 확산된다.

가 중첩되는 경우도 있다.

은연중에 시퀀스를 뒤집다

시퀀스 전도(Sequence Inversion, 혹은 역逆시퀀스)는 두 단계의 순서가 달라질 때 발생한다. A 다음에 B가 오는 게 아니라, B 다음에 A가 이어지는 것이다. 〈월스트리트저널〉에 연재되는 유명한 경영 에피소드 만화인 '후추…… 와 소금'이 이를 재미있게 잘 살렸다. 내용을 소개하자면, 어떤 이가 구직자와 면접 문제로 이야기를 나누고 있다. "면접 일정을 잡기도 전에 회사를 찾아왔군. 그 계획, 아주 마음에 들어."[5] 정상적인 시퀀스를 뒤집는 것이 이런 일에는 통하는 것 같아도, 본말이 전도되면 일을 그르칠 수도 있다. 예산을 승인하기 전에 자금을 조달하는 경우처럼 말이다.

순서를 바로잡으려면 대개 복잡한 수고가 뒤따른다. 예컨대 막대한 적자를 안고 휘청거리는 국가는 무엇부터 해야 할까? 지출을 줄인 후, 추가 부양책이 필요한지 기다려봐야 할까? 아니면 경기 부양책을 구사하고 나서 지출을 줄여야 할까? 어느 쪽이 옳은 시퀀스일까? 자칫하면 불황이 찾아오거나 수년간 경제난에 시달리게 될지도 모른다면? 물론 시퀀스 전도가 다 비극적인 결과로 이어지는 것은 아니다 ('바른' 순서가 있다는 전제하에). 예를 들어 〈뉴욕타임스〉에 따르면, 크리스틴 게스와인과 스티븐 필티는 결혼식을 올리기 전날인 2000년 1월 15일에 이를 연기하기로 결정했다. 하지만 연회는 계획대로 진행했다. 이튿날 그 커플은 멕시코로 신혼여행을 떠났고, 며칠 뒤 현지 해변에

서 간소하게 혼례를 치렀다.[6]

이때 자문해볼 만한 물음은 다음과 같다.

"순서는 바르게 되었는가? 단계별 과정이나 사건이 시퀀스에서 엉뚱한 위치에 놓일 가능성은 없는가? 사건의 순서를 조정한다면 결과가 좀 더 나아지겠는가?"

끝까지 주시하지 못할 때

시퀀스의 마지막 몇 단계는 상상하기가 가장 어렵다(너무도 요원하여 볼 수 없기 때문이다). 그러나 사건의 흐름이 종료되는 경위를 예측하는 일은 매우 중요하다. 예컨대 페이스북에 프로파일을 작성하기는 쉽지만 이를 속히 제거하기는 몹시 어렵다.

"항상 1등을 하고 근면해라"는 덕담은 경쟁력으로 승부를 겨루는 사회에서 그럭저럭 통할 듯한 원리지만, 실은 그렇지 않다(세그웨이를 떠올려보라). 속도에 너무 연연하다 보면 시퀀스의 끝자락을 보지 못해 향후 절차나 단계별 과정을 고려할 수 없다. 그렇게 되면 상황을 파악하는 데 한계가 있으므로 애당초 눈치챘어야 할 리스크에 속절없이 당할지도 모른다. 시퀀스의 구성 요소에는 각각 리스크와 기회가 담겨 있다. 설령 행동이 우선이더라도 장기적인 안목을 통해 앞으로 벌어질 공산이 큰 사건은 무엇이며, 종결 국면은 어떻게 될지를 고려해야 한다.

자신에게 물어보라.

"막판에 불거질 사건도 예측할 수 있을 만큼 충분히 먼 미래를 내다보았는가? 시퀀스가 어떻게 끝을 맺을지 의식하고 있는가? 각 엔딩 시나리오를 고려해볼 때 행동의 시퀀스는 어떻게 결정해야 할까?"

시퀀스의 대안과 기회

◉

시퀀스와 그 나름의 특징은 리스크를 밝힐 뿐만 아니라 기회의 원천이 되기도 한다. 예컨대 업무의 정상적인 순서를 거꾸로 뒤집거나 애당초 존재하지 않던 시퀀스를 창출함으로써 우위를 확보할 수도 있다. 시퀀스의 특징은 신제품이나 신규 공정 혹은 서비스를 창출하거나, 기존의 것을 개선할 기회를 제시한다. 다음 사례를 살펴보자.

시퀀스를 일부러 뒤집는다

브라질 현지의 어느 영업 직원은 고객이 계산대에서 현금을 지급하면 소매상이 이를 전자식으로 은행에 입금할 수 있는 기술을 본사가 개발했다고 이야기했다. 며칠 후에는 현금을 수송할 차량이 매장에 온다고 한다. 순서대로라면 소매상이 현찰을 입금**해야** 이자가 발생하겠지만, 회사의 기술을 쓰면 그러기 며칠 전부터 이자가 생기므로 '역 시퀀스'가 오히려 유리한 결과로 이어진 셈이다. 하지만 영업 직원은 아직 기술이 상용화되지 않았다고 덧붙였다. 신용카드가 현금을 대체하고 나면 소매 업체가 현금 거래를 관리할 필요성이 거의 없어지리라고 생각했기 때문인데, 알다시피 그런 일은 아직 벌어지지 않았다.

시퀀스가 통찰력과 기회, 비즈니스 모델로 이어질 수 있다는 점을 염두에 두고 비즈니스를 구상해보라. 전화카드는 어떤가? 요금을 미리 지급하기 때문에 청구서를 받지 않아도 된다.

의료계에서는 순서를 바꾸어 수많은 생명을 살린 적도 있다. 2006년에 실시된 연구에 따르면, 폐암 수술 전후로 화학 치료를 한 결과 환자의 생존율이 증가한 것으로 나타났다. 대개 화학 치료는 수술 후에만 했는데 그러면 효과가 거의(혹은 아주) 없다고 한다.[7] 급속도로 발달하는 세상에서는 늦고 더디고 산만한 것(화학 치료)보다는, 빠르고 정확하고 결정적인 것(수술)을 선택할 공산이 크다. 그것이 정상적인 시퀀스지만 이 경우에는 오히려 직관에 반대되는 조치(역 시퀀스)가 생명을 살린 셈이다.

바른 듀레이션을 선택하라

바른 순서로 일을 처리하는 것도 중요하지만 단계별 과정과 절차에 상대적으로 소요되는 시간도 염두에 두어야 한다. 신체운동학**Kinesiology**을 가르치는, 캐나다 출신의 조앤 비커스 교수는 골프에서 퍼팅에 성공하는 요령에 대해 다음과 같이 언급했다(강조 표기는 내가 한 것이다). "퍼팅할 준비가 되면 **셋**을 세며 홀(목표점)을 지그시 바라보고, 하나를 셀 틈에 다시 공을 보라. 이때 **둘**을 세며 시선은 공의 뒷면(혹은 꼭대기)에 고정하고, 최소 **하나**를 더 세며 공이 이동하는 필드를 응시하는 것이 순서다."[8]

각 단계나 절차의 소요 시간을 결정하는 것이 중요할 때가 더러 있다. 흔히 볼 수 있는 사례가 시제품 검증이나 프로젝트를 취소하기 전에 추이를 지켜보는 기간이다. 제조업체가 첫 브랜드를 개발하려면 꽤 많은 시간과 에너지가 필요하지만, 차기 브랜드는 그보다 성공 가능성이 더 높아질 것이다.

시퀀스를 창출하라

공영방송국을 위해 24시간 기금 마련 캠페인을 기획한다고 치자. 달력을 일일이 확인해 가며 일정에 대해 찬반양론을 벌이고는 5월 중순께 날을 잡기로 했다. 그러나 당일이 되자 착빙성 폭풍우가 몰아쳐 전력이 끊어지고 말았다. 그 때문에 도시는 칠흑에 잠겨 하루를 보내야 했다. 이는 누구도 예상치 못한 사태로, 복구까지 꼬박 1주일이 걸렸다. 결국 기금 마련 캠페인은 취소되었고 방송국은 폭풍우와 그 여파를 취재해야 했다. 고작 하루를 잡기로 한 결정이(캣포인트 싱킹처럼) 예기치 못한 불상사에 휘둘리게 한 셈이다.

　시퀀스 렌즈를 통해 기금 마련 캠페인을 살펴보면 하루 동안 이벤트를 개최한다는 것 자체가 시퀀스 전략을 감안하지 않았다는 방증이다. 시간별로 캠페인을 둘로 나누면 어떨까? 방송국이 청취자들에게 시간에 대한 선택권을 줄 수 있다. 1차 캠페인만으로도 소기의 목적을 달성하면 2차 캠페인은 취소해도 무방할 것이다. 수많은 기금 마련 이벤트가 채택해온 시퀀스 해결책에서 얻을 수 있는 2가지 교훈은, 이벤트 기간을 여유 있게 잡아두면 개최일을 잘못 선택할 가능성이 줄어든다는 것과 기금 마련 이벤트는 아무도 좋아하지 않는다는 것이다. 또한 시청자에게 이벤트 기간에 대한 결정권을 부여함으로써 (타이밍에 대한 판단력, 즉 개최일과 각 단계의 구분 및 기한을 설정할 수 있는 능력이 필요하다) 방송국의 융통성을 끌어올려 근시안적인 해결책에 빠질 가능성을 최소화하는 시퀀스 해결책도 있다.

다른 위치를 선택하라

의사 결정이나 행동의 위치를 나중 단계(혹은 절차)로 변경하는 것도 유리하게 작용할 수 있다. 예컨대, 특허와 관련하여 미국은 최근 선先발명(선결 과제)보다는 선先출원 전략(국제적으로는 선출원이 원칙)을 구사하기로 했다.[●] 그래서 발명은 뒷전으로 밀려났다. 특허청으로서는 특허 출원만 되면 발명 시기는 그리 중요하지가 않다. 이 같은 전략이 바람직한 이유를 꼽자면, 우선 "범세계적으로 특허 출원 심사의 효율성과 협력을 증진할 수 있으며"⁹ 핵심 기술이 자기의 공로라고 주장하는 제3자의 출현을 미연에 방지할 수 있다(대기업들이 쌍수를 들고 환영할 만한 소식이다).

단계를 건너뛰어라

몇 단계를 건너뛰었을 때 비즈니스 기회가 창출되기도 한다. 15년 전까지만 해도 사진을 찍고 나면 동네 약국에 들러 현상을 맡겼다. 셔터를 누르고 나서 몇 주가 지나 사진을 보는 것이 당시 시퀀스였다. 그러나 디지털 사진 기술이 발달한 요즘에는 셔터를 누르면 곧바로 사진

특허권을 인정하는 시기를 언제로 할 것인가의 문제다. 선발명주의는 먼저 발명한 사람에게 특허권을 인정하고, 선출원주의는 먼저 특허청에 특허를 신청한 사람에게 특허권을 인정한다. 선출원주의는 먼저 발명을 했더라도 특허권 신청을 늦게 한 경우 특허권이 인정되지 않는다. 먼저 발명한 사람에게 특허권을 인정하는 선발명주의가 타당할 수 있지만, 실제 언제 발명했는지를 객관적으로 증명하는 것이 쉽지 않다.

을 볼 수 있다. 디지털 사진 덕분에 필름 구입과 인화라는 두 단계를 건너뛰게 된 것이다. 두 단계만 생략했을 뿐인데 신종 산업이 출현하고, 필름 매출이 주요 수익원이던 코닥Kodak은 파산이 불가피해졌다.

영업 기술의 하나인 **클로징 멘트**Presumptive Close[10]처럼 절차를 생략할 때 거래가 성사되는 경우도 더러 있다. 이를테면 판매원은 주식을 사들이거나 특정 기업에 투자할 준비가 되었는지를 묻는 대신, 당신이 이미 마음을 정했다는 전제하에 사들일 주식이 100주인지, 300주인지를 묻는다. 물론 마케팅 속임수지만, 한 단계를 건너뛰면 확고부동한 기존의 절차도 달리 접근할 수 있다는 점을 깨닫게 해주는 기술이다.

고객에게 선택권을 주어라

수정할 수 없는 단계별 시퀀스가 상품이나 서비스에 규정되어 있는가? (**엄격한 순차성의 한계**를 두고 하는 말이다.) 사전에 정한 순서가 필요할 때도 있지만, 꼭 그러지 않아도 된다면 고객에게 선택권을 주는 것도 나쁘지 않다. 소설가 훌리오 코르타사르Julio Cortazar도 소설 《돌차기 놀이Hopscotch》에서 이를 시도한 바 있는데, 제목에서 암시하듯 ('hopscotch'는 '이리저리 뛰어다니다'라는 뜻도 가지고 있다.−옮긴이) 이 작품은 1차원적인 독서와는 달리 군데군데를 건너뛰며 읽히도록 집필되었다. 저자가 일러둔 글에 따르면 독자는 2가지 방식, 즉 1장부터 56장을 차례로 읽거나 코르타사르가 밝힌 **매뉴얼**에 따라 비교적 많은 155장을 **이리저리 건너뛰며** 훑어나가는 식으로 소설을 즐길 수 있다. 또한 그는 독자 나름대로 작품을 읽을 수 있는 제3의 대안도 마련해두었다.

코르타사르의 전략을 염두에 둔다면 "고객이나 이해관계자에게 선택권을 부여하듯, 시퀀스의 순서를 바꾸는 것이 과연 유리할까?"를 항상 자문하게 될 것이다.

———

시퀀스 관련 기회를 찾아내려면 우선 업무가 성공하는 데 필요한 시퀀스를 열거해두라. 그러고 난 다음에 "혹시 ……라면?"이라고 물어보라. 이를테면, 혹시 당신이나 타인이 시퀀스 중 하나를 바꾼다면 어떻게 될까? 실적과 수익, 명성, 향후 계획 등은 어떻게 될까? 단기간에 해낼 수는 없겠지만 전략적 기획을 구사하려면 이러한 질문을 반드시 염두에 두어야 한다.

BOX 1

S4 체계 :
시퀀스가 해결의 실마리일 때는 언제인가?

—

시퀀스에 직결된 리스크와 기회를 떠나, "시퀀스의 순서를 정하는 것이(단계별로 행동하는 것) 절차상 옳을 때는 언제인가?"도 자문해볼 만하다. 앞으로 언급할 S4 체계는 몇 가지 대안을 선택하는 데 도움이 되고자 열거해두었다.

• **단시성**Singularity 어느 한 시점에 자리 잡은 하나의 단계에서 만

사를 해결하려고 할 때(이것이 '캣포인트 싱킹'이다), 행동을 먼저 결정하고 나서 이를 달성할 시기를 구체적으로 지정하는 것을 일컫는다. 예컨대 탐사 저널리스트는 취재 후 준비가 되면 아주 방대한 기사도 술술 써내려간다. 하지만 엉뚱한 시기에 이를 보도하면 골치가 아파질 수도 있다. 행여 돌발 사태가 독자의 관심을 휘어잡으면 기사를 쓴 노력이 수포로 돌아갈지도 모른다. 게다가 기사가 너무 이르면 독자가 주제에 별 흥미를 느끼지 못하고, 너무 늦으면 다른 언론사가 기회를 가로챌 수 있어 곤란하다. 찰스 다윈은 영국 자연주의학자 겸 동료인 앨프리드 러셀 월리스가 선수를 칠 게 두려워 《종의 기원》을 서둘러 출간해야 했다.● 시간이 촉박하여 다른 기회를 엿볼 수 없다면 그 순간을 놓쳐서는 안 된다. 그러나 특별한 경우를 제외하면, 오만가지를 단숨에 해결하려는 일은 불가능할 뿐만 아니라 바람직하지도 않다. 시기를 잘못 타면 매우 큰 대가를 치러야 하기 때문이다.

●**시퀀스**Sequence 1장의 주제인 시퀀스는 각 단계를 차근차근 진행해나갈지, 일반적인 시퀀스를 뒤집을지 판단해야 할 경우를 일컫는다. 이를 위해서는 각 상황에서 비중을 두어야 할 시퀀스의 특징(순서와 단계별 과정 및 공간 구성 등)을 결정해야 한다. 단계별 진행은 장단점이 많지만, 가장 두드러진 단점은 매우 더디다는 것이다.

- **동시성**Simultaneity 동시적 행동의 장점은 단연 속도다. 시퀀스와 동시적 전략 중 양자택일이 불가피한 상황을 극적으로 보여준 사례로는 제1차 세계대전 당시 독일군 사령부의 결정을 들 수 있다. 독일은 두 전선에서 프랑스와 러시아를 동시에 공격할 계획이었으나, 독일 황제 빌헬름 2세는 자신의 판단이 패전으로 이어질지도 모른다는 생각에 시퀀스 전략으로 전환하겠다며 애초 계획을 뒤집었다. 즉 적군을 차례로 섬멸하는 데 전력을 집중하겠다는 것이다. 그러나 참모총장 헬무트 폰 몰트케는 "(그 계획은) 일단 확정되면 바꿀 수가 없다"며 그를 만류했다.[a] 미주리 대학교의 앨런 블루던Allen Bluedon 교수가 지적한 바와 같이, "냉전의 기원은 제2차 세계대전에 있고, 제2차 세계대전의 뿌리는 독일 황제의 결정과 직결된 제1차 세계대전의 결과에서 찾을 수 있다. …… 실제로 20세기 역사는 독일의 전략적 판단으로 궤도를 수정한 것과 같았다."[b] 결국 동시성은 승리를 낳았고, 나중 이야기는 여러분이 알고 있는 그대로다.

- **침묵**Silence 마지막 대안은 침묵이다. 침묵이란 (적어도 당분간은) 상황을 가만히 지켜보는 것을 일컫는다. 예컨대 신문사는 국가 안보를 비롯한 여러 이유로 기사를 보도하지 않거나 보도 시점

---

a: B. 터크먼(B. Tuchman), 《8월의 포성(The Guns of August)》(London: Macmillan, 1962), 100, A. C. 블루돈이 집필한 《인간, 시간을 조직하다(The Human Organization of Time: Temporal Realities and Experience)》(Stanford, CA: Stanford University Press, 2002)에서 인용.
b: 블루던, 《인간, 시간을 조직하다》, 1~2.

을 얼마간 연기할 때가 있다. 소설가 마크 트웨인의 말마따나, "바른말도 그렇지만, 적절한 타이밍에 입을 다물고 있는 것 또한 위력이 막강한 법"이다. [c]

c : '섣부른 행동을 막아주는 격언(Pause Quotes)', 〈브레이니쿼트(Brainy Quote)〉, http://www.brainyquote.com/quotes/keywords/pause.html#gSCFwO8 VlkHdALLY.99I've.

시퀀스를 비롯한 타이밍 구성 요소는 각각 퍼즐 조각에 불과하다. 지구촌에서는 사건이 다각적으로 벌어진다. 타이밍을 잡아야 하는 사건도 마찬가지다. 각 구성 요소를 의식하고 활용하는 능력도 중요하지만, 현실 세계에서 타이밍이 관건인 문제를 해결하고 싶다면 6개의 구성 요소와 그것이 서로 조합되어 이루는 패턴을 찾을 수 있어야 한다. 지금부터가 시작이다! 내가 공개한 비결을 다 섭렵하면 일상을 보는 안목이 사뭇 달라지고, 계획도 순조롭게 진행될 것이다.

시간의 추이에 따른 상상

○

두 제품을 찍은 사진을 보라. 거꾸로 세워둔 헌츠 케첩Hunt's Ketchup과 로게인(Rogaine, 발모제) 팩이다.

둘은 얼마나 비슷한가? 얼핏 보기에는 공통점이 거의 없는 것 같다. 로게인은 애당초 탈모 치료제로 출시되었으나, 머리가 빠지기 전에 바를 수 있는 탈모 예방 겸용 의약품으로 둔갑했다. 어떤 점이 비

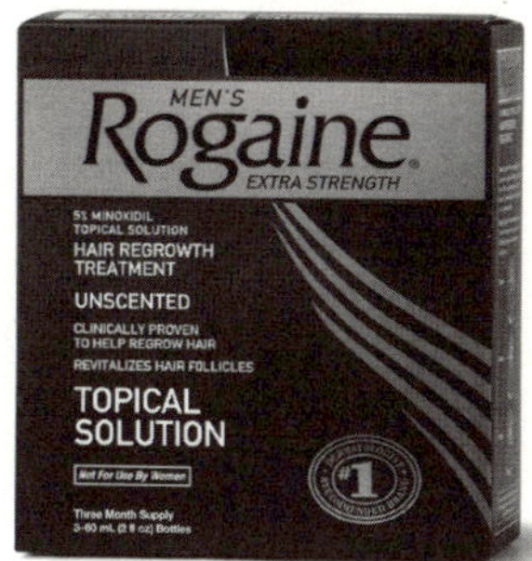

숫한지 감이 잡히는가? 전통적인 케첩 용기를 생각해보자. 케첩을 짜 내려면 입구가 아래를 향하게 들고 밑동을 힘껏 쥐어야 한다. 즉 특허법이 '선발명'에서 '선출원'으로 변천하듯, 거꾸로 세워둔 헌츠 케첩 용기는 사용 절차상 다음 단계로 **하향** 이동했다. 반면 로게인은 광고에서 치료뿐만 아니라 예방도 언급하고 있으므로 시퀀스를 **상향** 이동한 것이다. 의료계에서 수술 전후에 화학 치료를 하는 것과 같다. 사람들은 눈앞에 보이는 대상이나 제품에 정신이 팔리기 쉽다. 대상의 활용을 규정하는 시간상의 시퀀스에는 별로 관심을 두지 않는다는 말이다. 시퀀스에 정신을 집중하려면 시간의 추이에 따라 상상력을 발휘할 줄 알아야 한다. 그래야 제품이나 공정을 개선할 참신한 비결을 발견할 수 있다.

특징 :

- **순서** 사건의 순서와 원인은 무엇인가?

- **구두점** 시퀀스의 시작과 쉼표, 마침표는 어디에 있는가? 그것이 각 단계와 절차에는 어떻게 찍히는가?

- **인터벌과 듀레이션** 단계별 과정이나 절차는 얼마나 걸리며, 각 단계 사이의 경과 시간은?

- **셰이프** 시퀀스는 선형인가? 아니면 파상형이나 주기형인가?

- **위치** 시퀀스에서 사건이 벌어진 지점은 어디인가?

- **외연** 시퀀스는 시작에서 끝까지 얼마나 걸리는가?

리스크 :

- **시퀀스를 놓친다** 한 사건이 다른 사건으로 이어질 수 있다는 점을 제때 깨닫지 못한다(부채담보부채권CDO의 발생·확산과 주택 시장의 호황).

- **시퀀스를 뒤집는다** B를 성취하려면 A부터 해결해야 하는데도 기어이 B부터 손을 대려고 한다(자금을 투입하기 전에 예산안이 기각된다면?).

- **예측하지 못한다** 시퀀스가 어떻게 전개될지 고려하지 않는다(삭제하기가 어렵다는 사실을 모른 채 사적인 동영상을 인터넷에 올린다).

- **절차나 과정을 놓친다** 각 단계나 절차가 필요하다는 사실을 깨닫지 못한다(처방전이 필요한 안경을 구매하려면 이를 써줄 의사부터 찾아야 한다).

- **위치를 고려하지 못한다** 사건은 시퀀스 내에서 벌어지는 위치에 따라 달리 느껴질 수도 있다(비행 중에는 10분이 연장되더라도 이를 거의 눈치채지 못하지만, 기체가 착륙하고도 같은 시간 동안 게이트 밖을 나가지 못한다면 이야기는 달라질 것이다).

- **셰이프의 변화를 예측하지 못한다** 병목 현상이나 진퇴양난을 예측하지 못한다.

<table>
<tr><td>

대안 및 기회 :

</td><td>

- **의도적으로 시퀀스를 뒤집는다** 평범한 순서를 뒤집는 편이 나을 때도 있다(먼저 팔고 나서 제작한다).

- **적절한 듀레이션을 선택한다** 사건의 경과 시간에 따라 폭넓은 계획이 달라지는 경위를 이해한다(입 맞추는 시간이 애정이나 성욕을 암시한다는 점을 알고 있다).

- **시퀀스를 창출한다** 시퀀스나 일련의 행동을 설계하여 리스크는 최소화하고 융통성은 최대한 끌어올린다(기금 마련 캠페인은 1회성 이벤트보다 행동에 대한 시퀀스의 일환으로 기획한다).

- **위치를 수정한다** 평소에는 먼저 했던 일을 나중으로 미루거나, 나중 일을 먼저 한다(뒷사람 요금을 먼저 내준다).

- **단계를 생략한다** 평소 직장 업무에서 몇 단계를 잘라낸다(고객이 대출을 신청하기 전에 사전 대출 심사를 승인한다).

- **타인에게 선택권을 부여한다** 고객의 경험을 최대한 늘리기 위해 시퀀스를 조정한다(사이트 등록을 허용하거나 직접 나갈 수 있게 한다).

</td></tr>
</table>

02

시간의 구두법

쉼표와 마침표를 적절히 활용하라

사건이나 과정이 시작, 중단, 종료된 시기를 일컫는다. 시간의 구두법은 언어의 구두법과 기능이 흡사하여 쉼표나 마침표 등을 삽입하지 않으면 행동이나 사건이 연이어 벌어진다. 비즈니스에 마감 시한이 있듯, 계획이나 과정에는 착수일이 있기 마련이다.

시간의 구두법이란 각 단계와 절차, 시작과 중간, 최종 시한 등을 설정함으로써 연속적인 시간의 흐름을 몇 가지 단위로 나누는 방식을 말한다. 예컨대 기업은 회계연도나 달력의 마지막 날을 기준으로 전략 기획의 시작과 끝을 정해두는가 하면, 각 산업은 연례 박람회나 주요 컨벤션 혹은 영업 회의를 통해 신제품 출시일을 결정한다. 자금을 쥔 자산관리사는 전액 투자가 이루어진 후에야 해당 분기 말에 다시 시장에 뛰어들 것이다.

시간의 구두법을 잘 보여주는 사례는 일상 어디에나 깔려 있다. 과거와 미래의 구분점이 되는 인터벌인 **현재Now**를 기준으로 이를 생각해보자. 시계와 달력에서 시각을 나타내는 숫자와 날짜도 구두점이고, 낮과 밤의 시작을 알리는 일출과 일몰 또한 그러하다. 집주인에게 살짝 감도는 불편한 얼굴은 어떤가? 손님이 '그만 가주었으면 좋겠다'는 뜻을 일러주는 조짐이다. 구두법의 각 표식은 타이밍에 대해 많은 것을 귀띔해주므로 아주 중요하지만, 안타깝게도 이를 놓치는 경우가 허다하다.

농산물 매장에서 일하는 젊은 직원이 하나 있다고 치자. 출세에 마

●
2011년 1월 애리조나에서 총기 난사 사건이 있었다. 투손 시에서 하원의원 개브리엘 기퍼즈가 유권자와 만나고 있을 때, 무장한 범인이 권총을 발사했다. 이 범인은 30발들이 탄창이 든 총기를 이용했고, 그래서 30발을 쏠 수 있었다. 범인은 탄창의 총알을 다 쏜 뒤 재장전을 시도했는데, 이때 주변 사람들이 달려들어 범인을 제압했다. 이 사건으로 6명이 숨졌지만, 범인을 이때 제압하지 않았다면 더 큰 인명 피해가 발생했을 것으로 예상된다.

음을 두고 있던 그는 우여곡절 끝에 첨단 기술 업체에 입사했다. 단, 업계에서 천공기를 가장 잘 수리한다는 능력을 입증하기 전에는 급료 (수표)를 현금으로 바꾸지 않는다는 조건이 붙었다. **언제** 최고의 수리 전문가라는 점이 입증될까? 여러분 대개는 "알 수가 없다"고 대꾸할 것이다. 그는 직장에 들어간 뒤로 업무에 충실히 임했고 수표로 지급 되는 급료는 약속대로 현금으로 전환하지 않았다. 그러나 분기별 결 산을 앞둔 경리부는 현금으로 처리되지 않은 급료 탓에 업무에 차질 이 생기고 말았다. 당시 그와의 약속을 까맣게 잊고 있던 자회사 경 영자는 결국 약속을 철회하기로 했다.

이는 IBM에서 32년간 최고 전략기획가로 지내다가 1995년에 퇴직 한 제임스 칸나비노**James Cannavino**가 빅블루**Big Blue**에 처음 입사했을 때의 일화다.[2] 자회사의 경영자나 칸나비노 자신도 경리부의 (분기) 결 산 시기에 대한 구두점은 생각하지 못했던 것이다.

시간의 구두점이 타이밍과 관련하여 유용한 단서를 제시할 수 있 는 이유는 2가지다. 첫째는 상당수의 대책이 달력의 시기와 날짜로 조율되기 때문이다. 예컨대 새해 전날 밤에는 으레 파티를 열지 않는 가? 이미 알려진 구두점 뒤에서 일어나는 사건은 그뿐만이 아니다. 오바마 대통령이 러시아와의 핵미사일 감축 협상에서 융통성을 발휘 할 때는 언제일까? 물론 몇몇 사람들은 답을 알고 있을 것이다. 2012 년 3월 26일, 드미트리 메드베데프 총리와의 대담에서 오바마 자신 이 대통령 선거에서 재선이 되면 좀 더 유연한 태도를 취하겠다고 밝 혔다. 그전에는 어떤 양보도 불리하게 작용했을 공산이 크다.● 이를테 면 오바마의 정적들은 양보를 두고 "대범하지 못하다"는 비방을 늘어놓았을지도 모른다. 둘째, 이지적으로 보이고 싶은 마음 때문이다. 대개 사람들은 자신의 행동에 객관적인 이유를 제시하고 싶어 한다. 감정에 휘둘리거나 충동적으로 일을 저질렀다고 인정하기보다는 구두점을 지적한다는 이야기다. 예컨대 "그때 그런 짓을 한 까닭은 ……"

- 무슨 일이 벌어지거나 종료되기 **전이었기** 때문이다.
- 무슨 일이 벌어지거나 종료된 **후였기** 때문이다.
- 시간의 두 점 **사이에** 벌어졌기 때문이다.
- 무슨 일을 **잠시 중단했을 때였기** 때문이다.

사람이라면 누구나 다른 때가 아닌 어느 한 시점을 선택한 까닭을 해명할 수 있어야 한다(회사 대표와 이사회, 사외 이해관계자 및 자신에게도). 물론 그러기가 항상 쉬운 것은 아니며, 소위 **규모의 원칙**Magnitude Rule 에 근거한 의사 결정을 두고는 특히 더 그럴 것이다. 규모의 원칙이란 어떤 상태나 과정이 특정 규모나 임계치에 이를 때마다 행동의 타이밍이 발생하는 것을 가리킨다. "비용이 **너무** 높거나, 시장이 **너무** 작거나, 혹은 인내심이 바닥날 때 그렇게 할 거야"라고 말할 때가 이에 해당된다. 이 같은 타이밍 원칙은 마음 내키는 대로 하지 않는 한 실천하기가 어렵다. 얼마나 높아야 **아주** 높은 것이고, 얼마나 작아야 **아주** 작은 것이며, 얼마나 길어야 **아주** 길다고 말할 수 있겠는가? 이처럼 규모를 규정하기가 거의 불가능하기 때문에 우리는 시간의 구두점을 활용하여 행동의 시기를 결정한다. 이를테면 **분기가 끝날 때** 비용을 분석하기로 하고, **한 해 동안 영업 활동을 벌인 뒤** 시장이 너무 작은지 판단할 거라고 규정한다. 우리는 타인이 행동의 타이밍을 잡고 이를 합리화하기 위해 구두점을 활용한다는 것을 안다. 따라서 이 같은 지식을 활용하여 그들이 행동할 시기를 예측한다면, 아울러 자신의 적절한 타이밍도 포착할 수 있다.

구두점은 어떤 행동이 특정 시간에 벌어지지 **않은** 까닭도 설명할 수 있다. 구두점은 그 사이에 오는 것이 무엇이든 묶어둘 수 있기 때문이다. 예를 들어 회의는 시작이 있으면 끝이 있게 마련인데, 이때 시작과 끝이라는 2개의 구두점은 전후에 벌어진 사건과 회의를 구분하기도 하지만 회의를 구성하는 요소를 한데 모아 묶어두기도 한다. 회의 중에 자리를 뜨면 분위기가 어수선해지고, 개회 혹은 폐회 시간이 미정이라면 회의에 참석하기가 꺼려진다. 즉 구두법이 있어야 출입이 가능하다. 텔레비전 프로그램은 정각 혹은 30분에 시작하거나 종료하며, 여기서 몇 분이라도 늦거나 이른 경우가 없다.

스미스바니**Smith Barney**의 증권 투자 분석가인 존 구드**John Goode**는 2000년 초에 샌포드 C. 번스타인**Sanford C. Bernstein**의 전문가들과 프로젝트를 공동 연구한 적이 있다. 이는 시간의 구두법과도 일맥상통했다. 그해 일반에 공개된 자료를 입수한 그들은 기업 공개**IPO**● 당시 조달된 규모를 살펴보았다. '매도제한(Lockups, 주식을 의무적으로 확보해둬야 하는 기간)'이 소멸될 때 내부자들이 보유한 주식이 시장에 얼마나 유입될지 계산해보니, 그해 3월 30일부터 6월 30일까지 무려 1500억 달러 정도가 풀릴 것으로 예상되었다.

구드는 나스닥 지수가 사상 최고를 경신하기 한 주 전인 3월 16일에 이 같은 보고를 들었다. 주식 쓰나미가 시장에 몰아친다는 결과를 예측해볼 때 **기술과는 무관한 종목**Technology-free Diet에 투자하는 방법 말고는 대안이 없었다. 2000년 초만 해도 투자자들은 대부분 사건의 시작과 결말이 주가에 어떤 영향을 미칠지 감을 잡지 못했으나, 구드는 구두점(매도제한 해제)을 분석함으로써 참혹한 피해를 모면했다.

"그게 바로 경제학의 기본이죠." 구드가 한 말이다.[3]

사실 그것이 경제학의 기본은 아니다. 첫머리에 **매도제한 기간**Lockup Period을 언급하거나, 시간의 구두법을 명쾌히 논의한 경제학 전공 서적은 여태 본 적이 없으니 말이다. 언어학 전공 서적에서 다룬 구두법처럼, 시간의 구두법 또한 다른 관심사들 사이에 묻히기 쉽다. 그러나 구두법을 쓰면 커다란 변화를 기대할 수 있으며 구두점의 위치를 파악하면 예측과 의사 결정에 활용할 수 있다.

구두법의 특징

모든 타이밍 구성 요소가 그렇듯 시간의 구두법을 사용해 타이밍을 결정할 때도 찾아야 할 바를 분명히 알아두어야 한다. 이때 눈여겨봐야 할 8가지 특징은 아래와 같다.

1. **유형** 구두점은 유형이 다양하다.
2. **강도** 강세와 약세를 띤다.
3. **객관성 혹은 주관성** 사건이 실제로 **종결한** 때와 그렇게 **인식한** 때가 항상 같다는 보장은 없다.

기업 공개를 하면 일반적으로 기존 주식 보유자나 회사 종업원들은 자신이 보유한 주식을 일정 기간 팔 수 없다. 1990년대에는 인터넷 기업들의 기업 공개가 활발하게 이루어졌는데, 이 주식들은 많은 경우 2000년 초반까지 매도제한이 적용되었다. 2000년 4월부터 이 주식들의 매도제한이 풀려 주식 판매가 가능해졌고, 그래서 많은 주식 보유자들이 매도에 나섰다. 그러자 인터넷 기업의 주식값이 급락했고 곧이어 인터넷 버블이 붕괴한다. 존 구드는 매도제한이 풀리는 시점에 인터넷 버블의 붕괴를 예상하고 대처했다.

4. **의미** 시간의 구두법이 담고 있는 뜻은 무엇이며, 다양한 이해 관계자는 이를 어떻게 해석하는가?

5. **위치** 구두점이 어디에 있는가가 중요하다.

6. **수효** 대개는 둘 이상이다.

7. **공간**(간격) 구두점들 사이에 걸리는 시간은?

8. **정렬** 동시에 찍히는 구두점은 무엇인가?

유형

구체적인 날짜와 시간도 구두점 역할을 하는데, 이를 찾으려면 종류가 다양한 달력을 참고하면 된다. 비즈니스 사회에서라면 연방준비제도The Federal Reserve가 금리를 조정하기 위해 회담을 가질 시기를 일러주는 **경제 달력**을 확인하고, 주나 연방 차원에서 힘의 균형을 결정할 선거를 앞두었다면 **정치 달력**을 참고한다. 제품 출시일을 기획한다면? 크리스마스를 비롯하여 신년 초하루 및 7월 4일(미국 독립기념일) 등 종교적 휴일과 세속적 휴일을 감안해야 하며, 비즈니스에 작용하는 법안이 발효될 시기는 **법적 달력**을 고려해야 한다.

그뿐 아니라 내적 및 외적 구두법에도 집중해야 한다. 조직 내에서 실시하는 프로젝트와 관련된 일정과 시간표는 바로 우리 앞에 놓여 있다. 한편 조직 바깥의 이해관계자들도 나름대로 기한이 있고, 그들도 조직 내에서 활동을 시작하거나 연기하는 시기를 의식하고 있다는 점을 감안해야 한다. 바깥세상에서 벌어지는 사건이 언제 시작되고 종료되는지도 파악해야 한다. 침체기가 시작되고 있는가? 그렇다면 고용을 늘릴 때는 아닌 듯하다.

물론 모든 순간을 시간의 구두법과 시간대를 감시하며 보낼 수는 없다(풋볼 감독도 시간을 대신 봐가며 타임아웃을 결정하는 도우미를 지정할 때가 더러 있다). 분명히 기억해두어야 할 점은 각각의 구두법을 동반한 시간대의 유형이 다양하다는 것이다.

강도

구두점은 기능이나 강도가 각각 다르다.

마침표

시간의 구두법 중에서도 마침표가 위력이 가장 세다. 위계질서를 갖춘 조직에서는 대부분 토의를 거쳐 대안을 짜낸다. 어떤 대책에 대한 반대 의견이 나올 수도 있겠지만, 일단 대표가 결정을 내리면 논의나 토의는 종료된다. 대표의 결정에도 논쟁을 잇는 것은 교통신호를 무시하고 내달리는 것과 다름없다. (조직에서) 목숨이 위태로울 수도 있을 만큼 위험천만한 행동이기 때문이다.

중대한 결정도 마침표와 같은 기능을 한다. 의사 결정의 **논리적 기능**Logical Function이 여러 대안 중에서 하나를 선택하는 것이라면, **시간적 기능**Temporal Function은 현재와 과거를 구분하는 것이다. 의사 결정 전과 후에는 시간적인 공간이 있기 때문에 결단력이 중요하다. 일단 의사가 결정되면 미래는 과거의 영향력에서 자유를 얻는다. 문장 끝자락에 마침표가 찍히면 더는 문장이 이어질 수 없는 것과 같은 이치다.

게다가 마침표는 과거를 중단시켜 새로운 무언가가 시작될 공간을 창출하기도 한다.

쉼표

나토(NATO, 북대서양조약기구)는 1999년 4월에 창립 50주년을 맞이했다. 나토 창설의 직접적인 원인이었던 구소련은 와해되고 없지만 지구촌 곳곳의 정세를 감안해볼 때, 나토는 계속 명맥을 이을 것이다. 알렉산더 M. 헤이그 2세(전 나토 사령관)는 50주년을 마침표가 아닌 쉼표로 해석했다. 연단에서 그는 현재를 가리켜 "과거를 반영하고 미래를 그리는 순간"이라고 규정했다. 즉 현재의 나토는 종지부가 아니라 변곡점이라는 것이다.

경영자만 그런 것이 아니라, 우리 모두에게는 구두법에 대한 선택권이 있다. 이를테면 종료를 선언해야 할지, 진행된 일을 아주 끝내버릴지, 쉼표를 넣어 과거를 평가하고 미래를 계획할 수 있도록 잠깐 여유를 가질지 등을 결정할 수 있다.

몇몇 구두점은 다른 것보다 더 중요하다는 인상을 준다(베이비부머가 생각하는 '1950년대Big Five-O'는 다른 해보다 더 의미심장할 것이다). 예컨대 회계연도 말이 2분기보다 더 중요하지 않겠는가? 혹시라도 마감 시한이 있다면 최종 마감인지, 중간 마감인지를 확인해야 한다. 반드시 지켜야 하는 것인지, 마침표보다는 쉼표에 가까워서 여러 과정 중 한 단계로 볼 수 있는지 말이다.

미국의 근현대사에 막대한 영향을 끼친 베이비부머는 1950년대에 태어났다. 이들에게 1950년대는 다른 연두들보다 더 의미심장하게 다가온다.

객관성 혹은 주관성

객관적인 구두법뿐만 아니라 **주관적인** 구두법도 찾아야 한다. 객관적인 구두법이란 계약이 만료되거나 웹사이트가 생성되는 등 현실 세계에서 벌어지는 사건을 가리킨다. 객관적인 구두법은 논란의 여지가 없다. 반면 주관적인 구두법은 말 그대로 주관적인 것이다. 우리는 사건이 객관적인 사실에 관계없이 끝나거나 시작된다고 생각하고, 프로젝트나 비즈니스 관계 또한 공식적인 발표 전에 종료된 것으로 아는 경우가 허다하다. 이와 유사하게 어떤 사업은 아무도 공식적으로 밝히지 않아 마치 '신기원New Beginning'처럼 보일 수도 있다.

의미

구두점의 객관성과 주관성을 판가름하는 기준은 의미에 대한 물음(다양한 이해관계자가 같은 구두점을 똑같이 해석하는가?)과 관계가 깊다. 어떤 이에게는 쉼표인 것이 다른 이에게는 마침표가 될 수 있고, 그 역도 성립할 수 있기 때문이다. 예컨대 이메일을 보냈을 때 상대방이 일정 기간 답장을 보내지 않았다면 그가 인연을 끊고 싶어 하는 것일까?

위치

진행 중인 과정이나 사건의 시퀀스 중 어디에 구두점이 찍히는가도 매우 중요하다.

구두점이 너무 일찍 삽입되는 경우가 있다. 가령 망치질을 하다 엄지를 다쳤다면 어떻게 해야 할까? 알다시피 환부는 얼음으로 찜질해주는 것이 좋다. 그러나 윗세대는 열로 타박상을 치료하곤 했으니 얼음을 쓰지 않았을 것이다. 즉 타이밍을 놓치는 실수를 저질렀다는 이야기다. 일단 얼음으로 환부의 증상을 완화한 다음에 열을 써야 한다.

어떤 사건, 이를테면 침체기가 막을 내렸다고 규정하는 이유는 그것이 초래한 고통에서 헤어나길 바라기 때문이기도 하지만, 새롭고 더 나은 미래를 창출하려면 과거를 마무리해야 하기 때문일 수도 있다.

반면 구두점이 너무 늦게 찍힐 때도 있다. 과거에 유행했던, 수사관의 심문 전략을 생각해보자. 연방대법원이 위헌으로 판결하기 전에 그들이 썼던 전략은 이랬다. 우선 수사관은 "묵비권을 행사하고 변호사를 선임할 수 있는 권리"가 피의자에게 있다는 점을 일러주지 않고 그를 심문했다.● 하지만 정작 법정에서는 피의자의 진술을 사용할 수 없다는 점을 깨닫고는 그제야 권리를 읽어주었다. 그래도 대개는 앞서 진술한 바를 그대로 반복했다.⁴ 이때 구두점은(미란다 원칙) 피의자가 진술을 번복할 수 없다는 점을 일깨워줄 요량으로 늦게나마 넣은 것이다. 결국 연방대법원은 이 같은 관행이 가당치 않다고 판결했다.

수효

현존하거나 시간이 연장되었을 때 존재할 구두점의 수에도 관심을 두어야 한다. 구두점 개수가 너무 많으면 일이 느려질 수 있다. 단거리 비행이 끝난 후에 자동차로 귀가하는 시간이(주기장**Parking Ramp**을 빠져나와 정지 신호를 받고 멈춰 있다가, 또다시 교통신호에 잠시 멈추고 나서 고속도로에 오른다) 비행 자체보다 오래 걸리는 이유다. 업무가 실제보다 금방 끝날 거라고 착각하는 이유는 구두점, 즉 도중에 건너야 할 경계들을 (사전에 거의 파악하고는 있지만) 전부 고려하지는 않기 때문이다. 기획 단계에 이를 다 담아두는 것이 그래서 중요하다.

물론 그러지 못하는 이유는 많다. 우선 돌발적인 연착 같은 일부 구두점은 예측할 수 없고, 또 다른 일부 구두점은 성가시다. 공항에서 집에 오는 길이 짧고 유쾌하면 좋으련만, 구두점 탓에 속도를 낼 수 없으니 짜증이 나는 것이다. 또한 구두점이 많으면 이를 다 감안하기가 쉽지 않다. 예컨대 승용차를 타고 공항에서 집으로 갈 때 몇 번을 서야 하는지 짚어보라. 그렇다, 사실 구두점을 일일이 감안하는 것도 익숙한 일은 아니다.

IBM의 칸노비노와 그를 고용한 경영자는 구두점을 생각하지 않았다(분기가 마감될 무렵에는 현금 처리가 되지 않은 수표가 경리부의 골칫거리가 될 참이었다). 구두점 하나쯤이야 대수롭지 않게 지나칠 수 있다고 치자. 하지만 프로젝트가 대개 그렇듯 개시와 종료, 중지 및 재개 등 수십 가지의 구두점이 있다면 어찌하겠는가? 다수의 구두점을 모두 찾는다고 하더라도 마땅히 둘 공간이나 처리 방법은 모를 것이다. 그러니 미래를 평행선이나 트랙으로 간주하여, 한 트랙당 하나의 절차나 과정만 끼워두면 좋다. 예컨대 비즈니스에 영향력을 행사할 법적 달력의 날짜 및 시간, 기업의 전략적 기획 과정을 각각 한 트랙에 둔다면 중요한 구두점의 추이를 훤히 파악할 수 있을 것이다.

공간(간격)

구두점 사이의 시간을 의미하는 공간 덕택에 우리는 사건을 예측할 수 있다(공간이 없다면 예측이 불가능할 것이다). 예를 들어, 1993년 4월 19일에 재닛 리노 법무장관이 다윗 지파**Branch Davidians**가 점거한 단지를 급습하기로 한 결정을 떠올려보자. 텍사스 와코에 위치한 단지는 약 한 달간 포위되었다. 대치 상황은 술·담배·무기관리국**The Bureau of Alcohol, Tobacco, and Firearms**의 요원이 다윗 지파 교주 데이비드 코레쉬에게 영장을 집행하기로 한 2월 28일부터 시작되었다. 당시 중무장한 다윗 지파가 연방 요원에게 총격을 가하자 요원 4명이 사망하고 16명이 부상을 입었다. 그럼에도 정부는 투항을 설득하고자 교주와 협상을 진행했다. 코레쉬는 단지를 떠나겠다고 두 차례나 밝혔지만 이를 번번이 어겼다. 그로부터 몇 주가 지난 후에도 코레쉬는 부활절·유월절이 끝나는 날 나가겠다고 재차 이야기했지만, 결국은 끝내 투항하지 않았다. 참다못한 정부는 그제야 조치를 취하기로 했다. 그들의 타이밍 원칙은 협상이 결렬되자 무력을 동원했던 1차 걸프전과 동일했다.

 정부의 결정에는 2가지 구두법이 개입되었다. 첫째, 코레쉬는 종교인이므로 사태를 해결할 날을 종교적 절기로 선택한 점은 어느 정도 합리적이라고 생각했다(이 같은 행동은 구두점의 **유형Type**과도 일맥상통한다). 그러나 약속과 달리 부활절·유월절에 투항하지 않자 정부는 희망을 잃었다. 예측할 수 없고 폭력이 난무하는 상황에서 특정 절기라는 투항 시기만은 웬만큼 이해할 수 있기에 그나마 희망을 가졌는데, 결국 수포로 돌아간 것이다. 합리적이라고 생각한 때에 바람직한 결과가 나타나지 않자 정부는 그에 걸었던 희망을 버리고 무력을 동원했다.

타이밍은 또 다른 방식으로 적용되기도 한다. 사태가 기독교의 대축제일인 크리스마스에 해결된다면 어떨까? 아직 8개월이나 남은 크리스마스에 말이다. 설령 크리스마스가 12월이 아니라 5월이었다고 해도 정부는 멈칫했을 것이다. 교섭인들은 크리스마스라면 대치 상황이 종결될 수 있는 '합리적인' 시기라고 둘러댔을지도 모른다. 달력(부활절·유월절과 크리스마스의 인터벌은 꽤 길다)의 한 절기가 정부의 개입을 막는 셈이다. 그래서 타이밍이 운이라고들 이야기하지만, 이는 잘못된 결론이다. 크리스마스가 5월이 아니라 12월에 있다는 점은 정부가 조치를 취해야 할 때를 예측하기 위해 알아두어야 할 사실이다. 두 구두점의 공간이 타이밍 문제를 결정했기 때문이다.[5]

텍사스 와코에서 벌어진 사건은 중요한 원칙, 즉 사건이 벌어질 때와 결단을 내려야 할 때를 파악할 수 없다면 시간의 구두점 위치로 결정해야 한다는 점을 일깨워준다. 데이비드 코레쉬는 언제 투항을 약속할까? 답은 부활절·유월절 말. 코레쉬는 종교인이므로 종교적 절기를 선택한 것은 어느 정도 합리적이다. 2009년 미네소타 대법원은 놈 콜먼과 앨 프랭컨의 선거 결과를 언제 판결하겠는가? 답은 독립기념일이 낀 주말 직전이다. 그래야 선거 결과가 미결로 남지 않는 데다 퍼레이드 동안 관계자들이 곤혹스럽지 않기 때문이다.● 칸노비노가 수리의 달인이라는 점은 언제 입증되는가? 답은 분기 말. 대개 운동 계획은 언제 시작하는가? 신년 초하루 직후. 특히 의사 결정에 대한 별다른 근거가 없는 경우, 결정 주체들에게 현저히 나타나는 구두점을 파악함으로써 행동 타이밍에 대한 단서를 찾을 수 있을 것이다.

● 2008년 11월 3일 연방 상원의원 선거에서 민주당 앨 프랭컨이 공화당의 콜먼을 225표 차로 따돌리며 당선되었다. 콜먼 측은 재검표를 요구하며 법정 소송을 전개했다. 미네소타 주 대법원은 2009년 6월 30일에 민주당 앨 프랭컨이 승리한 것으로 인정한다고 판결했다. 미 독립기념일 퍼레이드가 이루어지는 7월 4일 이전에 판결을 내렸다.

정렬

유사한 구두점들이 동시에 찍히면 경계나 구분선에 대한 감각이 강화된다. 예를 들어 조직을 개편하는 힘은 리더가 바뀔 때 가장 강력해진다. 두 구두점(새로운 리더와 방향)이 정렬되기 때문이다. 두 구두점은 동시에 찍힌다.

시간상의 구두점을 정렬하는 방법 중에는 명칭이 있을 만큼 흔한 것도 있는데, 나는 이를 **무틈새·무중첩 원칙**No Gap, No Overlap Rule이라고 부른다. 즉 다음 단계나 절차는 앞선 것이 중단된 직후에 개시되어야 하므로 그 중간에는 틈새나 중첩이 없다는 것이다(신제품이 출시되면 기존의 제품은 품절되고, 새로운 리더가 임명되면 전임자는 퇴임한다). '시간의 광장공포증'으로 표현될 이 같은 원칙에 따르면 사건의 끝과 시작 사이에는 죽은 공간이나 빈 공간이 없다. 또한 두 과정이나 사건은 서로 중첩되는 경우가 없어 어느 하나가 다른 것과 경쟁을 벌이거나 개입하게 된다. 한 제품의 부품을 떼어 다른 제품에 쓰는 것처럼 말이다. 그러나 퇴직한 직원에게 후임자의 교육을 맡기는 경우처럼, 연속성이 중요할 때는 무중첩 원칙에도 예외가 있다.

정렬은 좋은 것이고 정렬에서 어긋나면 나쁜 것이라고들 생각하지만 꼭 그렇지만은 않다. 나이를 먹었다고 생각하거나 느끼는 게 다 나쁘던가? **실제 나이**를 **심리적인** 나이와 **세상에 내세우려는** 나이로 정렬시킬 수 있게 된(혹은 정렬을 흐트러뜨리려 한) 까닭에 건강 및 미용 업계가 여전히 호황을 누리는 것이다. 프로젝트의 결과와 시간을 일직선에 정렬시킬 수 있다면 강력한 의욕을 심어줄 수 있다는 점이 입증된 바 있다.

　대체로 정렬이 흐트러지면 의문을 제기한다. 일정이 규정된 회의도 구두점 역할을 하므로 누군가가 회의 시간을 조정하면 왜 그래야 하는지를 반문할 것이다. 예컨대 1998년 10월 연방준비제도는 기본 금리를 두 차례 인하한 적이 있다. 주식시장은 호전되었지만 연방준비제도의 정기회의 사이에 그 같은 조치가 결정된 까닭에 "이미 타격을 입은 채권 투자자들은 전보다 더 불안해졌다"고 한다.[6] 혹자는 금리 인하 타이밍을 두고 경기침체가 예상보다 더 가까워졌다는 신호탄일지도 모른다며 의구심을 드러냈다.[•] 이와 같이 정렬이 흐트러지면 의도하지 않은 결과가 벌어질 수 있다.

금리가 인하되면 주식 가격은 상승하지만 채권은 하락한다. 그리고 금리 인하는 보통 경기침체가 발생했거나 예상될 때 주로 이루어지는 정책 수단이다.

시간의 구두법 리스크

타이밍의 구성 요소를 놓치거나 잘못 해석할 때 맞닥뜨리는 리스크도 적지 않다.

구두법 포착 실패

아마 최악의 리스크는 진행 중인 행동에 구두점이 있음을 눈치채지 못할 때 벌어질 것이다. 구두점의 존재 여부와 위치에 따라 결과가 크게 달라지기 때문이다. 예컨대 연구자들은 10개월간 이스라엘 판사들을 면밀히 관찰하며 그간 가석방을 신청한 1000명의 수감자에 대한 판결을 주목해왔다. 연구자들에 따르면, 신청서가 아침 일찍 판사들의 책상에 놓여 있을 때 가석방을 승인할 공산이 매우 크다. 시간이 갈수록 가석방 승인은 점차 줄어들었다. 판사들이 점심과 저녁식사를 하기 위해 판결을 잠시 접어두자 신청서가 급증했지만, 날이 저물수록 가석방 승인 수는 다시금 크게 줄었다.[7] 그러니 감옥을 나가고 싶으면 일찌감치 신청서를 작성해두어야 한다. 이처럼 구두점이 어디에 찍히며 그 결과가 어떤지 알고 있다면 타이밍에 대한 정보를 얻을 수 있다.

2010년 5월, 다우지수가 1000포인트 급락했다가 돌연 회복세로 돌아섰던 경우(플래시 크래시Flash Crash라고도 한다)에서도 이와 비슷한 교훈을 얻을 수 있다. 폭락의 주요 원인 중 하나는 전산 매매 시스템 때문에 410억 달러 규모의 지분이 즉각 매매될 수 있었기 때문이었다. 해당 시스템의 알고리듬은 주가나 시간에 관계없이 거래가 진행되도록(그래서 주가가 폭락했어도 거래는 계속되었다) 설계되어 있었다.[8] 이처럼 의도치 않은 자동·초단타 매매가 엉뚱한 타이밍에 벌어지면 주식시장 폭락으로 이어질 수 있다. 플래시 크래시 이후, 규제 당국은 해결 방안의 일환으로 거래 제한 조치, 혹은 서킷 브레이커Circuit Breakers● 를 확대해야 했다. 5분 사이에 주가가 10퍼센트 이상 떨어질 경우, 5분간 거래가 중단되도록 구두점을 찍어두었다는 이야기다.●●

다행히 시간의 구두법 렌즈는 시작과 대기, 중간점, 끝점 및 달력의 날짜 등 익숙한 카테고리를 찾으면 그만이라 활용하기가 매우 쉽다. 앞서 언급했듯이 바람직한 결정을 위해 구두점이 담고 있는 정보를 이용하려면, 구두점을 찍어둘 지점이 무엇보다 중요하다.

대립된 이해관계

한 가지 구두점에만 집중하고 다른 것은 대수롭지 않게 여길 때 실수가 생긴다. 예컨대 경영자라면 누구나 재무 관련 일정의 현실(월스트리트는 결과와 지수에 관심을 둔다)과 프로젝트가 성공하기 위해 충족되어야 할 진행 속도를 두고 갈등을 느낀 적이 있을 것이다. 결국 그들은 즉각 해결해야 할 분기별 회계 및 수익 보고 등을 위해 프로젝트를 서두르거나 과정을 생략할 것이다.

시간의 구두법 오독

쉼표를 마침표로 잘못 읽어도 문제가 생긴다. 아직 끝나지 않았는데 끝이라고 단정하거나, 아주 끝났는데 잠시 중단된 것으로 오해하면 곤란하다는 뜻이다. 시간의 구두법을 잘못 읽는 경우는 허다하다. 예컨대 2007년 11월, 톰 로리셀라는 "일부 대형 투자회사들은 올해 초 채권시장의 폭풍을 모면한 뒤 최악의 위기는 끝이 났다고 생각했다. 그러나 이는 그릇된 판단이었다. 지금도 통증을 느끼고 있으니 말이다"●

2007년 초 금융 위기가 발생한 후 2007년 말에는 이제 금융 위기를 극복했다고 생각했다. 그러나 2008년 가을, 리먼브러더스 사가 파산하는 등 본격적인 세계 금융 위기가 발생한다.

라고 〈월스트리트저널〉에 기고했다.[9]

시간의 구두법(혹은 변화 가능성) 외면

과거와 미래를 구분하는 현재도 구두점에 포함된다. 우리는 미래를 바꾸고 싶어 하지만 과거를 바꾸지 않으면 그럴 수 없다고 알고 있다. 그러나 백데이팅Backdating 관행은 이 같은 관념을 보란 듯이 일축한다. 기업은 백데이팅을 구사할 때 경영진에 지급된 옵션이 주가 하락 시기에 발행된 것처럼 꾸며 옵션 수혜자가 차익을 챙길 수 있게 해준다. 사건이 언제, 어디서 시작되고 멈추는지, 혹은 이 같은 사실에 관한 무언가가 달라지거나 달리 비칠 수 있는지 주의를 기울이지 않으면, 예기치 못한 난관에 봉착할 수 있다. 백데이팅은 그 자체가 불법은 아니지만 증권거래위원회SEC는 일부 사건을 세법 위반 비리로 규정했다.

생각해볼 문제 : 편의를 위해 시간의 구두법을 무시하거나 외면하고 있는가? 그런다면 결과는 어떻게 될까?

동시에 찍히는 구두점

구두점이 동시에 찍혀야 할 때를 감안하지 않아 우를 범할 수도 있다. 예컨대 제약회사는 여러 제품에 대한 특허가 동시에 만료될 때를

백데이팅
Backdating

기업이 경영진에게 스톡옵션을 부여하면, 경영진은 주어진 시기에 그 주식을 보다 싸게 살 수 있는 권리를 가진다. 2014년 6월 1일부터 20퍼센트 싸게 살 수 있는 스톡옵션이 주어진다면, 6월 1일에 1만 원인 주식을 8000원에 살 수 있다. 그런데 만약 5월 30일 주가가 9000원이었다면, 5월 30일에 적용해 같은 주식을 7200원에 살 수 있다. 이런 식으로 6월 1일부터 행사할 수 있는 스톡옵션을 그 이전으로 소급해서 보다 유리하게 행사할 수 있도록 하는 것을 백데이팅이라 한다.

대비하여 미리 계획을 세워두어야 한다. 그러지 않으면 막대한 대가를 치러야 한다. 수익의 틈새를 벌충하기 위해 기업은 신약 개발에 만전을 기하거나 치열한 경쟁에서 우위를 차지할 브랜드 전략을 구사해야 할 것이다. 이와 마찬가지로, 한 포트폴리오의 채권도 동시에 만기가 되면 금리를 비롯하여 충당해야 할 자금이 채권을 매입할 당시에 예측한 수준과 별반 다르지 않기를 바랄 것이다. 금융 전문가들은 이 같은 리스크를 피할 수 있는 대안으로 본드래더Bond Ladder●를 권한다. 채권 만기가 각각 달라 예측상의 오류를 최소화할 수 있기 때문이다. 사건이 동시다발적으로 벌어지는 리스크에 대한 고전적인 해결 방안은 비동시성Asynchronous 전략으로, 이는 각 사건마다 간격을 벌리는 계획을 일컫는다.

생각해볼 문제 : 마감일을 비롯해 몇 가지 구두점이 동시에 벌어지고 있는가? 그렇다면 나는 이를 해결할 계획이 있는가?

성급히 찍은 마침표

환부에 얼음 대신 열을 가하는 요법처럼, 마침표를 너무 빨리 찍는 것도 흔히 범하는 타이밍 오류 중 하나다(아직 끝나지 않은 사건을 종료된 것으로 규정해버리는 것). 이라크 전쟁 중 조지 부시 대통령의 '임무 완수Mission Accomplished' 플래카드가 적절한 예이다.●●

　흔히 사람들은 진행 중인 사건을 다 끝난 것으로 치부하곤 한다. 예를 들어 2007년 1월 주택 시장은 불황에서 회복된 듯 보였으나, 금융 칼럼니스트 대니얼 그로스는 미 통계청The Census Bureau이 주택 수

본드래더
Bond Ladder
하나의 채권에 전액을 투자하는 대신 만기가 각기 다른 여러 개의 증권에 분산 투자하는 것.

이라크 전쟁은 2003년 3월 20일 발발했다. 미국 부시 대통령은 이라크를 침공한 지 40일 만에 이라크 군사 임무를 완수했다며 항공모함 링컨호에 '임무 완수'를 선언하고 승전을 표명했다. 그러나 임무 완수 선언 후에도 이라크 분쟁은 계속되었고, 그때 대다수의 전쟁 사상자가 발생했다. 미군이 이라크에서 완전히 철수한 것은 2012년 12월이다.

급을 계산하는 방식에 대해 경고성 글을 남겼다. 그의 주장에 따르면, 12월에 마감된 주택 매매 중 1퍼센트는 사실 1월 초에 취소되었다. 그러나 통계 수치는 수정되지 않았고 12월 자료 역시 그대로 보도되었다.[10]

취소되면 더는 매매라고 볼 수 없는데도 통계청은 그 또한 매매로 취급한 것이다. 매매란 시간이 연장된 시퀀스로 봐야 하나 이를 단순한 사건으로 규정하는 것은 명백한 잘못이다.

생각해볼 문제 : 정말 끝인가, 아니면 진행 중인가?

공간 리스크

공간 리스크는 구두점 사이의 시간을 감안(혹은 측정)하지 않을 때 벌어진다. 예컨대 한 가정이 12년 동안 12명의 자녀를 두었다면 부모의 몸도 지치고 경제적으로도 스트레스를 받을 것이다. 시작과 아울러 맺고 끊는 데에도 정신을 집중해야 재정을 바람직하게 편성할 수 있다.

생각해볼 문제 : 미래를 대비하기 위해 사건과 사건 사이에 충분히 여유를 두었는가?

패턴 리스크

패턴 리스크는 구두점과 관련해 예상할 수 있는 셰이프와 패턴을 예측하지 못할 때 일어난다. 예를 들어 벼락치기 근무란 마감 시한을 맞추기 위해서, 혹은 분기별 수익이 발표되기 직전에 예상치가 하락해 이를 만회하려고 불철주야 업무에 몰두하는 것을 말한다. 구두점을 둘러싼 패턴은 흔히 존재하며 이에 대한 계획이 필요하다.

시간의 구두법 오해

구두점을 잘못 해석하는 리스크는 비일비재하게 벌어진다. 비즈니스 협상에서 당사자 중 한쪽이 길다 싶을 만큼 오래 머뭇거리고 있다면, 이는 관심이 없다는 뜻일까? 상대방이 내부 견해차를 좁힐 수 있도록 여유를 두려는 의도로 해석할 수는 없을까?

마이클 고든은 2008년 〈뉴욕타임스〉를 통해 이라크에서 철수하는 미군을 어떻게 해석할지 의문을 제기한 바 있다. "미군이 (무슨 짓을 벌였든 간에) 철수하고 있다는 사실을 이라크 주민이 알게 된다면 그들은 이를 어떻게 풀이할까? 서로 한 발짝 물러나기로 한 거라며 안심할까? 종교전쟁을 대비해야 한다는 사람은 없을까?"[11] 이처럼 당사자는 같은 구두점을 두고도 달리 해석할 수 있다.

비근한 예로, 신호등(구두점)이 황색으로 바뀔 때 운전자의 반응도 각각 다르다. 오하이오 주민 1500명을 대상으로 실시한 조사에서 "(황색 신호를 본) 트럭 운전자들은 (차량이 오른편 도로로 달리듯) 당연히 속도를 내어 교차로를 통과한다"고 밝혔다.[12] 구두점을 달리 해석하면 사고와 맞닥뜨릴 수도 있다는 이야기다.

구두법의 대안과 기회

가정과 직장에서 시간의 구두법을 활용할 기회는 널려 있다. 인맥을 넓히거나 색다른 아이디어를 짜낼 때, 오래된 프로젝트를 종료할 때, 위기감을 조성하거나 하향 조정할 때, 혹은 시간의 구두법이 적절한 도구가 되는 다양한 계획을 실시할 때 쉼표나 마침표를 쓰면 좋을 것이다. 무엇을 하는가도 중요하지만, 이를 어떻게 하는가가 성패를 가르는 경우도 더러 있다. 업무상 구두법을 사용해야 할 절호의 기회는 입구와 출구를 마련해야 할 타이밍(마침표 삽입), 즉 변화를 관리할 때 찾아올 것이다.

출구 전략을 마련하라

출구 전략을 마련한다는 것은 본질상 마침표를 추가하는 것과 같다. 사령 우리가 연구 프로젝트에 자금을 조달하거나 사업을 개발하거나 장기적인 거래처를 관리하는 등의 프로젝트를 진행하고 있다고 치자. 사례는 무궁무진하다. 그런데 일이 뜻대로 풀리지 않아 추진 중인 프로젝트를 그만 접어야겠다면 어떻게 하겠는가? 물론 늘 같은 상황이 벌어지지는 않을 테니 감안해야 할 원인도 항시 천차만별일 것이다.

그러나 목적을 성취하려면 시간과 타이밍이라는 문제가 출구 전략을 기획하는 데 도입되는 경위에 주안점을 두어야 한다.

안타깝게도 대규모 사업이 아니라면, 설령 그렇다손 치더라도 출구 전략은 프로젝트나 계획이 착수되기 **전에**는 논의되는 법이 거의 없다. 출구 전략을 꺼낼라치면 신규 벤처사업에 확신이 서지 않는다는 인상을 주기 때문이다. 사실 프로젝트를 실시하는 데 만반의 준비를 갖추었다면 빠져나갈 구멍은 선뜻 생각하기가 어려울 것이다. 그러니 한 가지 대안으로 출구 전략과 그 타이밍에 대한 논의를 하나의 의례, 혹은 의식Ritual의 형태로 도입하면 어떨까 싶다. 의식은 **한시적**이라는 특징이 있어 프로젝트 착수를 가로막지 않을 것이며, 실물이 아닌 의식이기 때문에 안전하다. 또한 의식은 외부의 압력에도 순탄하게 실행될 수 있으므로 **시기를 불문하고** 많은 시간을 잡아먹지 않으며 까다로운 프로젝트를 달성하는 데도 도입될 수 있을 것이다.

출구를 고려할 때 감안해야 할 변수는 다음과 같다.

1. **영속성과 가역성** 출구에 대한 문제를 제기하는 상황이 영속적인가, 일시적인가? 상황은 재원이 추가되면 적정 기간 내에 호전될 수 있는가?

2. **대안에 대한 타이밍** 대안을 활용할 수 있는가? 그럴 듯한 기회가 나타나기 전에는 출구 전략을 미루는 경우가 허다한데(현 프로젝트를 계속 진행하는 것이 터무니없는 짓이라도 말이다), 프로젝트가 단지 사내 기준에 부합하지 않을 뿐이라고 판단된다면 시기적절한 출구 전략은 기대할 수 없을 것이다. 따라서 누군가는 다른

기회를 규명하고, 기회의 창이 열리고 닫힐 때를 살피는 데 전념해야 한다.

3. **비용 대비 효과 타이밍** 출구의 비용과 효과를 거론할 때 대개는 유형과 규모를 생각하게 된다. 즉 "예상되는 비용과 효과는 무엇인가?", "규모는 클까, 작을까?" 등을 떠올린다. 타이밍 분석은 여기에 "비용과 효과는 **언제** 발생할까?"를 추가한다. 대개 그렇듯이, 프로젝트 비용이 **초반**에 발생하고 그 효과는 **종반**에 나타난다면 시기적절한 출구를 찾기가 어려울 것이다. 경영자라면 정당한 비용이라는 전제하에 효과를 볼 때까지 기다리고 싶어 할 공산이 크다. 따라서 비용 대비 효과를 파악할 수 있도록 프로젝트를 구조화하는 것이 해결책이다. 출구 전략을 둘러싼 논의에는 대개 부대비용(얼핏 보면 타이밍을 감안한다는 뉘앙스가 풍긴다)도 포함된다. **미래의 각 지점**에서 비용은 얼마나 발생하며, 그럴 때 비용은 어떤 식으로 평가되는지도 물어야 할 것이다. 호황일 때는 대수롭지 않게 여기던 비용이라도 불황일 때는 과도하게 느껴지는 법이다.[13]

4. **성패의 시간 패턴** 처음에는 성공할 조짐을 보인 프로젝트가 교착 상태에 빠졌는가? 그렇다면 함정에 빠지기가 쉽다. 영국이 낳은 철학자이자 사회평론가 버트런드 러셀은 소싯적에 종교를 체험했다면, 종교 그 자체보다 소싯적에 체험했다는 점이 더 중요하다고 주장했다. 조기의 성공 또한 별반 다르지 않을 것이다. 일찌감치 겪은 성공은 (슬롯머신에 앉은 도박꾼처럼) 재산을 탕진할 때까지 의욕을 지피는 견인차 같은 위력을 발휘하기 때문이다. 따라

서 경영자는 프로젝트와 관련하여 성패의 패턴이 갖는 **셰이프**뿐만 아니라, 각 셰이프가 타이밍 오류에 빠질 수 있는 경위를 예측해야 한다. 이는 문제가 불거지기 **전에** 일찌감치 논의해야 한다.

5. **동기 변화** 다음 글의 '달러 경매'와 같이, 이득을 취하려던 애초의 동기가 손실을 피하는 쪽으로 달라질 수 있다. 수많은 비즈니스도 급변하는 시장과 경쟁이 치열한 업계에서 역동적으로 움직인다. 그런 와중에 우리는 수익을 챙기려는 마음으로 부동산에 투자하지만, 거품이 꺼지고 나면 손실을 피하는 데 주안점을 두게 될 것이다.

달러 경매[●] 이야기

—

1달러 지폐를 들어 보이며, 최고가를 입찰하는 사람에게 1달러를 준다고 하라. 낙찰되지 않은 사람도 입찰가를 내야 한다는 말만 덧붙이면 된다. 최초 입찰가는 10센트부터다. 그럼 본격적으로 "10센트를 주면 1달러를 주겠다"는 경매꾼이 되어보자. 1달러에 10센트 입찰하실 분 없습니까?

입찰가는 계속 오를 것이다(멍청한 사람이 입찰을 개시하고 더 멍청한 사람이 입찰가를 올릴 것이다). 입찰가가 1달러에 가까워지면 그때까지 낮은 가격을 부른 사람은 입찰가를 높이지 않으면 소득은커녕 생각보다 더 많은 손해를 볼까봐 걱정할 것이다. 이때 소득을 최대한 늘리려던 동기는 손해를 피하려는 마음에 가려진다. 손실을

● 달러 경매
'낙찰되지 않은 사람도 입찰가를 내야 한다'는 조건으로 아이러니한 상황을 설정해 꾸민 이야기다. 1달러를 경매에 올렸을 때 1달러 이하의 가격에 낙찰받을 수만 있다면 무조건 이득이다. 하지만 같은 생각으로 1달러 경매에 참여한 사람이 여러 명이라면 어떻게 될까? 최초의 사람이 10센트를 제시했고 다음 사람이 20센트를 제시했다고 치자. 이 순간 10센트를 제시한 사람은 무조건 10센트를 잃는다. 10센트를 잃지 않으려면 1달러를 낙찰받아야 하고 그러려면 20센트를 제시한 사람보다 높은 가격을 불러야 한다. 그러면 20센트를 제시한 사람 역시 손해를 보지 않으려고 더 높은 가격을 부를 것이다. 이러한 과정을 거쳐 1달러의 입찰가가 1달러를 넘어서면 경매가 끝날까? 어떤 사람이 90센트를 불렀고 뒤이어 다른 사람이 1달러를 불렀다면 90센트를 제시한 사람은 1달러 10센트를 제시할 것이다. 1달러를 1달러 10센트에 낙찰받는다면 10센트가 손해지만 아예 낙찰받지 못하면 90센트가 손해기 때문이다. 그래서 1달러 경매의 입찰가가 1달러보다 더 높은 가격까지 치솟는 아이러니한 상황이 펼쳐지는 것이다.

피하기 위해 그는 입찰가를 계속 올릴 것이다. 그래서 낙찰가가 1
달러를 초과하게 된다. 1달러를 크게 웃도는 경우도 더러 있다.

* 일러두기: 1달러 경매는 앨런 I. 테거(Allan I. Teger)가 창안한 이야기로 저서 《여
기서 멈추기엔 너무 아깝다(Too Much Invested to Quit)》(New York: Pergamon
Press, 1980)에 실렸다.

6. **책임과 비난** 출구 전략을 쓰기로 했다면 책임은 **누구에게** 돌
   아갈까? "누가 책임을 져야 하느냐?"고 묻는 것은 당연하다.
   그러나 누구에게 책임이 있느냐는 문제뿐만 아니라, 출구 전략
   이 필요할 때 당사자의 상황은 어떻게 될지도 고려해야 한다.
   일이 잘 풀릴 때는 부진한 점에 대한 책임 소재를 파악하는 것
   이 어렵지 않지만, 그 반대인 경우라면 책임자는 상황이 호전
   될 때까지 출구 전략을 지연시킬 것이다. 따라서 출구 결정이
   불가피할 경우의 정황도 예측해야 한다. 그러지 않으면 결정이
   너무 이르거나 늦었다는 사실에 놀랄 것이다.

7. **정체성과 지위 및 명성** 개인 및 기업의 정체성이나 명성, 지위가
   프로젝트나 행동에 밀접하게 관련될수록 출구 결정은 미뤄질 것
   이다. 특히 프로젝트를 실시하는 그룹이 결과까지 책임져야 할 경
   우라면 더욱 그렇다.[14]

8. **언어와 문화** 출구 전략의 타이밍은 조직 문화의 영향을 받는
   다.[15] 인내력을 높이 평가하는 기업이 있는가 하면, 속도를 우선
   시하는 기업도 있다. 물론 전자는 속도가 더디고 후자는 성급한
   편일 것이다. 조직의 문화는 비용과 효과를 보는 안목으로 가늠

해볼 수 있다. 가령 비용을 지출이 아닌 투자로 본다면, 다소 석연치 않은 수익도 그리 꺼림칙하게 여기지 않을 것이다. 또한 당사는 수익성이 낮은 벤처사업을 종료시키는 데 속도를 내지 못할 가능성이 높다. 통계 수치에 대한 태도와 기대도 단서가 된다. 조직이 수치를 중시한다면 숫자로 나타내기 어려운 것은 모두 의심하게 마련이다. 따라서 좀 더 정확한 수치와 증거(입수하기가 불가능할지도 모른다)를 기다리는 동안 출구 전략 결정이 미뤄질 수도 있다. 경제지표는 대개 몇 달이나 몇 해가 지난 후에 수정되기 때문에, 의사 결정을 앞두고 정확한 데이터를 기다려야 한다면 아주 오랫동안 그래야 할 것이다.

9. **선약** 프로젝트에 대한 선약의 규모가 클수록 출구 전략을 적용하기가 어려워진다. 즉 프로젝트가 종료될 때 어떤 이해관계나 인맥이 타격을 입을지 알아야 한다. 인맥이 두텁고 이해관계가 중요하게 얽혀 있을수록 출구 전략은 지연될 공산이 커진다.

10. **종결부의 다차원성** 상황이 복잡해지면 끝을 맺기가 어렵다. 어떤 상황에서는 빠져나가기 좋은 타이밍이라도 다른 상황에서는 그렇지 않을 수 있기 때문이다. 아프가니스탄 전쟁을 비롯하여 이와 유사한 사례를 떠올려보라. 다양한 임무는 언제 완수되며 (국가 건설과 탈레반 축출, 국가의 요충지 확보 등), 병력은 언제 무사히 철수할 수 있는가? 타인에 대한 의무는 언제 종료되며 과거의 공로가 명맥을 이어갈 거라는 점은 언제 깨닫게 될까? 전쟁에 대한 지지율이 떨어진다면 이 같은 물음은 또 어떻게 달라질까?●

●
아프가니스탄 전쟁은 2001년 10월 7일에 시작되었다. 2001년 9·11 테러에 대응하기 위해 미국과 영국이 아프가니스탄에 군대를 파견했다. 그런데 이 아프가니스탄 전쟁은 2014년 현재까지 지속되고 있다. 전쟁의 진실한 목적이 무엇인지, 언제 어떻게 해야 전쟁이 끝나는지를 확실히 예측하지 못한 채 계속 전쟁이 지속되고 있다.

생명윤리학자 대니얼 캘러핸은 자연사를 정의하는 방식으로, 임종의 다양한 측면을 아래와 같이 규정했다.

ⓐ 인생의 사명이 완수되고, ⓑ 몸소 감당해야 할, 사람들에 대한 도덕적 의무가 종료되는 수명의 어느 한 시점에 죽음이 〈발생한다.〉 ⓒ 인간의 죽음은 타인의 오감이나 감성에 불쾌감을 주거나, 인간 존재에 대한 절망감이나 분노를 자극하진 않을 것이다. ⓓ 죽음에 이르는 과정에는 견딜 수 없거나 천박한 고통의 흔적이 남지 않는다.[16]

출구는 다양한 상황과 얽히고설켜 있으므로 그 사이에서 불거질지도 모를 갈등을 살피는 것이 중요하다. 출구 전략은 상황에 따라 너무 이를 수도, 너무 늦을 수도 있어 이 같은 갈등이 벌어지면 해결하기가 쉽지 않을 것이다. 따라서 사전에 갈등 소재를 밝힐 뿐만 아니라 이를 심사숙고할 수 있도록 여유를 두는 것이 무엇보다 중요하다.

출구 전략에 성공하려면 복잡다단한 성과가 뒷받침되어야 한다. 지금까지 짚어본 10가지 사항은 시작에 불과하지만 타이밍 관련 문제를 충분히 생각하는 데 보탬이 될 것이다. 출구가 필요한가? 그럼 이번에는 방법을 물어야 할 차례다.

종지부 만들기 :
삭제 디자인 모델

—

종료는 객관적인 사실일 뿐만 아니라(심리적 과정이기도 하다) 관리가 필요한 과정이기도 하다. 무언가를 끝내려고 할 때 마음이 아플 수도 있다. 변호사가 입버릇처럼 말하듯, 소송 또한 객관적인 사실과 아울러 피해의식 때문에 제기되는 것이다. 나는 이를 염두에 두고, 마음을 접을 수 있는 **삭제 디자인 모델**The Delete Design **Model**을 소개하고자 한다. 5단계로 구성된 이 모델은 심리적인 마침표를 찍는 요령인 셈이다. 마침표는 변화를 관리하는 데 매우 중요한 변수다. 과거에 묶여 마음을 추스를 준비가 되어 있지 않다면 아무리 좋은 기회라도 이를 십분 활용할 수 없기 때문이다. 이 모델은 각 단계가 타이밍을 고려한다는 특징이 있다(지금 소개하는 이유이기도 하다).

1. **과거를 요약하라**(S: Summarize the past) 요약이란 축약된 과거사다. 종료 의식을 일깨우려면 사건의 의미를 충분히 담아야 한다. 객관적인 사실뿐만 아니라 관련자들의 희망이나 꿈, 성취감과 축하할 점도 다 포함되어야 한다. 아울러 바로 지금이 조치를 취해야 할 타이밍이라는 결론에 이르도록 과거사를 보는 안목도 제시해야 하는데, 그러려면 프로젝트나 비즈니스의 발단으로 거슬러 올라가 그것의 추이를 지켜봐야 한다.

2. **변화에 정당성을 부여하라**(J: Justify the change) 왜 변화가 필
요하며 바람직한지, 그 이유를 찾아라(이를테면 성공적인 목표 달
성, 돌이킬 수 없는 실패 사례, 달라지지 않으면 회복할 수 없는 손실
등). 그 이유에도 정당성이 있어야 하지만, **지금** 역시 변화가
필요하고 그것이 바람직하다는 점에도 정당성을 부여해야 할
것이다.

3. **긍정적으로 진술하라**(P: Make positive statements) 과거를 칭송
하고 그에 경의를 표하라. 값진 행동을 마감하려면 과거의 가
치를 인정하고 시인하며 기념해야 하기 때문이다. 취침 의식
Bedtime Ritual 없이는 과거를 잠재울 수 없다.

4. **과거와 미래 사이의 연속성을 창출하라**(C: Create continuity
between past and future) 단절된 요소에 대한 (정서적이거나, 혹
은 다른 어떤) 피해는 인정하는 것이 중요하다. 변화의 필요성
을 주지시킨다거나, 소멸되는 것은 가치가 없다는 주장만으로
는 변화를 충분히 이끌어낼 수 없다. 특히 근본적인 변화는
항상 저항에 부딪치며 이루어질 것이나 과거의 소중한 구성
요소가 보전되고 새로운 제도 내에서 강화된다는 약속처럼,
단순한 무언가로도 과도기는 순탄해질 것이다. 앞서 언급했던
알렉산더 헤이그도 연설에서 그 점을 밝혔다.

5. **소망을 기원하며 마무리하라**(W: End with well wishing) 미래의
소망을 기원하라. 소망의 원천이 되는 새로운 과업이나 목적
을 찾으면서 마무리한다. 정시에 출구를 나가려면 미래를 끌
어당기는, 미래로 빠져나갈 수 있는 무언가를 확보해야 한다.

SJPCW(각 단계의 첫 글자)라는 틀(시퀀스)은 다양한 환경에서 효과를 확인할 수 있을 것이다. 아기의 취침 의식과 졸업 연설, 퇴임 만찬이나 제휴 관계 종료 등 시기적절한 마무리가 중요할 때라면 언제든 말이다.

* 일러두기: 이 모델은 S. 앨버트(S. Albert)가 《조직의 변화 관리(Managing Organizational Transitions)》(J. 킴벌리와 R. 퀸 편집, Homewood, IL: Irwin, 1984) 169~191쪽에 게재한 〈성공적인 변화를 위한 삭제 디자인 모델(A Delete Design Model for Successful Transitions)〉을 발췌·수정했음을 알린다.

변화의 속도 높이기 : 마침표 빼기

지금까지는 구두점(마침표) 추가를 논의해왔다. 그러나 이, 문장, 에서, 단어, 마다, 쉼표를, 찍어, 두고, 읽으면, 어떨까? 마치, 거친, 파도가, 이는, 바다에서, 헤엄을, 치는, 듯할, 것이다. 지칠 거란 이야기다. 그러니 마침표를 추가하는 것보다는 빼버리는 편이 나을 때도 있다(최소한 마침표를 쉼표로 바꾸어도 흐름이 좀 더 자연스러워질 수 있다).

텔레비전 방송이 종료되는 것도 마침표나 쉼표로 이해할 수 있다. 물론 방송국은 쉼표를 선호한다. 프로그램이 바뀌어도 채널은 고정해 두길 바란다. 1994년 가을에는 폭스Fox를 제외한 모든 방송국이 방송 사이의 구두점을 없애려고 안간힘을 쓴 적이 있다.[17] 방송과 방송 사이가 아니라 한창 방송하는 중에 광고를 넣은 것이다. 프로그램의 종료와 개시 중간에 들어갈 마침표를 제거한 것은 흥미를 계속 끌어올리기 위해서였는데, 이 같은 논리는 요트 경주에 적용되기도 했다.

BMW오라클레이싱**BMW Oracle Racing** 대표 래리 엘리슨과 알링기신디케이트**Alinghi Syndicate**의 에르네스토 베르타렐리가 차기 정식 대회가 있기까지 수년간 하계 대회를 개최하기로 한 것이다.[18]

걸림돌을 제거하는 것도 생산성을 높이는 방법이다(불필요한 구두점을 제거하라는 뜻이다). 2007년 〈월스트리트저널〉 칼럼니스트 수 셸렌바거에 따르면, 실리콘 업체 다우코닝**Dow Corning**은 분기당 한 번씩 '회의 없는 주'를 정해 그 기간에는 내부 회의를 소집하지 않기로 하자 직원들은 이동할 일이 줄어 업무에 전념할 수 있었다고 한다. IBM도 회사 차원에서 '싱크 프라이데이**Think Fridays**' 캠페인을 시행하여 불필요한 회의나 걸림돌을 제거했다.[19]

정확한 위치를 선택하라

마침표나 쉼표를 어디에 찍느냐에 따라 결과가 크게 달라지기도 한다. 수년간 신제품을 연구해온 팀이 있다고 치자. 출시에 대한 압력이 거세지면 팀원들은 제품과 시장의 현황에 아랑곳하지 않고 성급히 제품을 내놓고 싶은 충동을 느낄지도 모른다. 이 같은 잘못을 미연에 방지하려면 압력에 대응할 방법을 찾아야 한다. 구두점을 적절한 곳에 찍어두면 도움이 될 것이다.

사람들은 대부분 3가지 시간대(과거, 현재, 미래)가 시퀀스에 정렬된 세계에 살고 있다고 생각한다. 이 시퀀스에 구두점을 찍는 방법은 크게 2가지다. 현재 **뒤에** 가상의 마침표를 찍으면 다음과 같이 현재는 과거와 묶일 것이다.

마침표를 현재 **앞에** 찍는다면? 현재는 새로운 미래의 첫 단계가 된다.

현재가 과거와 한데 묶인다면 과거는 기준점이 된다. 이때 혹자는 "이 제품은 개발에만 10년이 넘었습니다. 도대체 시장에는 언제 내놓을 겁니까?"라고 물을 것이다. 그러나 현재가 미래와 묶이면 미래가 기준점이 된다. 그러면 발 빠른 조치로 좋은 첫인상을 남기려던 생각이 다소 누그러져, "괜히 지금 출시했다가 실패하면 회복까지 오랜 기간이 걸릴 수도 있다"는 점을 일깨워줄 것이다. 이처럼 마침표의 위치를 바꾸면 시급하다거나 지연이 불가피하다는 식으로 결정 타이밍을 조정할 수 있다.

구두법 연기(긴장 완화)

시간의 구두법은 사건이나 상황을 제어하는 데 활용되기도 한다. 마케터 겸 캐치프레이즈 전문가 아서 시프도 이 원리를 토대로 기발한 광고 슬로건을 다수 창출했다. 특히 그는 주방용 칼인 진수 나이프 **Ginsu Knives**의 광고 문안에서 다소 과장된 기대감과 의문을 표현했다. "평생 쓸 수 있는 칼입니다. …… 이 칼이 없는 부엌은 부엌이 아니죠. …… 이런 칼이 있었다니 당최 믿기지가 않을 겁니다." 그러고는 기억에 두고두고 남을 후렴구로 마무리한다. "잠시만요, 이게 끝이 아니라니까요 But wait, there's more." 저널리스트 롭 워커가 〈뉴욕타임스〉에서 밝힌 바와 같이, "시프는 구매욕을 자극하는 문구에다 광고 멘트의 끝을 지연시킴으로써 긴장을 조성"했다. 그러한 긴장은 고객이 전화를 들고 칼을 주문해야 비로소 해소된다. 정말 많은 사람들이 수화기를 들었다. "이게 끝이 아니라니까요"가 매출을 끌어올린 셈이다.[20]

조기 종료 논의와 관련된 긴장 해소 원리에도 주목해보자. 누구나 엄지에 난 상처가 빨리 낫기를 바란다. 부시 대통령이라면 이라크전이 하루빨리 종식되기를 바랐을 것이다. 구두법은 긴장 해소의 필요성에 영향을 주고받는다. 예컨대 긴장이 고조되면 (시기상 종료를 선언하기가 적절치 않더라도) 마침표를 찍어 이를 해소할 수 있다. '임무 완수' 플래카드와 칼 광고문 사이의 관계를 간파하는 능력을 가리켜 나는 현상의 이면을 볼 수 있는 안목이라고 말한다.

구두법을 어떻게 활용하고 있는가?

비즈니스 환경에서 시간의 구두법을 활용하는 것뿐만 아니라 시작과 끝을 생각하는 방식을 재고하기만 해도 일상을 혁신할 수 있다. 적어도 주변을 보는 안목은 확실히 달라질 것이다. 구체적인 아이디어는 아래와 같다.

유형

구두법에는 직접 선택하거나 참고할 수 있는 유형이 아주 많다. 예컨대 마감일을 정할 때 바깥에 비치된 달력이나 시계에 집중하지 말고, 팀이 업무를 절반가량 마쳤을 때 현황을 보고하라고 주문해보자. 정확한 마감 시한을 그들에게 맡기라는 이야기다. 그러면 인터벌이 고정된 상황에서 업무의 진척 여부를 보고할 때와는 달리, 시간과 효율성에 좀 더 집중하게 될 것이다. 프로젝트에 착수할 시간을 결정할 때 다양한 기준점을 선택한다면(예를 들어 회계연도 말 대신 크리스마스 같은 종교적 절기도 좋을 것이다) 참신한 안목을 얻을 수 있다.

강도

강도가 다른 구두점 사이에서 선택하라. 마침표를 쉼표로 바꾸든가, 쉼표를 마침표로 바꾸면 어떨까? 강도를 감안하여 구두점을 결정하면 행동의 의미를 제어하는 방편이 되기도 한다. 예컨대 프로젝트를 취소하는 대신 잠시 중단하면 전혀 다른 메시지를 보낼 수 있다.

수효

구두점의 수를 의도적으로 늘리거나 줄여라. 이를테면 회의석상에서는 답변할 시간을 넉넉히 줄 수 있도록 좀 더 자주 여유를 두어도 좋다. 규모에 근거한 타이밍 원칙을 구두법 원칙으로 바꾸어라("막대한 비용이 발생하면 이를 종료하겠습니다"보다는 "프로젝트가 연말까지 성공하지 못하면 그때 종료하겠습니다"라고 밝히는 것이 바람직하다). 구두점을 삭제하여 2가지 업무를 틈새 없이 가동시키거나, 신규 프로젝트가 개시되었음을 공식적으로 밝히지 말고 착수해보라. 구두점의 수를 늘리거나 줄이면 그에 따라 결과도 달라질 것이다.

위 치

구두점의 배열을 조정하라. 관련 사건이나 프로젝트가 동시에 시작하고 멈추게 하거나, 동시에 멈추거나 시작하지 않도록 해두는 것이다. 구두점의 **위치를 조정하라.** 이를테면 수시 마감일을 정하거나 정시 마감일을 늘린다. 현재를 기나긴 과거의 끝 단계가 아니라 미래의 첫 단계로 정의하려면 현재 앞에 마침표를 찍어두어라. 또한 구두점의 **공간을 조정하라.** 좀 더 상세한 피드백을 제시할 수 있도록 실적 평가 간의 시간을 줄인다.

끝으로, 이 책의 각 장 끝에 정리해둔 리스크와 기회의 특성이 이중으로 활용될 수 있다는 점도 기억하라. 즉 함정이나 대안을 미리 밝혀내기도 하지만, 사건이 모두 끝난 후에 옳고 그른 사실과 그 이유를 해명하는 데도 요긴하게 활용할 수 있다.

시간의 추이에 따른 상상

◉

마침표를 찍어야 할 때도 타이밍이 매우 중요하다.

성악가는 공연이 끝나면 무대를 나간다. 청중이 박수갈채를 보내면 그녀가 부대로 나와 인사하고는 다시 사라진다. 이때 얼마간의 여유(인터벌)가 생긴다. 무대에 등장할 때마다 그녀는 고조된 긴장으로 득을 본다. 다시 나와 앙코르를 받아줄까? 박수가 크면 관객은 그렇게 될 거라고 짐작한다. 공연이 막바지에 이르렀다는 것은 누구나 아는 사실이다. 모두 기립박수를 보내고 있는 가운데 몇몇 사람들이 찬사를 보낸다. 그녀가 관객의 환호를 무시하진 않을까? 무대에는 나왔지만 앙코르를 거부한다면? 반신반의한 까닭에 박수가 더 커진다. 강도가 증가한 것이다. 하지만 강도가 크면 얼마 못 가고, 어느 선을 넘어가면 희열은 고통이 된다. 결국 박수로 무대를 오르내리는 빈도에는 한계가 있다. 그리고 그 한계가 타이밍 문제를 해결할 것이다. 박수가 사그라질 때까지 주인공이 무대에 머물러 있다면 언제 무대 뒤로 나갈까? 너무 일찍 나가버리면 관객은 농락당했다는 기분이 들 테고, 너무 오래 있으면 눈치가 없다는 비방을 들을 것이다. 따라서 무대 안팎을 오가는 리듬을 가진 커튼콜Curtain Call은 실로 기발하다. 언제가 나가야 할 적절한 타이밍인지, 난해한 문제를 해결해주니 말이다.

거시적인 척도에서 보면 공연이 종료된 것만 눈에 들어오지만, 미시적인 척도에서는 시퀀스와 레이트, 인터벌 등 그 순간을 창출하는 데 관여한 구성 요소가 전부 보인다. 마침표는 단순한 기호에 불과한 것 같지만 실은 복잡한 노력의 결과다. 따라서 시간과 관련된 과정을 파악하려면 마침표 등 구두점을 찍어야 할 문제를 다른 척도에서 유심히 살펴봐야 한다.

특징 :

- **유형** 수많은 일정과 사건은 연속된 과정을 나누는 데 활용되기도 한다.

- **강도** 시간의 구두점은 중요성이 각각 다르다.

- **객관성 혹은 주관성** 마침표가 쉼표로, 쉼표가 마침표로 보일 때도 있다.

- **의미** 이해관계자들은 구두점을 달리 해석할 수 있다.

- **위치** 진행 중인 과정에서 구두점이 어디에 찍히느냐가 중요하다.

- **수효** 시퀀스나 과정에는 대개 구두점이 둘 이상이다.

- **공간** 구두점 사이에 여유가 있느냐 없느냐가 관건일 때도 있다.

- **정렬** 어떤 구두점이 동시에 찍히는지 주목하고, 그렇지 않은 구두점도 눈여겨 보라.

리스크 :

- **구두법 포착 실패** 진행 중인 과정에 구두점이 있다는 점을 눈치채지 못한다(코멘트나 질문할 여유를 두지 않고 원격 회담을 진행한다).

- **대립된 이해관계** 한 구두점에 집중하면 다른 것은 무시해버린다(제품이 소기의 목표를 달성하지 못하면, 분기 말에 결과가 발표되기 전에는 이를 보고하지 않는다).

- **시간의 구두법 오독** 쉼표를 마침표로 오해하거나, 마침표를 쉼표로 착각할 때도 있다(시장이 아직 상승세를 타고 있음에도 정점에 이르렀다고 생각한다).

- **동시에 찍히는 구두점** 둘 이상의 구두점이 동시에 찍힐 때를 대비하지 못한다(제약회사는 둘 이상의 특허가 동시에 만료될 시기를 엄두에 두고 있어야 한다).

- **성급히 찍은 마침표** 일이 아직 끝나지 않았는데 그런 줄로 생각한다(영업 이익이 무산될지도 모를 판국에 최종 수입을 집계한다).

- **공간 리스크** 구두점 사이의 시간적 여유를 감안하는 데 소홀하다(마감일이 하루걸러 닥치면 일손이 모자란다).

- **패턴 리스크** 구두점과 관련 있는 셰이프와 패턴을 예상하지 못한다(마감일 전

날의 벼락치기 업무 같은 하키 스틱 셰이프).

- **시간의 구두법 오해** 타인이 구두법을 풀이하는 방식은 고려하지 못한다(협상할 때 상대방이 시간을 끌면 흥미가 떨어진 것으로 오해한다).

대안 및 기회 :

- **마침표 추가** 정확한 시간에 일을 끝낸다(출구 전략을 적시에 구사한다).
- **마침표 빼기** 상황을 제어하기 위해 변화의 속도를 끌어올린다(시청자가 채널을 고정할 수 있도록 프로그램 간의 광고를 뺀다).
- **구두법 연기** 개시와 종료를 관리한다(월요일 아침까지 긍정적인 이야기가 이어지면 한 주 내내 희소식을 들을 수 있다).
- **구두법 활용 재고** 구두법 활용을 다시금 상기시켜본다(직관에 상반되는 개시와 종료 및 쉼표는 창의적인 해결 방안과 혁신적인 아이디어를 낳을 수 있다).

인터벌과 듀레이션

사건의 지속 시간, 사건과 사건 사이의 경과 시간을 점검하라

사건 사이의 경과 시간(간격의 길이)과 각 사건이 지속되는 시간(기간)을 일컫는다. 평소에도 그렇지만 비즈니스에서 벌어지는 일 또한 시간이 필요하다.

위 인용문에 등장하는 왕과 대령은 "원하는 결과를 달성하기까지 시간은 얼마나 걸릴 것인가?"라는 일반적인 경영 문제에 직면했다. 이는 경영인이라면 흔히 품는 의문이다. 신규 서비스가 시장 점유율을 확보하기까지 얼마나 걸릴까? 개정된 방침이 성공적으로 실시되거나 주택 시장이 반등하려면 언제까지 기다려야 할까? 비즈니스에서 이 같은 사례는 얼마든지 찾을 수 있다. 그런 질문을 받으면 대개는 밝히기가 곤란하다며 얼버무리기 일쑤다. 대령의 말마따나 "기타 줄의 길이를 아느냐?"는 식으로 말이다. 인스타그램Instagram의 공동 창업주인 케빈 시스트롬과 마이크 크리거에게 사진 공유 애플리케이션을

티모르는 인도네시아 지역의 포르투갈 식민지로 동티모르와 서티모르가 있었다. 인도네시아는 1956년에 네덜란드 식민지에서 완전히 독립하면서 서티모르를 흡수했고, 1975년에 동티모르에서 포르투갈이 철수하자 동티모르도 흡수·합병하고자 했다. 1976년 인도네시아는 동티모르를 27번째 주로 합병 선언을 했으나, 동티모르는 독립을 요구하며 내전에 돌입했다. 결국 2002년 인도네시아로부터 완전히 분리 독립되어 약 27년간 지속된 내전이 종식되었다.

10억 달러에 매입하겠다고 누군가가 제안하기까지는 얼마나 걸렸을까? 그들은 모른다고 대꾸했을 것이다(실은 1년 반 걸렸다).

다시 인용문의 사례로 돌아가 보자. 왕은 언제 장자를 해고하고 더 신속히 게를 그릴 사람을 기용할까? 왕이 게를 그리는 데 소요되는 시간을 얼마만큼 가늠하고 있느냐에 따라 결과는 달라질 것이다. 그럼 대령은 어떤가? 그는 무능한 사람인가? 치안을 강화하는 데 소요되는 기간이 얼마인가에 따라 결정될 문제다. 그러니 행동의 시기는 인터벌의 길이가 결정한다고 볼 수 있다. 가령 시간은 한정되어 있고 일의 양은 줄일 수 없는 장기 프로젝트가 있다면(일단 시작하면, 일부는 다른 날로 미룰 수 있더라도) 이를 성급히 추진하는 우를 범해서는 안 된다. 마치 자전거가 겨우 들어갈 만한 공간에 SUV를 억지로 주차하려는 격이다. 이때 기획의 효과를 끌어올리려면 프로젝트에 소요되는 기간을 비롯하여, 주변 환경의 형편이나 상황이 얼마나 지속될지(장기간 계속되는지, 단기간에 종료되는지) 예측할 수 있어야 한다.

인터벌의 길이를 예측할 수 있는 눈썰미가 타이밍의 핵심이다. 하지만 인터벌의 길이를 예상하기에 앞서 인터벌의 존재부터 확인해야 한다. 존재 여부를 모르는데 예측할 수는 없다. 막상 우리는 주변 세계를 거론할 때 중요한 인터벌을 빼먹는 경우가 비일비재하므로 존재 여부를 확인하는 과정이 쉽지만은 않다.

핵심 단계나 성과 기준 혹은 서비스 수준 협약 등을 논의할 때 흔히 빠뜨리는 인터벌은 다음과 같다. 조목조목 눈여겨보길 바란다.

• 핵심 단계는 어떻게 정의하는가? 구체적인 결과나 조건이 이

루어질 **때까지의 시간**인가, 구체적인 날짜**까지의 시간**인가
(5000마일이나 석 달)?

- 핵심 단계를 재구상하거나 개정하는 데 **걸리는 시간은?**

- 협약에 참여한 당사자가 핵심 단계를 **잠깐** 지나쳤다면 그것이
  문제가 되는가? 잠깐은 어느 정도를 말하는가? 2주로 승부가
  갈리는 회사도 있지만 그렇지 않은 회사도 있을 것이다.

- 마감일이 **오기 얼마 전에** 이를 지키지 못할 거라는 점을 발견
  하는가? 마감일을 준수할 수 없다거나, 핵심 단계를 지나쳤다
  는 사실은 언제 깨닫는가?

- 업무 지연으로 발생한 손실을 만회하거나 회복하는 데 **걸리는
  시간은?** 이 같은 인터벌을 예측하는 데 확신이 서는 시기는 언
  제인가?

- 위 물음의 답을 알고 있다면 당사자들에게 그 내용이 전달되
  는 시간은 **얼마나 걸리겠는가?** 각자가 동시에 들을까? 그렇지
  않다면 처음과 마지막의 격차는 어떻게 조정할 수 있는가?

- 앞선 6가지 질문은 당사자가 서로 알고 지낸 **기간**에 따라 답이
  달라지는가?

인터벌은 분명 중요하다. 인터벌이 중요하지 않아서 빠뜨리는 게 아니
라 그러기가 쉬워서 빠뜨린다. '문을 여는 열쇠' 실험을 다시금 떠올려
보자. 사람의 뇌는 시간 간격을 건너뛰면서도 이를 깨닫지 못한다. 중
요한 인터벌을 자주 빼먹는 또 다른 이유는 속도가 빨라야 무조건 유
리하다는 고정관념 때문이다.

예컨대 최근까지도 의료 전문가들은 CT 촬영을 좀 더 일찍, 그리고 자주 하면 조기 폐암을 진단할 수 있어 많은 생명을 살릴 거라고 확신했다. 그러나 연구 결과는 그렇지 않았다. CT 촬영이 생존율을 끌어올리지 못한 까닭을 이해하려면 문제를 면밀히 살펴봐야 한다. 〈뉴욕타임스〉에 따르면, CT 촬영으로 암을 발견·치료하는 경우가 더 많아진 것은 사실이지만 "사망률에는 변화가 없다"고 한다. "…… 애당초 치료하지 않아도 될 암 환자를 검진하기 '때문이다.' 즉 생명에 지장을 줄 만큼 암이 심각하게 전이되지 않은 환자들을 검진했다. 치명적인 암 환자 중 다수는 치료를 받아도 결국 사망하고 말았다."[3] 추가 촬영으로 수술을 남용하면 혈전이나 폐렴 등 치명적인 합병증을 일으킬 수 있다고 연구자들은 덧붙였다.

이 연구 결과는 "폐암 사망자 중 80퍼센트 이상이 CT 촬영만 제때 했어도 목숨은 부지할 수 있었다"[4]는 기존 권고와는 대립된다. 또한 폐암 환자는 치료를 받지 않으면 사망할 것이라는 가정에서 나온 그러한 분석은 3가지 인터벌을 감안하지 않았다.

인터벌 1 : 암 환자가 생존할 기간.

인터벌 2 : 환자가 방치되었다면 암으로 사망하는 데 걸리는 기간. 그전에 (인터벌 1이 진행되는 동안) 다른 원인으로 죽을 가능성도 있다.

인터벌 3 : 암을 치료했을 때 환자가 생존할 기간. 치료 중 사망하는 경우도 더러 있다.

CT 촬영의 정당성을 확보하려고 했던 초기 연구는 이른 것이 낫다는 고전적인 관점에서 타이밍을 규정한 것으로, 1장에서 논의한 '선점우위first-mover advantage'에 대한 변종이다. 앞서 살펴본 바와 같이, 이런 성향에는 결정적인 한계가 있다. 첨단 기술의 몇 가지 장점이 타이밍과도 관계가 깊다면(조기 검진이 장점이라는 가정하에) 기술이 해결하려는 문제에 타이밍이 얼마나 관여하는지도 알아야 할 것이다. 즉 내가 앞서 제시한 3가지 인터벌을 고려해야 한다.

인터벌의 특징

6가지 타이밍 렌즈는 한 가지 렌즈를 쓸 때 다른 렌즈도 아울러 쓸 수 있도록 내가 정한 순서대로 제시했다. 시퀀스 렌즈는 각 단계와 절차에, 구두법 렌즈는 도입, 마침, 쉼, 달력의 구체적인 일정 등에 정신을 집중시킨다. 이 모든 시간상의 부호는 다른 때 같으면 간과했을지도 모를 인터벌을 찾는 데 보탬이 된다. 물론 인터벌의 수효는 정황을 막론하고 무한하다. 그중에서 중요한 인터벌은 여러분만이 선택할 수 있다. 그러나 안목을 넓히는 데 도움을 주고 싶어 인터벌의 특징을 몇 가지만 일러둘까 한다.

1. **유형** 인터벌의 종류에는 무엇이 있는가? 종류는 크게 4가지로 구분되며 이를 전부 찾아야 한다.
2. **규모 : 인터벌의 범위** 아주 긴 인터벌과 가장 짧은 인터벌을 찾

아라. 각각의 최장·최단 길이를 파악하라.

3. **객관성 혹은 주관성** 인터벌의 객관적인 길이와 주관적인 체감 길이는 서로 다를 수 있다(1초가 장구하게 느껴질 때도 있다).

4. **내용** 안을 들여다보라. 인터벌은 투명한가? 지금 무슨 일이 벌어지고 있는지 아는가? 그렇지 않다면 가정해야 할 점은 무엇인가?

5. **의미** 인터벌은 사람마다 체감하는 의미가 다를 수 있다. 어떤 해석이 가능할까?

6. **수효** 다중 인터벌을 찾아라. 앞선 사례가 제시하는 바와 같이(군 철수와 CT 촬영 조장) 생각보다 더 많은 인터벌이 존재한다.

6가지 특징은 앞서 열거한 순서대로 조직된다. 우선 무엇을 찾고 있는지 파악해야 하므로 유형을 거론하고 난 다음에 크기를 나타내는 규모를 고려한다. 규모는 고정되어 있는가? 그렇지 않다면 크기는 어떻게 달라질 수 있는가? 규모를 감안할 때 중요한 점이 무엇인지 자문해보라. 이를테면 인터벌의 실제 길이와 **체감** 길이는 얼마인지 묻는다(주관적인 규모와 객관적인 규모를 염두에 두라는 것이다). 내부는 그다음에 살펴본다. 그동안 벌어진 사건은 무엇인가(내용)? 이해관계자들이 인터벌의 내용을 달리 해석할지도 모른다는 점도 감안하라(의미). 끝으로 항상 둘 이상의 인터벌을 찾아라(수효).

유형

인터벌의 유형은 4가지다. 행동을 결정하기 전에 각각 하나의 사례 정도는 찾아두어라. 그러지 않으면 타이밍에 작용할 중요한 무언가를 놓칠 공산이 크다.

1. **경과 시간** 사건 A와 B 사이의 경과 시간은? 예컨대 9월 11일 당시 쌍둥이 빌딩(세계무역센터)이 테러를 당한 시간은 보험 업체들이 따져야 할 문제였다. 공격을 1회로 보느냐, 2회로 보느냐에 따라 보장 내역이 달랐기 때문이다.● 이 사건은 보험약관을 설계할 때 **사건 사이의 경과 시간** 인터벌을 고려한 보장 조건이 반드시 규명되어야 한다는 점을 시사했다.

2. **이후의 시간** 사건 A가 벌어진 지는 얼마나 되었는가? 도발이나 공격에 대응하기 전에 대기해야 할 시간은 현대의 전쟁뿐만 아니라 국제 외교에서도 흔히 부딪히는 문제다. 마을이 초토화되고 수백 명이 죽었는데도 1년이나 기다릴 사람이 있을까? 비즈니스도 그런 문제와 무관하지 않다. 경쟁 업체가 신제품을 출시했다면 본사의 신제품으로 맞불 작전을 펼치기 전에 대기해야 할 시간은 얼마일까?

3. **전까지의 시간** 마감일이 임박해온다. 제때 업무를 마칠 수 있는가? 새 규정이나 정부의 규제안은 얼마나 기다려야 시행되는가? 그전에 해야 할 일은 무엇인가?

4. **듀레이션** 일이 지속되는 기간을 측정한다. 침체는 언제 막을 내릴까? 3년이나 5년 만기 사무실 임대계약서에 서명해야 할까? 병에 든 우유는 며칠 후에 상할까?

2001년 9·11 사태는 이슬람 테러 조직이 민간 항공기 4대를 납치해 자살 테러를 일으켜 벌어진 대참사를 말한다. 이때 워싱턴의 국방부 청사가 공격을 받았고 마찬가지로 세계무역센터 쌍둥이 빌딩도 공격을 받아 두 건물이 모두 무너졌다. 테러 조직은 먼저 쌍둥이 빌딩 중 북쪽 빌딩에 비행기를 충돌시켰고 몇 분 지나지 않아 남쪽 빌딩에도 비행기를 충돌시켰다. 각 빌딩에 부딪친 비행기의 충돌을 한 번의 공격으로 볼 것인지, 두 번의 공격으로 볼 것인지에 따라 보험 업체가 지급해야 할 보험금이 달라졌다는 뜻이다.

같은 인터벌이라도 당사자에 따라 달리 보이기도 한다. 4가지 유형을 의식하는 것이 중요한 이유도 바로 이 때문이다. 예컨대 2001년 9·11 테러 사태가 막을 내린 지 여러 해가 흘렀으므로 우리는 안전한 것인가(이후의 시간)? 만약 또 다른 테러를 피할 수 없다면, 보스턴 마라톤 대회의 폭탄테러 사태(2013년)를 반면교사로 삼아 차후 공격이 수그러들었다 싶을 때(전까지의 시간) 그에 걸맞은 대비책을 강화해야 할 것이다.

규모 : 인터벌의 범위

인터벌의 범위란 비즈니스에 중요한 **최장·최단** 인터벌의 **최대·최소** 길이를 일컫는다. 한 문장에 뜻이 압축되어 있으니 이를 차근차근 짚어보자. 우선 양극단을 찾고(인터벌이 너무 작거나 커서 이를 놓칠 수도 있다) 환경이 달라질 때 인터벌이 얼마나 작아지거나 커지는지 살펴본 후, 인터벌의 변화로 도리어 문제가 발생하지 않을까도 고민해보라.

극단 찾기

문제의 상황에 존재하는 최장·최단의 인터벌을 찾아라. 짧은 인터벌은 잘 놓친다. 〈월스트리트저널〉에 따르면, 2011년 3월 강진과 쓰나미가 후쿠시마 다이치 원전의 동력을 차단하기 9개월 전, 한 원자로의 동력이 차단된 적이 있었다고 한다. 어느 하청업자가 "팔꿈치로 잘못 건드린 보조계전기가 **잠시나마** 요동한 탓에 차단기가 작동, 원자로의 주동력 공급이 끊어졌다. 그러나 정상적인 예비 전력기가 가동되지는 않을 만큼 문제는 **속히** 수습되었다"고 한다.[5] (강조 표기는 내가 했다.) 예비 발전기를 가동시킨 통제실 직원의 순발력이 아니었다면 문제는 심각해졌을 것이다. 지금껏 시스템 내에서 이처럼 짧은 인터벌을 차지하는 위기 사태는 없었다.

항상 짧아야 하는 인터벌도 있다. 그래서 **최단 인터벌의 최대 길이**를 물어야 한다. 물론 결과는 상황에 따라 얼마든지 달라질 수 있다. 예컨대 비정규직 지원 업체인 웨스턴스태프서비스**Western Staff Services**는 "휴가철 산타에게는 교대근무를 4~5시간만 배정해야 한다"고 밝혔다. 이를 초과하면 "즐겁게 일할 수 없기 때문"이다.[6] 유통·오락 산업을 둘러싼 계절별 인원 모집의 일면을 잘 보여준다.

어떤 상황에서는 매우 짧은 시간이 기념행사를 잊지 못할 추억으로 만들어주기도 한다. 생물학자 에드워드 O. 윌슨은 펜실베이니아 주립대학 졸업 연설에서 살바도르 달리(Salvador Dali, 스페인 화가)의 말을 인용하며 역대 최단 연설을 마쳤다. "그는 '말을 아끼고자 지금 연설을 끝내렵니다' 하고는 자리에 앉았다."[7] 1985년 전미도서상**The National Book Award**에서 최우수상을 받은 돈 드릴로의 연설도 그와 막상막하였다. 시상식에서 몸을 일으킨 그는 "외람된 말씀이지만, 여기에는 못 올 줄 알았습니다. 참석해주신 모든 분께 감사드립니다"라며 부랴부랴 자리에 앉았다.[8] 짧다고는 했지만 **짧아도 너무 짧을 때도** 있다(**최단 인터벌의 최솟값**은 과연 얼마일까?). 레오나르도 다 빈치가 "하루 아침에 갑부가 되고 싶은 사람은 1년간 교수형을 당할 것"이라고 경고한 적도 있지 않은가?[9]

몇몇 사례에서는 아주 짧은 인터벌이 극도로 짧아질 수도 있다. 예컨대 2011년 여름에 소집된 의회에서는 휴회가 없었다. 상원이 고작 59초간 소집되는 날도 있었다. 행여 의회가 휴회를 선언하면(하원이나 상원의 동의 없이 3일을 초과할 수 없다) 오바마 대통령이 휴회 중 임명권 **Recess Appointment**을 행사할 수 있었기 때문이다. 공화당 상원이 이를 막고 있었던 터라[10] 의회는 형식적으로나마 회기를 소집하고 있었다. 결국 대통령은 손을 쓸 도리가 없었다.

앞선 사례와 짝을 이루는 문제는 **최장 인터벌의 최댓값**일 것이다. 〈뉴욕타임스〉를 보니 어느 신사는 저 나름대로 사업상 합리적인 결정을 내렸다고 생각했지만 해당 인터벌이 생각보다 훨씬 길어져 몹시 당황했다고 한다.

30년 전까지만 해도 앙드레 프랑소아 라프레이는 수지맞는 계약이라고 생각했을 것이다. 90세 된 할머니에게 매달 2500프랑(약 500달러)씩 지급하고 할머니가 세상을 떠나면 그 아파트에 입주하기로 했기 때문이다……

그러나 라프레이는 올해 크리스마스에 향년 77세로 세상을 떠났다. 그간 살아본 적도 없는 아파트에는 18만 4000달러나 쏟아부었다는 후문이다.

그닐 120세의 최고령자로 기네스북에 오른 장 칼망 여사는 푸아그라**Foie Gras**와 오리 고기, 치즈 및 초콜릿 케이크를 즐기고 있었다. 누군가가 몹시 탐을 냈던 아를 아파트의 인근 요양원에서 말이다.[11]

최장 인터벌의 최솟값을 생각하면 지난 10년간 전 세계를 휩쓴 경제 위기가 떠오른다. 어떤 위기는 비교적 금방 자취를 감추는데, 그게 정말 바람직한 일일까? 해결 방안이 모색될 때까지 위기가 좀 더 지속되길 바란 적도 더러 있다. 1999년 당시 예일 경영대학원의 제프리 가튼 학장도 〈뉴욕타임스〉 기고란에서 그 점을 지적했다. 1998년 지구촌에 불어 닥친 경제 위기는 LTCM**Long-Term Capital Management**의 파산●과 러시아의 모라토리엄 선언으로 신흥 시장의 수백만 명에게 타격을 입혔으나, "위험성이 낮아진 경제로 체질을 개선할 만한 방책이 나올 만큼 위기가 오래 지속된 것은 아니며, '1년 후' 근본적인 체질 또한 거의 달라지지 않았다"고 했다.[12]

1999년에 옳았던 것이 지금이라고 틀릴 리는 없다. 장기적인 해결책을 짜내고 논의하고 시행하는 데 상당히 많은 시간이 필요하다면 위기가 그만큼 장기간 조성되기를 바라는 수밖에 없을 것이다. 스키 및 스노보드 업계는 겨울철 강설량에 따라 매출이 달라진다. 그렇다면 그들이 지구온난화를 방지하자는 환경 개혁안을 위해 로비 활동을 벌이고픈 때는 언제일까? 따뜻한 겨울이 3~4년간 계속된 후가 아닐까? 반짝 사라지는 문제는 간과하기가 쉬운데, 특히 비용이 많이 들면 더욱 그렇다. 따라서 심각성에 압도되는 사고를 경계해야 한다. 즉 문제가 **심각하다고** 해서 빨리 끝내야 하는 것이 아니라, 문제의 지속 시간이 이를 해결하는 데 필요한 시간보다 짧다면 좀 더 지켜봐야 한다는 이야기다.

앞선 사례가 암시하듯, 중요한 **최장·최단 인터벌의 최대·최솟값**을 찾아라. 그 조합은 2×2표(《표 3.1》)에 실어두었다. 4칸(1~4)을 하나씩

LTCM은 롱텀캐피탈매니지먼트(Long-Term Capital Management)의 약자로 노벨상을 수상한 경제학자들이 참여한 미국의 유명한 헤지펀드였다. 1997년까지 연 30%가 넘는 고수익을 달성한 펀드였으나, 1998년 러시아가 모라토리엄 선언을 하면서 붕괴되었다.

생각해보자. 예컨대 하루 중 번개처럼 순식간에 사라진 듯한 사건이 있었는가? 상황이 달라지면 사건의 진행 과정은 얼마나 길고 짧아질지도 자문해보자. 아주 극단적으로 길거나 짧았다면 그것이 리스크나 기회가 될 수도 있었을까? 타이밍을 도리어 혼란스럽게 만들었을지도 모르겠다. 물론 대수롭지 않게 지나쳤을 수도 있다.

〈표 3.1〉 인터벌의 범위

	최단 인터벌	최장 인터벌
최솟값	1	2
최댓값	3	4

크기 : 고정되어 있는가, 변하는가?

크기가 고정된 인터벌이 있는가 하면(1년은 365일), 다양한 변수에 따라 늘어나거나 짧아지는 인터벌도 있다.

항공기의 안전 심사가 좋은 예다. 1년 안에(현행 안전 심사 인터벌) 대형 추락사고가 2~3건 정도 발생하면 항공기의 안전을 문제 삼는 시위가 벌어질 것이다. 안전 심사 인터벌을 1년에서 2년으로 늘리면 위기감은 줄어들지 모르나, 현실적으로 가능한 이야기는 아니다. 매년 실시하는 심사가 너무 많기 때문이다.

고정된 인터벌로 벌어지는 리스크라면 여러분도 잘 알고 있다. 예컨대 올해 상반기의 투자 실적이 저조한 펀드매니저라면 연간 평균 수익률을 상회하기 위해 하반기에는 위험률이 높은 주식을 매입할지도 모른다. 조류도 밤이 되면 고정된 인터벌 문제에 봉착한다. 날이 저물

때까지 먹이를 잡지 못하면 밤을 버틸 수가 없고, 먹잇감을 찾는 데 에너지를 너무 많이 써도 살아남지 못한다. 따라서 조류는 밤이 오면 생사가 달린 결단을 내려야 한다. 지나치게 위험한 모험을 하다가 죽는 새들도 더러 있다.

무엇이 인터벌의 크기를 결정하는가?

어느 조직이든 각종 업무가 진행되는 시간에 적용할 기준을 정해둔다. 수년간 길들여진 '습관'은 좋든 나쁘든 깨기가 어려운 법이다. 예를 들어 법조계와 관청은 아주 느리다. "의회는 점진적인 기관이다"라고 한 프린스턴 대학의 줄리언 젤라이저 교수는 "…… 그것이 의회의 장점이자 단점"이라고 덧붙였다.[13] 일이 진행되는 시간은 대부분 문화와 전통이 결정한다.

심리도 인터벌 크기에 대한 기대에 영향을 주는 변수다. 고난의 시기를 겪고 있다면 누구나 이를 단축시키려고 할 테고, 쾌락의 시기는 좀 더 늘리고 싶어 한다. 금전적인 손해를 인정하는 데도 시간이 필요하다. 일반 투자자는 주가가 떨어진 주식을 빨리 파는 법이 없다. 반등을 기대하기 때문이다. 그러나 주식이 하루아침에 폭락하면, 더 손해를 볼까 싶어 반등의 기회는 포기한 채 즉각 팔아버릴 것이다.

마음에 둔 결과에 감정을 쏟을 때도 타이밍 감각이 달라질 수 있다. 예컨대 〈뉴욕타임스〉는 조사에 참여한 의료인 중 63퍼센트가 말기 환자의 수명을 5.3배나 과대 추정했다고 보도했다. 해당 기사 옆에는 "환자와 함께 지내다 보면 정이 들게 마련이다. …… 죽음이 임박했다는 사실은 우리도 인정하기가 싫다"라고 밝힌 로체스터[Rochester]

호스피스 의료팀장 줄리아 L. 스미스의 글이 게재되어 있다.[14]

끝으로 인터벌의 길이가 어떻게 달라질지를 가늠해야 한다. 딱히 정보가 없다면 인터벌이 어떻게 시작되고 종료되는지를 살펴보면 된다. 중요한 문제로 시작한다면 대개는 가급적 빨리 답을 듣고 싶어 하고, 심각한 문제에 부딪혔다면 그 또한 빨리 해결되기를 바랄 것이다. 누군가가 범죄를 저질렀다면 범인이 속히 체포되어 처벌을 받아야 한다고 생각하게 마련이다. 〈표 3.2〉에서는 인터벌을 단축시키기 위해 행동을 부추기는 원인을 도식화했다.

한편 인터벌의 시작과 끝에 서로 다른 문제가 있다면 첫 번째 문제가 해결될 때까지 두 번째 문제는 대개 미뤄두고 싶을 것이다. 이처럼 시작과 끝점이 비슷하면 자석처럼 척력이 작용하고, 서로 다르면 인력이 작용한다. 물론 예외도 있겠지만 대개는 그러므로 이를 가리켜 나는 **인터벌 크기의 자력 원칙**The Magnet Rule of Interval Size이라고 부른다.

〈표 3.2〉 인터벌 인력의 종료점

문제	해결책
질의	응답
부족	만족
목표 설정	목표 달성
범죄	처벌
분실	발견
→→|	|<←

경과 시간

객관성 혹은 주관성

인터벌의 길이에 대해서는 객관적이거나 주관적인 측면도 염두에 두라. 시간이 금방 가는 때도 있지만 더디게 가는 때도 있다. 이는 인터벌의 길이가 아니라 다양한 환경에서 인터벌을 어떻게 인식하느냐가 결정한다. 마음에 드는 물건을 사려고 줄을 서서 기다리는 고객과 불만을 늘어놓으려고 줄을 선 고객은 인터벌이 같아도 체감 시간은 다를 것이다.

내용

인터벌은 무엇으로든 채워질 수 있고 그냥 공백이 될 수도 있는데, 우선 채워지지 않은 인터벌부터 생각해보자(직장이나 시장 혹은 업계에서 중요한 사건이 벌어지고 있지 않은 것처럼 보일 때).[15] 이때는 인터벌의 내부를 들여다보는 것이 중요하다. 의외로 중대한 사건이 벌어지고 있을 때가 더러 있기 때문이다. 진공 상태가 실은 비어 있는 게 아니라는 사실을 물리학자들이 발견했듯이 말이다. 인터벌이 사실과는 달리 텅 빈 것처럼 보이는 이유는 다음과 같다.

- **걸음마 단계** 인터벌 안에서 벌어지는 현상도 진전이 있으려면 시간이 필요하다. 크기나 강도 면에서 감지되거나 발견될 만한 수준이 아니더라도 이를 방치했다가는 낭패를 볼 수 있다. 예를 들어 노키아Nokia는 스티브 잡스가 주력 사업을 컴퓨터에서

모바일 기술로 전환했을 때 코웃음을 쳤을지도 모른다. 하지만 2009년에 아이폰이 출시되자, 핀란드 휴대전화 업체(노키아)는 너무 뒤처져 있어 이를 쉽사리 따라잡을 수 없었다.

- **위장** 주의력을 위장하거나 딴 데로 돌릴 때도 있다. 기업은 대개 현 고객에 집중하면서 기성 제품에 부가기능을 추가해나간다. 경기가 좋으면 회사야 번창하겠지만, 신흥 시장에서 개발되는 저렴한 제품이 조만간 기업을 위협할지도 모른다는 점은 눈치채지 못한다.

- **억제** 진행 중인 현상을 억제하거나 방해하는 변수가 존재할 수도 있다. 이를테면 어떤 제품은 실용성이 탁월한데도 시장을 찾지 못한다. 잠재 고객들이 실직 중이라서 하루 세 끼를 해결하는 것도 만만치가 않기 때문이다.

- **유실** 내용에 촉매Catalyst가 없어 인터벌이 비어 있는 것처럼 보일 때도 있다. 반응을 일으키는 무언가가 없다면 아무 일도 일어나지 않을 것이다. 예컨대 모바일 게임이 성공하려면 초고속 네트워크가 갖춰져야 한다. 무료 애플리케이션을 내려받는 데 흔쾌히 1시간을 기다리겠다는 사람은 없지 않겠는가?

물론 얼핏 보이는 것과 같이 정말 공백인 인터벌도 있다. 8월이 되면 다들 '낚시하러' 가고 없듯이 말이다. 일부 업계는 타 업계에 비해 변화가 훨씬 느리다. 예를 들어 가방 제조업은 1970년대에 버나드 새도우Bernard Sadow가 바퀴 달린 가방을 발명하기 전까지 수십 년간 거의 한결같았다(아무 현상도 벌어지지 않은 듯한 인터벌). 마침내 전대미문의 혁신이 태동하자 소비자는 이를 선택했고, 1980년대 말에는 날렵한 트래블프로 롤러보드(Travelpro Rollaboard, 바퀴가 달린 여행가방)가 각광받게 되었다.

인터벌을 채우는 세이프는?

인터벌 내부에서 벌어지는 현상을 살펴보려면 거기에서 발견될 만한 과정의 세이프(모양)를 의식해야 한다. 사람들은 대개 직선이나 선형 절차에 따라 생각하길 좋아한다(유클리드의 말마따나, 직선은 두 점을 잇는 최단거리이기도 하다). 직선은 빠르고 예측 가능하다. 하지만 문제는 스페인 건축가 안토니 가우디가 지적했듯이, "형태의 조화**Symphony of Forms**"이다.[16] 누군가(혹은 무언가)를 기다린 경험을 떠올려보자. 기다림은 기분을 언짢게 한다. 불쾌감을 그래프로 표시해보면 결과는 직선으로 나타나지 않을 것이다. 처음에는 평온하게 기다리지만 일정 시간이 지나면 인내심이 바닥을 친다. 새 차를 구입할 땐 어떤가? 차고를 나오자마자 자동차 가격은 대폭 하락한다. 경제학자들에 따르면, 보상은 미래로 멀리 밀어둘수록 가치가 더 빨리 떨어진다고 한다. '타이밍의 명가'라는 스위스인들도 선이 아닌 과정은 능히 예측하질 못해 전자시계의 발전과 가격 하락의 속도를 우습게 보고 말았다.[17]●

시간은 수리적 곡선을 비롯하여 직선, 병목, 회전, 속도를 기하급수적으로 끌어올리는 과정 등의 형태로 가득 차 있다. 미처 예상치 못한 모양도 찾아야 한다는 점을 명심하라. 이 같은 특징은 5장에서 상세히 다룰 참이다.

● 원래 시계의 명가는 스위스였다. 그런데 1970년대에 전자시계가 출현했다. 스위스 시계사들은 전자시계가 유행하지 않을 것으로 생각했으나, 전자시계는 급속도로 성장하여 시계 시장의 주류가 되었다. 당시 전통 태엽시계를 고수한 스위스 시계 회사들은 경영상 큰 어려움에 빠졌다(그러나 현재는 스위스 시계들이 고급 이미지를 강조하면서 다시 세계 시장을 선도하고 있다).

의미

인터벌에 어떤 꼬리표를 다느냐에 따라 의미와 영리적 가치가 달라질
수 있다. 작품 활동의 일환으로 베를린 의사당에 직물을 두른 예술가
크리스토Christo는 수단을 목적으로 바꾸는 요령을 발견했다. 아래 인
용문에서 밝힌 바와 같이, 그는 의미를 전환한 덕택에 까다롭고도 장
기적인 목표(수년이 걸릴지도 모를 프로젝트 승인)를 더욱 효과적으로 달성
할 수 있었다.

크리스토가 환경구조물 중 하나를 완성했을 때, 실물뿐만 아니
라 이를 구현해내는 데 필요했던 협력 역시 '예술'이었다. …… 크
리스토의 작품은 그의 영향을 받은 단체와 당국의 동의를 얻어
냈다. 홍보와 끊임없는 회의, 시각화 및 개인적인 매력을 총동원
하여 허락을 받은 것이다. 그는 작품을 구현해내기 위해 기금을
마련하는가 하면, 무엇보다도 법정 소송에 휘말리지 않도록 만반
의 준비를 했다. 그러고는 구조물과 조화를 이루는 대규모 작업
과(자원봉사자를 모집·교육하고 숙식을 제공하며 커뮤니케이션도 원활
하게 유지했다) 서류 작업에 착수했고, 전체적인 과정(준비와 구조화
및 현장에서의 작품 체험)도 아울러 기록해두었다.[18]

크리스토 프로젝트의 전후 단계는 아주 길었지만 시간 낭비는 아니었
다. 그 자체가 소중했기 때문이다. 이처럼 인터벌의 꼬리표를 바꾸는
전략은 그다지 자주 쓰이진 않지만 문제 해결에 도움이 될 뿐만 아니

라 현상을 달리 보는 데도 도움이 된다. 가령 항공기가 악천후 때문에 당장 이륙할 수 없다고 치자. 이를 '안전점검'이라고 해두면 어떨까? 똑같이 기다려야 하지만 승객들의 짜증은 다소 수그러들 것이다. 직장에서 목적을 이루기 위한 수단이 목적 자체가 될 요령은 없는지 고민해보자. 상품을 제조하는 공정이 곧 상품이 될 수는 없을까?

수효

상황이 복잡해지면 둘 이상의 인터벌이 서로 연관되기도 한다. 예컨대 수사관의 발표에 따르면, 2012년 1월 코스타 콩코르디아호의 비상경보기는 이탈리아 서부 해안에서 선체가 암초에 부딪힌 지 약 1시간이 흘러서야 작동했다.[19] 경보가 지연된 경위는 아직 밝혀지지 않았으나 비상경보가 울리고 나서 승객들이 대처할 수 있도록 탈출을 명령하기까지 너무도 경황이 없었을 것이다. 이때 선장은 2가지 인터벌(콩코르디아호가 좌초된 후 경보기가 작동하기까지 기다려야 하는 시간, 그러고 난 후 유람선을 탈출하라고 명령하는 시간)을 감안했어야 했다.• 그런데 이 경우에는 인터벌이 서로 반비례 관계로 얽혀 있다. 즉 전자가 길면 후자는 짧아진다. 선장은 이를 생각하지 못했을 것이다. 행여 그랬더라도 생각과 행동이 같았을 리 만무하다.

다중 인터벌을 찾아내야 하는 이유는 인터벌 간의 차이가 매우 중요하기 때문이다. 한 예로 〈뉴요커〉가 요양원에서 지내는 한 고객을 '고인'으로 잘못 보도했을 때의 일이다. 여전히 살아 있었던 "독자는 수정을 요구하며 잡지사에 서신을 띄웠다고 한다. 흔쾌히 그러기로 한 잡지

•
2012년 1월 이탈리아의 초대형 호화유람선인 코스타 콩코르디아호가 암초에 부딪혀 침몰했다. 그런데 이때 배가 암초에 부딪히고서 기울기 시작할 때까지 45분 정도의 시간이 있었는데, 이 시간 동안 선장은 외부 구조대에 구조 요청을 하지 않았고 또 승객들에게 경보를 울리지도 않았다. 또한 승객들을 모두 대피시키기 전에 선장과 선원들이 배에서 탈출하여 많은 비판을 받았다.

사는 다음 호를 제작하던 중, 본의 아니게 또다시 실수를 저질렀다. 공교롭게도 잡지를 발행한 주말에 독자가 세상을 떠난 것이다."[20] 여기서 인터벌의 차이는 독자의 수명이 잘못을 정정하는 데 필요한 시간보다 더 짧았다는 것이다. 타이밍이 안 좋았다.

인터벌과 듀레이션의 리스크

◉

타이밍의 구성 요소와 아울러 살펴본 바와 같이, 우리는 구성 요소를 놓치거나 오해할 때 실수를 저지른다. 감지하기 어려워서 인터벌을 찾고 이해하기도 어렵다. 여기에서는 읽기 벅차지 않을 정도로만 리스크를 소개하고자 한다. 인터벌을 찾아내고 이해하는 데 어느 정도는 도움이 될 것이다.

언어

우리가 인터벌을 놓치는 한 가지 이유는 진행 과정을 단일 어구에 담아내는, 언어의 효율성 때문이다. 2007년 2월 14일, 착빙성 폭풍우가 북동부 지방을 강타했을 때 승객들은 뉴욕 JFK 공항에 대기 중인 제트블루 항공편에서 몇 시간 동안 발이 묶여 있었다. 기체는 이륙도 할 수 없고, 게이트로 돌아갈 수도 없는 형편이었다(게이트는 일찌감치 다 찼다). 데이비드 G. 닐먼(당시 CEO)은 이 같은 사태를 두고 "몹시 당혹스러워 몸 둘 바를 모르겠다"고 하소연했다.[21]

이 같은 사태를 미연에 방지하려면 단지 **항공편**(Flight, 명사)의 취소 여부만 판단해서는 안 된다. 시퀀스를, 이를테면 항공기는 게이트를 나와 활주로를 달리며 이륙한다(혹은 그러지 않을 것이다)는 것을 생각해야 한다. 그런 뒤 이 같은 시퀀스 안에서 **인터벌**을 찾고 각 듀레이션에 영향을 주는 변수를 이해해야 한다. 하지만 명사 **항공편**은 매우 추상적인 개념을 대변하므로, 그것이 실제로 구성하고 있는 (좀 더 구체적인 인터벌의) 시퀀스는 드러나지 않는다. 물론 복잡한 시퀀스를 표현할 수 있는 효율적인 명사와 동사도 필요하지만(커뮤니케이션이 성립하려면) 그것에만 몰두하다 보면 타이밍 관련 리스크를 규명하고 이를 관리하는 데 필요한 핵심을 놓치는 경우가 허다하다.

생각해볼 문제 : 정황을 설명하는 데 구사한 경제적인 언어 때문에 단계별 과정과 절차 사이의 시간을 간과하지 않았는가?

규모의 사고

아무개에게 기업의 고용률을 묻는다면 그는 으레 수치로 일러줄 것이다(일정 기간 동안 회사에 들어오고 나간 사람의 수). 고용률이란 개념이 이미 정립되어 있어 규모에 해당하는 수치를 내놓으면 답변이 되었다고 생각한다. 하지만 고용률 수치는 일자리가 공석인 **기간**을 비롯하여 직원이 회사를 나갈 거라는 **사전 경보** 제도가 있는지, 공석을 메우는 데 **기간**이 얼마나 소요될지는 말해주지 않는다. 취항이 취소된 제트블루 사례에서 살펴본 바와 같이 고용률 개념은 이 같은 의문을 **불러일으킬 수 있으나,** 딱히 주의력을 환기시키진 않는다는 문제가 있다.

영어를 비롯한 타 언어는 복잡한 과정을 단순한 어구나 수치로 뭉뚱그리기가 쉽기 때문이다. 가령 누군가가 어떤 변인Variable, 變因을 거론한다고 하자. 변인과 인터벌이 관계가 있다는 점은 다 아는 사실이다. 변인은 고용률이나 시간당 취항하는 항공편의 수효처럼 **무엇을** 감안(측정)해야 할지는 일러줄 것이나, 그와 관련된 리스크를 알고 싶다면 그 이면을 짚어봐야 한다. 변인을 구성하는 인터벌을 찾아내어 그것이 지나치게 연장되거나 단축될 시기를 판단해야 한다는 뜻이다.

 : 규모의 사고(다양한 수치에 근거하여 정황을 규정하는 것) 때문에 관련 인터벌을 놓치진 않았는가?

수평적 시간에 근거한 사고

문제에 봉착하면 가급적 빨리 해결책을 찾는 것이 순서다. 〈표 3.2〉에서 지적한 바와 같이 우리는 문제와 해결책 사이의 인터벌을 다음과 같이 구성한다.

$$\rightarrow\ |문제 -- 해결책|\ \leftarrow$$

행여 문제가 심각해지면 해결책을 찾는 데 많은 시간이 필요하다는 이유로 푸념을 늘어놓을 것이다(그동안 숱한 난관이 벌어질지도 모르니 말이다). 하지만 해결책을 찾는 시간이 인터벌의 전부는 아니다. 아래와 같이, 문제와 해결책에 각각 그것들만의 시간선Time lines을 부여하는 것부터 시작해야 한다. 즉 시간선상에 표시해두어야 한다.

이런 식으로 눈에 보이게 표시해두면 일단 2가지는 해결된다. 첫째는 해결책을 찾는 데 필요한 시간을 하향 조정하려는(무의식적으로 시간 간극을 메우려는) 습성을 상쇄시킬 수 있고, 둘째(첫째 못지않게 중요하다)는 문제가 제거된 후에도 오랫동안 해결책의 여파가 지속될 수 있다는 사실을 일깨워준다. 즉 해결책이 도리어 문제가 될 수도 있다는 이야기다.

1959년 증권시장에서도 같은 문제가 벌어진 적이 있다. 투기가 기승을 부린 까닭에 거래량은 우후죽순으로 늘었고, 시장은 폭증하는 거래량을 감당할 재간이 없었다. 몇몇 거래는 청산하기까지 수주가 걸릴 정도였다. 뉴욕 증시는 경리 및 사무직원을 추가로 채용했으나, 몇 년 후에는 다시금 과부하로 몸살을 앓아야 했다. 궁여지책 끝에 당국은 컴퓨터와 자동화기기도 대거 들이기로 했다. 그러나 1970년대가 도래하자 비용은 거래량을 추월하고 말았다.[22] 50년도 더 된 사례이긴 하지만, 해결책이 문제가 될 수도 있다는 원리는 예나 지금이나 똑같다. 공항의 안전 규정도 이와 무관하지 않다. 증손자들이 어른이 되면 신발을 벗고 기내에 탑승하진 않을까? 장담할 수 없지만, 때가 되었는데도 사라질 줄 모르는 해결책의 결과는 분명 몇 가지 문제를 초래할 것이다.

문제와 해결책을 별도의 시간선상에 두면 시퀀스를 떠올릴 수 있다는 장점도 있다. 논리를 따지자면 해결책은 풀어내려는 문제 다음에 와야 한다. 하지만 문제점을 발견하기 전이나, 리스크가 손을 쓰기에는 너무 늦기 전에 해결책부터 짚어내야 할 때도 있다. 지구온난화가 좋은 예다. 해결책의 효과나 수익성을 끌어올릴 수 있는 방편을 찾을 수 있다면 아주 늦기 전에 도입 단계를 밟아야 할 것이다.

생각해볼 문제 : '해결책에 투입되는 시간'에 몰입하다가 중요한 인터벌을 놓치진 않았는가?

캣포인트 싱킹

사람들은 대개 어떤 **카테고리**의 행동을 시간상의 **한 점**으로 취급하기 때문에 단계별 과정의 시퀀스와 그 사이에 깔린 인터벌은 대수롭지 않게 잊어버리고 만다. 만화 '딜버트Dilbert'가 이를 잘 표현해냈다.[*] 딜버트는 의자를 사려고 가구점에 들렀다. 마음에 드는 것을 하나 고르자 점원은 "정말 잘 골랐다"며 극찬한다. 그러고는 "가만히 앉되 판매를 망칠 질문은 삼가 달라"고 당부한다. 딜버트가 "재고가 있나요?"라고 묻자 영업 직원은 "사실 의자는 취급하지 않습니다. 다만 의자 하나가 고객님을 위해 제작되리라는 기대는 팔고 있습죠"라고 대꾸한다. "얼마나 걸리죠?" "그걸 말씀드릴 수 있다면야 실물을 파는 것과 뭐가 다르겠습니까? 두 달 정도 걸린다고 말했다가 손님이 평생 석 달에 한 번씩 의자 배송을 재촉해야 한다면 어쩌시려고요?" 결국 사무실에 온 딜버트는 의자를 샀느냐는 질문에 "알 도리가 없네"라고 말한다.[23] 만화의 핵심은 매우 심오하다. 즉 통념상으로는 즉각(혹은 신속히) 이루어지리라고 보이는 행동과 거래가 실은 길이가 각각 다른 인터벌로 채워진 시퀀스라는 것이다. 어떤 사건이 얼마나 걸릴지 정말 알고 싶다면, (양자물리학자들의 말마따나, 육안으로는 볼 수 없다는 세계의 여러 차원과 같이) 행동이라는 이름 안에 돌돌 말려 있는 시퀀스와 인터벌을 발견해내야 한다.

생각해볼 문제 : 어떤 정황이나 행동을 1차원적인 사건으로 치부하여 순차적인 인터벌을 간과하지 않았는가?

ED2+R 시퀀스

인터벌 중 하나는 공통으로 나타나는 빈도가 잦아 내 나름대로 이름을 지어보았다. 소위 'ED2+R 시퀀스'라는 것인데, 여기서 E는 문제나 이슈가 **존재한다**Exists는 뜻이다. 일정 시간이 지나면 (인터벌 1) 문제가 **발견되거나**Discovered **감지되고**Detected(D1) 그러고 나면(인터벌 2) **공개되어**Disclosed 관계자들에게 전파된다(D2). 또 한 차례의 인터벌(3)이 있은 후에는 모종의 조치로 사태가 **수습되거나**Remedy **개선될**Repair 것이다. 문제가 불거져 타인에게 전파되고 마침내 해결되기까지의 과정에 있는 3가지 인터벌은 유심히 봐두어야 한다. 물론 오해의 씨앗이 되는 경우도 종종 있다. 당사자가 어떤 이에게 "금세 해결될 것 같은 문제라도 일단 벌어지면 X일이 지나기 전에는 꼭 통보하기로 합시다"라고 일러두었다고 치자. 그렇게 뜻을 맞추었다면 문제는 철저히 방지할 수 있을 것이다. 'ED2+R 시퀀스' 인터벌을 부각시키면 당사자가 상대방에게 요구하고 기대하는 바를 분명히 해둘 수 있기 때문이다. 따라서 ED2+R 인터벌은 계약 협상의 일환으로 논의해야 한다.

매우 짧거나 긴 인터벌

인터벌이 너무 짧거나 길어서 발생하는 리스크가 있다. 이를 확인하려면 인터벌 범위(《표 3.1》의 4칸)를 채워본다(진행 중인 조치의 최장·최단 인터벌의 **최댓값·최솟값**을 추정하고 인터벌이 발생할 때 벌어질 수 있는 리스크를 밝힌다). 예컨대 미국이 포르투갈을 3대 2로 격파했던 2002년 한일 월드컵 당시 안토니오 올리베이라 포르투갈 감독은 "선수들이 유럽 리그에 출전하느라 준비 기간이 고작 2주뿐이었다"라며 패인을 밝힌 바 있다.[24]

충분히 먼 과거나 미래를 살피지 않으면 **수평적 오류**Horizon Errors에 빠질 수 있으니 주의해야 한다. 스콧 맥클레스키(2006년 4월부터 2008년 9월까지 무디스Moody's에서 감사 책임자 역할을 했다)에 따르면, "무디스는 (수천 건의 지방채) 등급을 발표하면 이를 다시 검토하는 법이 거의 없다. 그저 묵혀두는데, **수십 년이나** 그러는 경우도 더러 있다"[25]고 밝혔다. 노쇠한 금융 인프라도 쇠약해지는 물리적 인프라처럼 수평적 오류가 벌어질 수 있다(얼마 후에는 안전하지 않을지도 모른다).

생각해볼 문제 : 순차적인 사건에서 최장·최단 인터벌이 리스크를 일으키는가? 시퀀스의 최단 인터벌이 생각보다 짧거나 최장 인터벌이 의외로 길 경우, 결과를 예측해본 적이 있는가?

2002년 한일 월드컵에서 포르투갈은 한국, 미국, 폴란드와 같은 예선조에 포함되었다. 포르투갈의 첫 상대는 미국이었는데, 3:2로 포르투갈이 패배했다. 폴란드에게는 4:0으로 승리했지만, 한국에 1:0으로 패배하여 결국 16강 진출에 실패한다.

무디스
Moody's
영국의 피치, 미국의 S&P와 더불어 세계 3대 신용평가기관이다. 주로 어떤 기관이 발행하는 채권에 대해 원금 상환 능력이 어느 정도 되는지에 대한 등급을 발표한다. 이 등급으로 투자기관들이 해당 채권에 대한 투자 여부를 1차적으로 판단한다.

융통성

인터벌의 크기는 고정되어 있는가? 필요할 때마다 늘이고 줄일 수는 없는가? 예컨대 임기 제한은 인터벌 길이의 기준을 제시하며 책임 소재를 확보할 수 있으나, 심각한 리스크를 초래할 수도 있다(예컨대 전문 인력을 잃는다는 점은 특히 현안이 복잡하거나 실책의 결과가 두고두고 남을 때 끔찍한 리스크가 될 것이다). 비즈니스 상황에서 마감 시한은 명실상부한 마감인가? 담당자가 이를 완수할 수 있도록 시한을 조정할 수는 없는가?

생각해볼 문제 : 인터벌이 고정되어 있는지, 융통성 있게 조정할 수 있는지 생각해본 적이 있는가? 이 같은 차이는 과연 중요한가?

기준

우리는 흔히 인터벌의 범위에 대해 기준을 세운다. 2000년 2월, E. 고든 지E. Gordon Gee는 2년간 맡아왔던 브라운 대학 총장직을 접어 본교를 비롯하여 전국의 고등 교육계를 술렁이게 했다. 밴더빌트 대학의 총장이 되기 위해 사퇴의 뜻을 밝힌 것이다. "2년은 너무도 짧더군요. 정말 그렇습니다. 우리는 변화무쌍하고 진취적인 세상에 살고 있으니까요."[26]

　인터벌과 관련된 기준을 위반할 때는 스스로 이를 해명하거나 본인의 행동에 이의를 제기할 줄 알아야 한다. 고든 지가 밴더빌트 대학에서도 고작 1~2년 후에 떠났다면(2007년까지 봉직했다), 오만가지 변명

미국에서 대학 총장은 특별히 문제가 되어 해임되지 않는 한 장기간 근무하는 것이 원칙이다. 그러나 2000년 고든 지는 단지 2년 만에 브라운 대학 총장직을 그만두고 보다 좋은 조건을 제시한 밴더빌트 대학으로 거취를 옮겼고 이는 미국 교육계에서 많은 논란을 불러일으켰다.

을 늘어놓더라도 오점을 남긴 명성은 회복하기가 어려웠을 것이다.

 인터벌의 범위가 의외로 길거나 짧다면 결과는 어떻게 달라질까?

인터벌의 위치를 놓치다

인터벌이 발생하는 **시기**는 그것의 범위만큼이나 중요할 때가 있다. 한 예로 1999년 샌디에이고 파드리스San Diego Padres의 토니 그윈이 주장한 바를 곱씹어보자. "계약 만료를 앞두고 성적이 영 마음에 들지 않으면 어쩌겠는가? 크레아틴Creatine이나 안드로Andro 같은 스테로이드 약물을 복용한들 경기 결과가 달라지겠는가? 선수 생활을 더 해보겠답시고 약물을 1년간 투약한다면 건강은 어떻게 될까?"[27] 리스크가 언제 발생할지 감이 잡힌다면 이를 피하거나 완화할 수 있다. 선수들이 금지된 약물을 복욕할 법한 시기에 당국이 집중적으로 도핑을 실시한다면 단속한 보람이 있을 것이다. 약물을 처음 복용했다가 얼마 후에 다시 찾거나, 아주 끊어버리는 **시기**가 무작위는 아닐 것이다.

 폭넓은 시퀀스에서 인터벌이 나타날 지점을 고려해본 적이 있는가?

내용을 둘러싼 리스크

인터벌이 지속되는 동안 생각보다 많은(혹은 적은) 사건이 벌어질 때도 실책이 이어질 수 있다. 어떤 인터벌은 새도우 가방이 출시되기 전처럼 진공 상태인 경우도 있으나, 분기별 보고 직전에 조직적으로 부채를 낮추었다가 다음 분기 초에는 원상태로 되돌리는 은행에서처럼 숱한 사건이 벌어지기도 한다.● 이때 증권거래위원회는 금융 업체의 '분식회계'를 막기 위해 어김없이 새로운 규제안을 강구할 것이다.[28] 한편, 인터벌의 내용이 또 다른 내용을 숨길 때도 있다. 예컨대 대선 경합이 접전을 벌일 때라면 아무리 중요한 소식이더라도 정치와 무관하면 보도를 삼갈 것이다.

생각해볼 문제 : 인터벌 내에서 무엇이 벌어지고 있는가? 그것이 생각과 일치하는가? 아주 딴판은 아닌가?

인터벌 오해

타인이 인터벌을 해석하는 방식을 오해하는 경우도 비일비재하다. 예컨대 1993년 당시 어느 연방대법원 판사는 회사의 방위 계약 비리를 제보한 전 제너럴일렉트릭 직원에게 1150만 달러를(당대 최고 기록) 보상하라고 판결했다. 회사 측은 내부 고발자인 체스터 윌시가 보상액을 늘릴 요량으로 비리를 뒤늦게 폭로했다고 밝혔으나, 윌시는 "고용주의 비리를 둘러싼 물증을 확보하는 데 (4년이 훌쩍 넘는) 시간이 필요했다"고 받아쳤다.[29] 어떤 일을 완수하는 데 중요한 인터벌을 파악했다면 제3자는 이를 어떻게 해석하며 그들이 오해할 가능성은 없는지 자문해봐야 한다. 2001년 국립 부부생활프로젝트The National Marriage Project가 실시한 연구에 따르면 동거에 대해 여성은 혼인을 향한 디딤돌로, 남성은 성관계의 시험대로 간주한다고 나타났다.[30]

인터벌과 듀레이션의 대안과 기회

인터벌의 크기와 시퀀스, 위치 등에 집중하면 좀 더 효과적으로 목표를 달성할 수 있다. 예컨대 나스카(NASCAR, 전미 자동차경주협회)는 까다로운 타이밍 문제를 해결하는 데 인터벌의 시퀀스를 활용한 적이 있다. 당국은 여러 팀이 경주용 자동차를 불법으로 개조하는 사례가 있는 것 같아 이를 제재하고 싶어 했으나, 포착 시기가 마음에 걸렸다. 즉 불법 튜닝의 경고 시기가 문제였다.* 너무 이르면 이를 대수롭지 않게 생각하여 몇몇 사람들은 "왜 하필 지금인가?" 하고 반문할지도 모른다. 경고 메시지에서 위압감을 느끼지 않을 거라는 이야기다. 반면 경고가 너무 늦어도 문제다.

이것이 캣포인트 문제라면 나스카는 언제 불법 개조를 단속해야 할까? 결국 협회는 문제에 어떻게 접근하느냐가 아니라 **인터벌의 시퀀스를 활용하는 해법**을 내놓았다.[31]

1. 나스카는 **전**前 **시즌** 내내 "차량을 계속 불법 개조하면 페널티 수준을 올리겠다"고 경고해왔다.
2. 각 팀은 나스카 경기가 개최되는 데이토너**Daytona** 경기장에 도착하기 **3주 전**, 다시금 경고 메시지를 들었다.

3. 2007년 2월 18일(일요일)에 일정이 잡힌 데이토너 500(미국 플로리다 주 데이토너 비치에서 매년 개최되는 경주 대회.—옮긴이)이 **있기 전 일요일**, "나스카는 일요일 데이토너 500의 시즌 개막전을 치르기 전에 5명의 선수 및 팀의 레이싱 포인트를 삭감하고 벌금을 책정했으며, 5명의 레이싱 엔지니어와 부팀장 한 명의 자격을 정지시켰다."

4. 페널티는 타이밍이 맞아떨어지면서 **새로운 시즌이 시작될 무렵**에 적용되어 한 주기를 완성한다.

처벌이 이뤄지기 전에 두 차례의 경고성 메시지가 전달되었고 둘 사이의 인터벌은 점차 줄어들었다. 경고는 경기가 시작되기 약 1년 전, 1개월 전, 1주일 전에 나왔다. 그래서 페널티는 차기 **시즌**이 **개시**되는 날과 맞물려 결국 마침표를 찍을 수 있었다. 나스카가 경고에만 연연한 것은 아니었다. 선수들에게 얼마나 일찍 경고할지를 선택하고 그들에게 위압감을 심어주는 일은 애당초 해결할 수 없는 문제였다. 이는 일정 크기의 인터벌을 활용하는 단일 기준으로 타이밍 문제를 해결해보려고 안간힘을 쓰는 것과 같다. 대신 나스카는 시간상의 한 시점을 선택하는 '**점**'에서, 인터벌의 시퀀스와 관계가 깊은 '**선**'으로 해결 방안을 전환했다.

인터벌을 찾으면 해결책이 눈에 보인다. 연구에 따르면, 암 환자들은 화학 치료를 받을 수 있는지 확인하기 위해 병원에서 혈액 검사 결과가 나오기까지 기다리는 시간이 고역이라고 한다. 예전 같으면 기다리는 시간을 줄이려고 했을 것이다. 이땐 검사 결과가 더 빨리 나올 수 있는지, 혹시 그럴 수 없다면 텔레비전이나 다른 활동으로 환자의 정신을 딴 데로 돌릴 수 있는지가 관건이다.

뉴욕 슬론케터링암센터Sloan-Kettering Cancer Center는 디자인 회사 이데오IDEO에 해법을 의뢰했고, 결국 환자들은 화학 치료 일정이 잡힌 당일 전날 혈액 검사를 받기로 했다. 센터에 따르면 많은 환자들은 막판까지 검사를 받을 바에야 차라리 병원에 두 번 오는 편이 더 낫다는 반응을 보였다.[32] 당시에는 사건이 시퀀스에서(검사—결과—화학 치료) 대기하는 인터벌의 크기보다는 그것이 **어디에 있느냐**가 더 중요한 문제였다. 크기에 집중하면 '인터벌이 너무 길면 줄인다'는, 규모에 근거한 해결책을 얻는다. 하지만 이 사례에서 좀 더 바람직한 해결책은 검사를 받고 나서 결과를 기다리는 주요 인터벌을 화학 치료 전날로 **앞당기는** 것이었다. 결과가 좋으면 환자들은 다음 날 병원에 와도 화학 치료는 받지 않아도 된다. 이 같은 해법이 통한 까닭은 시간이 결과를 바꾸지 않았기 때문이다. 환자의 검사 결과가 시시각각 달라진다면 2회 왕복 해법은 통하지 않았을 것이다.

나스카와 암 환자의 사례는 분명 다르지만 무엇 때문에 서로가 비슷해 보이는지 살펴보자. 두 일화에서 해결책은 인터벌의 시퀀스를 파악하는 것과 관계가 깊었다. 이를테면 나스카와 암센터는 각각 몇 주보다는 몇 달까지, 몇 분이 아니라 며칠까지 연장했다는 공통점이 있다. 인터벌을 찾는 것이 중요한 이유가 바로 그 때문이다. 고전적인 해법이 적절치 않을 때 적용할 수 있는 참신한 해법이 되어준다.

시간의 추이에 따른 상상

◉

코미디언 조너선 윈터스Jonathan Winters는 그리스 아테네의 신전에서 만난 어느 관광객과 나눈 대화를 회상했다.

> (윈터스의 말) "한 여성이 신전을 어떻게 생각하느냐고 묻기에 아주 실망스럽다고 했죠."
>
> "왜요?"
>
> "전부 폐허가 되었으니까요."
>
> "하지만 신전은 B.C. 5세기에 지은 거잖아요."
>
> "그러니 지금쯤이면 복원이 되었어야죠."[33]

윈터스는 시간이 경과하는 과정에서 마땅히 기억하고 있어야 할 점을 떠올리게끔 생각을 일깨운다. 이를테면 부품은 언젠가는 마모되고, 고장 난 것은 고쳐두어야 하고, 기억은 사라지고, 신선한 유행어는 진부한 상투어가 되고, 리더는 언젠가는 퇴직하거나 축출될 것이다. 오랜 시간이 필요한 과정이 금세 이루어지면 우리는 뭔가가 잘못되었을 거라고 생각한다. 미망인이 남편의 시신을 매장한 다음 날 재혼할 때처럼 말이다. 그녀는 장례와 재혼 사이의 '품위를 유지할' 인터벌을 충분히 허용하지 않았다.

시간은 가는데 아무것도 달라지지 않는다는 사실에(텅 빈 인터벌) 적신호가 울리는 경우도 더러 있다. 타이타닉호가 침몰할 당시 구명정은 넉넉하지 않았다. 당국이 해양법을 준수하지 않아서가 아니라, 영국무역이사회The British Board of Trade가 "거의 20년이 지나도록 법을 개정하지 않았다는 것이 문제였다. 심각한 인명 사고가 벌어진 지는 40년 가까이 된다."[34] 법이 시대에 뒤처져 있었다는 이야기다. 안전을 비롯하여 중차대한 문제에 대한 정책과 규정, 법률 등은 모두 개시 및 만기일을 기록해두어야 한다. 그래야 다시 논의 및 수정, 폐지해야 할 때를 알 수 있지 않겠는가?

특징 :

- **유형** 인터벌에는 네 종류(경과 시간, 이후의 시간, 이전의 시간, 듀레이션)가 있다. 이를 모두 파악해야 한다.

- **규모 : 인터벌의 범위** 최장·최단 인터벌을 찾고 각각의 최소·최대 길이를 파악하라. 길거나 짧은 인터벌이 훨씬 길어지거나 짧아질 때 돌연 발생할 수 있는 복잡한 사태를 미리 알아두라.

- **객관성 혹은 주관성** 타이밍은 벽에 걸린 시계와 머릿속 시계가 결정하며, 두 시계가 일러주는 경과 시간은 서로 다를 수 있다. 사람은 누구나 둘 이상의 시계를 보고 시간을 파악한다.

- **내용** 해당 기간에 벌어지는 사건을 규명하려면 인터벌 안을 들여다봐야 한다.

- **의미** 인터벌은 사람마다 다른 의미로 해석될 수 있다.

- **수효** 다중 인터벌을 찾아라. 의외로 많다.

리스크 :

- **언어 리스크** 언어의 특성상 한 가지 단어나 어구로 순차적인 행동을 파악할 수 있다는 생각에 인터벌을 놓치는 경우가 더러 있다. 언어가 그처럼 경제성이 뛰어나다고 하더라도 그것으로 관련 시퀀스를 전부 파악할 수는 없다(**항공편**은 관리가 필요한 인터벌의 모든 시퀀스를 대표한다).

- **규모의 사고** 한 가지 수치(숫자나 비율 혹은 백분율)로 문제의 답을 찾는 것은 해당 인터벌을 숨기는 것과 같다("고용률은 얼마인가?" "12퍼센트입니다." 이때 고용률 수치는 공석 기간을 비롯하여 직원이 회사를 나갈 거라는 사전 경고 제도가 있는지, 공석을 메우는 데 얼마나 소요되는지는 말해주지 않는다. 숫자나 백분율, 심지어 일종의 변인도 염두에 두어야 할 개념의 시간적 부품 **Parts**인 인터벌을 무시해버리기 일쑤다. 인터벌을 놓쳐선 안 된다는 점을 두고두고 기억해야 한다).

- **캣포인트 싱킹** 사건이나 행동을 시간상의 한 점으로 연상할 때 단계별 과정의

시퀀스와 그 사이에 깔린 인터벌은 쉽게 잊어버린다(크리스마스를 비롯한 공휴일은 매년 날짜가 같지만 쇼핑과 장식하기, 여행 같은 수십 개의 인터벌은 12월 25일 전후에 온다).

- **인터벌의 장단** 인터벌의 길이를 오해하면 타이밍의 결과가 달라질 수 있다(비즈니스 주기를 무시하면 예산과 계획에 차질을 빚을 수도 있다).

- **융통성 실종** 인터벌의 크기가 고정되어 있는지, 변화하는지도 알아두어야 한다(1년은 항상 365일인 반면, 침체기는 몇 분기 혹은 그 이상 지속될 수 있다).

- **기준** 우리는 인터벌의 지속 기간을 두고 나름대로 기준을 정해둔다. 이때 기준이 지켜지지 않으면 파장이 일어날 수도 있다(예컨대 직장에 들어가면 일정 기간은 회사에 붙어 있으리라고 생각한다. 그러지 않으면 위신에 문제가 생길 테니까).

- **위치 리스크** 인터벌이 발생하는 시기가 지속 기간 못지않게 중요할 때도 있다(경기력 강화 약물은 신인 시절보다 은퇴가 가까운 시점에 복용할 가능성이 더 높다).

- **내용 리스크** 인터벌 내내 사건이 의외로 많이(혹은 적게) 발생한 까닭에 일을 그르치기도 한다(금융기관은 분기 말 보고서가 제출되기 전에는 부채를 낮추려고 하지만 다음 분기가 시작되면 이를 되돌릴 수 있다). 제3자가 인터벌의 내용을 풀이하는 방식을 오독하는 사례도 비일비재하다(투자자들은 의구심을 품고 합병 소식을 해석할 수도 있다).

- **인터벌 오해** 인터벌이 같더라도 취급하는 방식이 타인과 다를 수 있다(어떤 문제든 즉각 밝혀지길 바라는 관계자가 있는 반면, 심각한 문제라는 판단이 설 때까지 입을 다물고 있으려는 관계자도 있다).

대안 및 기회 :

- 인터벌의 규모와 시퀀스, 위치에 집중하면 좀 더 효과적인 대처 요령을 구상할 기회가 생기기도 한다. 나스카가 인터벌을 활용하여 불법 차량 개조 문제를 해

결한 경위를 생각해보라.

• 일정 인터벌의 길이를 줄이거나 늘여도 시스템이나 과정을 개선할 수 있으며, 고객의 인식을 바꾸거나 혁신을 창출해내기 위해 두 인터벌을 결합할 때도 있다. 뉴욕의 슬론케터링암센터가 환자의 편의를 위해 인터벌을 옮겼듯이(혈액 검사일 근처로) 말이다.

04

레이트
rate

사건의 속도를
인식하라

사건이 벌어지는 속도를 일컫는다. 속히 발전하는 일이 있는가 하면 서서히 전개되는 일도 있다. 프로젝트를 추진하면서 마감 시한을 훌쩍 넘기거나 예산을 초과해본 적 없는 사람이 과연 몇이나 될까? 업계의 환경이 급속도로 변할 수 있다는 사실에 놀란 적 없는 이도 거의 없을 것이다.

타이밍을 제때 잡으려면 환경의 추이에 밝아야 한다. 신기술이 도래
했다면 그것이 핵심 비즈니스의 걸림돌이 될지 의문을 가져볼 필요가
있다. 예컨대 "가만 두고 보자"는 태도로 여유를 갖고 변화에 대처하
는 기업이 있다고 치자. 기업의 환경이 항시 안정적이었다면 경영진은
앞으로도 변화가 더디게 진행되리라고 예측할 것이다. 반면 어떤 기
업에는 변화의 바람이 슈퍼맨이나 원더우먼 정도는 되어야 감내할 수
있을 만큼 허리케인의 위력으로 단숨에 몰아칠 수도 있다. 이번 장에
서는 변화의 레이트를 짚어봄으로써 타이밍을 결정하기 위한 특징(방
향과 투명성 등)을 활용하는 데 보탬이 되고자 했다.

변화는 항시 주변을 맴돌고 있지만 실제 **속도**Pace에 대해서는 대수
롭지 않게 넘기거나 이를 간과하는 경우가 비일비재하다. 1995년 에
이즈 연구진은 바이러스가 보균자의 면역계를 파괴하는 속도를 오해
하고 있었음을 발견했다. 그전까지만 해도 바이러스가 점진적으로 확
산된다고들 생각했으나, 바이러스와 면역계는 애당초 감염 즉시 대격

돌을 벌인다는 사실이 뒤늦게 밝혀진 것이다. 이 같은 결과는 약물 처방이나 치료 방법을 구상하는 데 시사하는 바가 컸다. 그렇다면 왜 연구자들은 이토록 결정적인 사실을 오랫동안 간과해왔을까?

"이렇게 빤한 사실을 왜 여태 몰랐을까?" 프랑스 파스퇴르협회에서 분자레트로바이러스 연구소Molecular Retrovirology Laboratory를 운영하던 사이먼 웨인홉슨 박사는 사실을 깨닫자 이와 같이 탄성을 질렀다. 에이즈 연구 분야가 속도의 '나무'를 보려다 '숲'을 놓쳤을지도 모를 일이라며 그는 "기술의 성능이 탁월해진 까닭에 데이터와 정보가 대거 쏟아져나오다 보니 연구자가 당최 머리를 쓸 여유가 없다"고 덧붙였다.[3]

정보는 많고 생각할 시간은 없다. 다들 그런 문제를 안고 살아간다. 물론 시간이 부족하다는 사실도 그렇지만, 더 난감한 문제는 억측이다. 우리는 변화의 레이트가 더딘 원인을 다른 변화의 더딘 레이트에서 찾으려고 한다. 느린 것이 느린 것을 낳는다는 발상인데, 이 같은 공식은 물리적인 세계에서 습득한 경험에서 비롯되었을 공산이 크다. 예컨대 방망이를 느리게 휘두르면 공이 가까운 데 떨어지지만, 속도를 붙여 가격하면 훨씬 빠르고 멀리 날아갈 것이다. 그래서 레이트가 다양한 과정(가속장치와 제동장치에 발을 댈 때처럼, 상대의 작용을 억제할 때도 있다)의 결과일 수도 있다는 사실은 망각하기 쉽다. 에이즈 연구진이 깨달은 바와 같이, 레이트는 원인이 다양할 수 있음을 명심하라. 사건이나 원인, 레이트가 다 단순했으면 좋겠지만 세상은 그렇게 호락호락하지 않다.

다른 레이트는 신경 쓰지 않고 어느 하나에만 고정해두기 때문에 다양한 레이트를 간파하지 못하는 경우도 있다. 1990년대 중엽 노스

웨스턴 대학의 경제학자 로버트 J. 고든은 "컴퓨터 하드웨어 제조 부문 외의 경제 중 99퍼센트는 생산성에 가속도가 **전혀** 붙지 않았다"고 밝혔다.[4] 첨단 기술의 발전 속도가 너무 빨라 경제학자들이 다른 분야의 추이를 간과하거나 주목하지 못한 것이다. 사람이 다 그렇다.

때로는 환경이 정체되어 있다는 생각에 변화의 레이트를 놓치는 때도 있다. 지방세포가 그런 경우였다. 2008년 이전만 해도 학자들은 발달되는 지방세포의 숫자가 어릴 때부터 결정된다고 생각했다. 지방세포의 크기는 달라지지만 생장을 멈추면 인체의 일부로 남아 있다는 것이 당시 가설이었다. 그러다가 2008년 5월, 〈뉴욕타임스〉는 스웨덴 연구진이 내놓은 반증을 보도했다. 즉 "지방세포는 체중이 늘어나든 줄어들든, 또한 마르거나 뚱뚱한 것과 상관없이 매년 10퍼센트씩 소실되며 새로 형성된 지방세포가 죽은 세포를 대신한다"는 것이다.[5]

이는 체중 감량에 시사하는 바가 매우 컸다. 세포가 대체되는 레이트를 줄이면 비만을 억제할 길이 열린다는 이야기이기 때문이다. 이처럼 지방세포가 끊임없이 치환된다는 사실을 진작 발견하지 못한 까닭은 연구자들이 지방세포의 생멸을 측정할 길이 없었기 때문이기도 하지만, 과학·보건 전문기자인 지나 콜라타의 말마따나 "사람들이 의문조차 갖질 않았기 때문"이기도 했다.[6]

진행 중인 프로젝트에서 "변화의 레이트를 놓치고 있는 것은 아닌가?"를 자문해보라.

레이트의 특징

변화의 레이트의 가장 두드러진 특징은, 사건이 얼마나 빨리 혹은 더 디 발생하는가를 일컫는 '규모'다. 물론 규모는 레이트의 출발점에 불과하다. 당신이 감안해야 할 레이트의 특징은 상당히 많다.

1. **정상 레이트** 정상이라고 생각하거나 예상하고 있는 변화의 레이트는 얼마인가?

2. **규모 : 레이트의 범위** 혹시라도 맞닥뜨리게 될 변화나 속도의 최고·최저 레이트는 무엇이며 해당 레이트의 속도는 어떻게 변하는가?

3. **듀레이션** 해당 레이트나 빈도가 변화하지 않는 기간은 얼마나 되는가?

4. **방향** 방향은 중요한가? 레이트가 달라지면 속도는 증가하는가, 감소하는가?

5. **객관성 혹은 주관성** 변화의 레이트는 체감 수치와 실제가 서로 다른가?

6. **의미** 레이트의 정의는 무엇이며, 당사자들은 이를 어떻게 풀이하는가?

7. **수효** 속도나 변화의 레이트 중 관리해야 하거나 다루어야 할 것은 몇 가지인가?

그러면 각 특징을 구체적으로 살펴보자.

정상 레이트

시스템은 가동되는 속도가 천차만별이며, 속도는 때에 따라 달라질 수 있다. 따라서 시스템에 해당하는 정상 레이트(N레이트)를 파악하는 것이 중요하다. 미래학자이자 과학자인 레이 커즈와일Ray Kurzweil은 IT는 기하급수적인 레이트로 발달할 것이라고 주장했다(항상 가속도를 내고 있다는 뜻). IT의 변화 레이트는 매우 빠른 반면, 다른 체제의 정상(초기) 속도는 매우 느릴 수 있다는 것이다. 목표나 조건이 서로 다른 정치나 법조계, 문화계보다는 기술이 더 신속히 변한다는 것이 사회적 통념이다.

N레이트에는 항상 정황이 있다. 1975년 《할리돈의 절규》를 집필한 로버트 러들럼은 조너선 라이더라는 필명으로 이 책을 출간했지만, 1996년에는 본명으로 개정판을 냈다. 필명으로 책을 낸 이유를 묻자 1974년에 "1년에 2권 이상 책을 내는 작가는 돈만 밝힌다"는 소문이 돌았기 때문이라고 털어놓았다.[7]

N레이트에 집중해야 하는 이유는 최소 2가지다. 첫째는 다른 속도를 낼 때 쓰이는 두 기어처럼 N레이트 또한 서로 충돌할 수 있기 때문이다. 한 예로 기업에서는 속도를 지향하는 인재들이 능률을 떨어뜨리는 관료주의를 답습하지 않도록 스컹크 웍스Skunk Works를 창출하기도 했다. 둘째, 정상보다 빠르거나 느린 시스템은 언젠가는 정상으로 복원되기 때문이다. 예컨대 시장은 평형을 유지하려는 경향이 있다. 통계학자들은 이를 '평균값으로 회귀한다'고 한다. 따라서 시스템이 평균보다 느리거나 빠르게 돌아가고 있다면 계속 그럴 거라는 기대

스컹크 웍스
Skunk Works
록히드마틴사에서 유래한 혁신 조직 체계. 보다 많은 자율성을 가지고 기존 관료 조직으로부터 간섭을 받지 않는다.

는 금물이다. **언제** 정상 속도로 돌아오며, 타이밍이 관건인 시기는 언제인가를 자문해봐야 한다.

규모 : 레이트의 범위

변화의 극단적인 레이트에 집중하라. 극단에 따라 사뭇 다른 결과를 초래할 수 있기 때문이다. 불과 녹은 둘 다 산화작용의 결과이다(화학 반응이 진행하는 속도만 다를 뿐이다). 물질이 신속히 산화되면 화재가 발생하고, 천천히 산화되면 부식이 일어난다. 금융시장을 보더라도 변화의 극단적인 레이트가 왜 중요한가를 알 수 있다. 예컨대 거래 속도가 정신없이 빨라도 시장이 꽁꽁 얼어붙어 일정 기간 기능이 마비되는 경우가 있다. 양극단은 거래에 적잖이 영향을 준다.

극단적인 레이트를 찾으려면 조직 안팎의 현행 프로젝트(업무)에 중요한 과정 중 가장 빠른 것과 느린 것을 살펴라. 그런 다음 각 과정의 최고·최저 속도를 찾으면 된다. 그 결과는 〈표 4.1〉에서 밝힌 바와 같이 4가지 조합으로 규정된다. 나는 이를 **레이트의 범위**라고 부른다.

〈표 4.1〉 레이트의 범위

	최저 속도 과정	최고 속도 과정
최저 속도	1	2
최고 속도	3	4

각 구획(1~4)을 구체적으로 살펴보며 범위가 왜 중요한지 가늠해보자.
가장 느린 과정부터 살펴보겠다.

최저 속도 과정의 최저 속도

느려도 너무 느릴 때를 두고 하는 말이다. 어떤 프로젝트는 적어도 최
저 수준의 진전은 있어야 취소가 되지 않는데(물론 최저 속도의 레이트
는 0이다), 이때 변화의 레이트가 0인 것은 무엇이든 표시해두어야 한
다. 변동이 없고, 구부러지거나 휘어지지 않는 것은 쉽게 깨지기 때문
이다. 그것도 순식간에 말이다. 예컨대 고정비용은 높으나 한계비용
(생산물 한 단위를 추가로 생산할 때 필요한 총비용의 증가분.—옮긴이)이 낮
을 때는 고정비용을 충당하면 영업 이익이 최종 매출액으로 이어지지
만, 시장이 위축되면 고정비용이 높은 회사는 파산을 향해 돌진할 수
도 있다. 2000~2001년에 인터넷 붐이 무너졌을 때 그랬듯이 말이다.[8]

최저 속도 과정의 최고 속도

애당초 느린 절차의 속도를 얼마나 끌어올리느냐가 관건이다. 할리우드
에서는 영화를 한 편 찍으면 장기간 후속 영화 제작에 돌입한다. 물론
여름휴가 시즌이나 크리스마스 등, 대목을 잡아야 할 영화가 많은지라
관계자들은 마냥 여유를 부릴 수 없다. 그러나 숱한 절차가 그렇듯 영
화 편집 또한 최대 속도가 한정되어 있다. 영화 제작은 여러 팀이 특정
업무를(시각 효과를 추가하고, 색상을 보정하고, 음향효과를 덧입히고, 잡다한
노이즈를 제거하는 등) 분담하기 때문에 팀 간에 서로 작업을 수정해야
할 때도 있다.[9] 그래서 시간이 걸릴 수밖에 없다. 최신 기술이 발달하

긴 했지만 그렇다고 인간의 땀과 노하우가 아주 무용지물로 전락한 것은 아니다. 인간이 기술보다 속도가 더디다는 점은 이 장에서 줄곧 거론될 주제인데, 기술이 발명된 이유도 아마 그 때문일 것이다.

최저 속도 과정의 최고 속도가 **지나치게** 느린 과정을 밝혀내려면 전례나 연속성에 좌우되는 과정, 혹은 돌이키거나 바꾸기가 어려운 상황을 찾아야 한다. 스테로이드 약물을 근절하는 데 시간이 걸리는 까닭은 의사와 환자가 기밀 유지에 만전을 기하기 때문이다. "신성한 스포츠 문화와 사생활 보호에 대한 보편적인 관심사"[10]를 들먹이면서 말이다. 법적인 문제는 무엇이든 속도가 더딜 공산이 크다. 300여 년 전 셰익스피어도 "법이 늑장을 부린다"는 글을 썼다고 하는데, 이는 셰익스피어 시대 이후로도 줄곧 달라지지 않은 문제가 있다는 방증이다.

최고 속도 과정의 최저 속도

최저 속도가 규정되어 있어야 성공하는 경우도 있다. 예를 들어 의류 할인 매장인 티제이맥스를 비롯한 여러 할인 매장은 고객이 재차 방문하는 빈도가 매출을 올리는 중요한 변수이다. 따라서 고객들의 눈도장을 찍기 위해 신상품을 끊임없이 유통한다. 그러지 않으면 그들의 발길이 곧 끊긴다. 나는 이를 실속失速속도 Stall Speed●라고 부른다. 하강할 때 일정 속도보다 더 낮추면 충돌을 면치 못할 거라는 이야기다. 경제도 마찬가지다. 성장하지 않으면 침체 국면에 빠질 것이다.

최고 속도 과정의 최고 속도

일반적으로 실물을 대표하는 문자나 등식 혹은 어구 등의 상징 체계에 주안점을 두는 과정에서는 극단적으로 높은 속도나 변화를 찾을 거라는 기대감을 가져야 한다. 이를테면 종이 한쪽에 적힌 문장에 **나무**를 덧붙이면 씨앗이 실제로 나무가 되기까지 걸리는 시간보다 수천, 수만 배는 더 빨리 나무를 볼 수 있을 거라는 이야기다. 월스트리트에서 초당 수천 건의 거래를 실행하기 위해 고속 알고리듬을 활용하는 컴퓨터를 떠올려보라. 최고 속도 과정(다른 상징 체계를 가리키는 상징 체계)의 최대 속도는 어마어마하게 **빠를** 것이다.

상징 체계의 속도와 복잡성은 2008년에 전 세계를 휩쓴 금융 위기 당시에도 개입한 바 있다. 이를 생각하면 100년 전에 바실리 칸딘스키가 추상화 1호를 완성한 때가 떠오른다. 캔버스에 그려진 형상들은 세계에 존재하는 실물이 아니다. 추상화는 저 나름의 현실을 창조하므로 폐쇄성 자기암시 체계**Closed Self-referential System**이다. 복잡한 금융 상품도 마찬가지다. 금융 전문가들이 설계하는 구조는 추상화처럼 '실상'이나 '실물경제'와 **직결되지** 않는다. 그래서 소설가 토마스 울프는 한때 주식과 채권을 "증발된 자산**Evaporated Property**"이라고 기술한 바 있다. "사람들은 근본적인 자산 가치와는 단절되고 말았다. 그건 난해한 장치에 불과한 종잇조각이다."[11]

추상파 미술가는 캔버스와 붓, 물감만 있으면 상징물을 현실과 분리해낼 수 있었으나 현대 금융 시스템은 컴퓨터와 인터넷이 꼭 필요했다. 카를 폰 클라우제비츠**Carl von Clausewitz***의 말을 현대식으로 풀어쓰자면 금융 시스템 또한 수단이 달라졌을 뿐, 추상화의 명맥을 그대로 잇고 있다. 둘 다 상징을 활용하고, 즐기고, 창출하려는 인간의 소욕에 말을 걸기 때문이다. 사실 (반은 농담조로) 잭슨 폴록**의 작품

카를 폰 클라우제비츠
Carl von Clausewitz
독일의 군사 전략가. "전쟁은 수단을 달리한 정치의 연속이다"라는 말을 남겼다.

잭슨 폴록
미국의 추상표현주의 미술의 대표 화가이다. 물감을 규칙성 없이 화면에 흩뿌리는 드리핑 페인팅 수법으로 유명하다. 복잡하고 규칙성이 없으며 의도적인 노력 없이 자연적으로 작품을 완성한다.

중 하나(이를테면 〈가을의 리듬Autumn Rhythm〉)는 주변에서 흔히 보는 금융 시스템을 그려놓았다고 해도 무방할 듯하다. 복잡한 파생 상품은 일선의 금융 '미술가들'의 자연적인 결과다.

소설가 이탈로 칼비노는 상징이 또 다른 상징을 가리키는 세상을 소설로 승화시키기도 했다. 다음은 소설 속 등장인물의 이야기다.

나만의 금융 제국은 만화경과 반사광학[12] 기구나 확대경 등의 원리 위에 세웠다. 거울 놀이에서 자본이 없는 기업은 부채만 늘다가 눈덩이처럼 불어난 적자로 가상의 시야 끝에서 사라질 테니까. 금융 위기뿐만 아니라 시장 붕괴와 파산 등을 몇 차례나 겪고도 너끈히 성공한 원인은 돈과 비즈니스 및 수익을 머릿속에 떠올리지 않고 기울기가 서로 다른 표면에서 발산하는 빛의 굴절각을 생각했기 때문이다.[13]

부호나 상징을 바꿀 수 있는 속도와, 그것이 가리키는 물질적 현실을 바꾸는 속도의 차이는 현대사회에서 가장 중요한 레이트 차이의 일면이다. 이 같은 차이에 의해 시스템은 매우 복잡해졌고 초고속으로 가동된다. 그래서 시스템을 규제하는 이들조차 쉽사리 이해할 수 없게 되었다.

어떤 상황을 두고 충분히 파악하고 있는 점과 그렇지 못한 점이 무엇인지 확인하려면 레이트의 범위를 활용하라. 4가지 중 어느 하나의 정보가 거의 없다면(예컨대 최고 속도 과정의 최고 속도를 모르면) 계획이나 프로젝트에 미처 발견하지 못한 리스크가 있을 것이다.

듀레이션

늙은 밀렵꾼과 현지 감시인에 대한 다음 일화에서처럼 해당 레이트가 얼마나 오래 유지될지를 알아두는 것도 중요하다.

　동이 트기 전, 삼림 감시관은 불법으로 사슴을 사냥하기 위해 숲에 몰래 발을 들인 밀렵꾼을 추적하고 있었다. 하지만 현장에서는 그를 잡을 수가 없었다. 화가 난 감시관은 새벽 2시에 밀렵꾼 오두막 근방 수풀에서 잠복근무를 자청했다. 쌀쌀하고 어두운 곳에서 인기척이 들릴 때까지 죽치고 앉아 기다리다가 그가 나타나면 뒤를 밟을 생각이었다. 아니나 다를까, 새벽 4시가 되자 오두막에 불빛이 들어왔고 뭔가 움직임이 포착되었다. 감시관은 상황을 낙관했다. 그러나 밀렵꾼은 뒷문을 열고 나오더니 어두운 숲을 향해 외쳤다. "감시관 나리, 춥고 습한 숲에서 그렇게 떨고 있어서야 되겠습니까? 이리 와서 따끈한 커피나 한잔 하시오!" 감시관은 위치가 탄로 났다는 사실에 몸을 일으키고는 오두막으로 들어가 몸을 녹였다. 몇 주 후에도 그는 밀렵꾼 노인을 잡아 추궁하기로 작정했다. 추위 속에서 감시관은 다시금 밀렵꾼 오두막 뒤편으로 몰래 숨어들었다. 마침내 오두막에 불이 켜졌다. 인기척이 들리며 밀렵꾼이 모습을 드러냈다. "감시관 나리, 괜히 감기 걸리지 말고 이리 와서 따끈한 커피도 마시고 몸도 녹이시오." 당혹감을 감추지 못한 삼림 감시관은 또다시 오두막에 들어가 그와 함께 커피를 마셨다.

같은 일이 몇 차례 더 반복된 까닭에 그는 밀렵꾼을 잡을 엄두가 나지 않았다. 얼마 후 밀렵꾼이 병원에 입원했다는 소식이 들려왔다. 심근경색으로 중환자실에 있다는 것이다. 감시관은 그를 찾아갔다. "물어볼 말이 있어 왔습니다. 내가 잠복하고 있다는 사실은 도대체 어떻게 안 겁니까?" 밀렵꾼은 고개를 돌리며 씩 웃었다. "내가 알 턱이 있나. 새벽이 되면 어김없이 현관에 나가 그렇게 외치곤 했지, 자그마치 30년이나 말이야."[14]

듀레이션과 관련된 문제는 꾸준한 행동으로도 해결될 수 있다는 교훈을 준다. 무슨 일에 지속적으로 대응하면 너무 이르거나 늦는 불상사가 생기지 않을 것이다. 물론 그러다 보면 비용이 적잖이 들고 몸이 피곤해질 수 있다. 따라서 행동의 속도를 결정해야 한다면 꾸준히 할 수 있는 대안을 자문해보라. 밀렵꾼이 장기간 지속될 수 있는 레이트를 찾아 성공했듯이 말이다.

방향 : 일이 진행되는 길

속력이란 일이 얼마나 빨리 진행되는지를 가리키는 말이고, 속도는 거기에 방향이 추가된 개념이다. 우리는 문제에 효과적으로 대처하려면 진행 방향을 알아야 한다고들 생각한다. 즉 속도를 파악해야 한다는 것인데, 방향은 대개 분명히 나타난다. 비밀은 대부분 탄로 나고 조각조각 쪼개진 산업은 서로 통합되며 거품은 꺼지게 마련이라는 이야기다. 그러나 방향이 별로 중요하지 않을 때도 있다. 이때는 속력이 관건이다. 패션계가 특히 그렇다. 넥타이 폭이 넓어지든 좁아지든, 옷단 선이 위로 가든 아래로 가든, **참신한** 무언가가 고객의 관심을 끌면 그만이다. 1980년대에 혼다가 18개월 동안 새로운 모델을 대거 쏟아내면서 오토바이 디자인이 한창 유행을 탄 적이 있다. 당시 경쟁 업체인 야마하는 대응하기 어려워 보였다.[15] 기억해둘 만한 흥미로운 전략이 아닐까 싶다. 사실 변화의 레이트가 극히 높다는 것은 업계가 꾸준히 번창하는 이유가 되기도 한다.

객관성 혹은 주관성 : 차이에 밝아야 한다

일이 얼마나 빨리 벌어지는가와 얼마나 빨리 벌어지는 **것처럼 보이느냐는**, 개념이 크게 다르다. 1년은 항상 365일이지만 나이를 먹다 보면 1년이 덧없이 지나가버린 듯한 허탈감이 드는 것과 같은 이치다. 여기서 나는 두 개념의 차이를 기억할 수 있도록 **O레이트**(객관적인 레이트)와 **S레이트**(주관적인 레이트)라는 단어를 쓰고자 한다. 고객의 불편 신고는 단연 O레이트보다 S레이트가 부추길 공산이 크다. 그러나 애플은 객관 및 주관적인 레이트의 차이로 혁신을 불러일으켰다. 사용자가 진행 상황을 알려주는 막대**Progress Bar**를 보면 컴퓨터의 처리 속도가 더욱 빨라졌다고 생각한다는 점을 발견했기 때문이다.[16] 이와 마찬가지로, 교통이 몹시 혼잡할 때 도로 전광판에 도착지까지 걸리는 시간이 표시되면(예를 들어 280번 도로까지 18분 소요) 일단 안심이 된다. 이 같은 추정 시간이 없으면 무기한 지체될지도 모른다는 주관적인 생각 때문에 마음이 조급해지기 일쑤다.

의미

다양한 이해관계자는 레이트를 어떻게 **해석할까**? 광고 업체는 기업에 불미스런 사건이 벌어지면 이를 가급적 빨리 공개하라고 조언한다. 그러지 않으면 사람들은 회사가 훨씬 더 암울한 사건을 숨기고 있다고 단정할 수 있기 때문이다. 2008년 봄, 월가의 투자 은행 베어스턴스Bear Stearns는 보유 증권들을 매각하거나 정리해야 했다.● 그러나 너무 성급히 진행하면 은행의 신뢰도가 급락할 것이 분명하고, 은행에 적정 준비금이 없다는 우려를 증폭시킬 우려가 있다. 결국 발 빠른 행동이 도리어 막으려고 했던 위기를 부채질할지도 모를 일이었다. 나는 이 같은 현상이 적잖이 눈에 띄어 **레이트 단축 딜레마**Rate-reducing Dilemma, RRD라는 명칭을 붙여두었다. 베어스턴스로서는 신속한 대응이 필요했지만 속도가 해석되는 방식 때문에 그렇게 할 수 없었다. RRD는 위기가 발생하면 거의 항상 존재하므로 리스크 분석 시 이를 반드시 감안해야 한다.

수효

상황이 복잡해지면 여러 속도의 레이트가 동시에 맞물려 이들의 차이가 문제를 초래할 수도 있다. 따라서 다중 레이트를 찾아 서로 어떻게 작용하는지 파악하는 것이 중요하다.

제1차 세계대전에서 외교 실패로 갈등이 빚어진 경위를 돌이켜보자. 외교관들은 당시 전자통신의 속도와 수신량을 감당할 능력이 없었다. 1914년 외교단을 구성한 의원들은 대부분 "기성학교 출신인지라 …… 품위 있는 신사의 언어는 결국 1대 1로 대면했을 때 빛을 발한다"는[17] 사상에 젖어 있었기 때문이다. 그러나 오스트리아가 최후통첩 시기를 정해두었기에(전신·전화가 상용화되기 전에는 상상도 할 수 없는 일이었다) 신속한 대응이 필요함은 두 말 하면 잔소리였다.[18] 다중 레이트에 따라 일촉즉발로 이어질 상황이었던 것이다.

　100년 전의 진실이 오늘이라고 거짓이 될 리는 없다. 현대 커뮤니케이션의 속도가 발달하자 인간은 생각보다 더 빠르게 대처해야 했다. 닷컴 붐 초기에 인터넷 은행 업무가 종지부를 찍은 일이 좋은 예가 될 듯하다. 〈이코노미스트〉에 따르면, 2000년 초봄까지 "자존심이 있는 금융 컨설턴트라면 어딜 다니든 인터넷 은행 거래의 한계비용이 각 지점 비용에 비해 빙산의 일각이라는 점을 보여주는 막대그래프를 꼭 챙겼다"고 한다.[19] 논지는 이렇다. 인터넷 은행은 채용 인력도 적고, 오프라인 경쟁 업체에 비해 비용도 훨씬 저렴하다. 낙승은 이미 떼어 놓은 당상이었는데, 그럼에도 모두가 잘 알고 있는 그런 일이 벌어지고 말았다. 보기 좋게 실패했다. 한 가지 이유는 두 레이트, 즉 민감한 금융 정보가 오가는 인터넷을 고객이 신뢰하는 속도와 인터넷 은행의 비용이 증가하는 속도의 차이 때문이었다. 전자는 시간이 오래 걸릴 수밖에 없다. 웹은 바이러스와 시스템의 통신 두절 및 해킹 등에 취약한 위험 지대이기 때문이다. 고객의 신뢰야 차근차근 쌓아나가면 되었지만, 다른 과정은 그렇지가 않았다. 예컨대 인터넷 은행이 시장을 점유하려면 광고에 주력하는 한편, 계속 추진하기에는 무리가 있는 금리를 고객에게 제시해야 한다. 결국 비용은 영업 실적보다 훨씬

1914년 6월 28일 사라예보에서 세르비아 청년이 오스트리아 황태자 부부를 총으로 쏘아 죽였다. 당시만 하더라도 이 사건이 세계대전으로 확대될 것이라고는 어느 누구도 생각하지 못했다. 오스트리아는 7월 28일까지 이 사건에 대한 후속 처분이 이루어지지 않으면 세르비아에 보복할 것이라고 최후통첩을 하였고, 결국 오스트리아는 7월 28일 세르비아에 선전포고를 한다. 러시아가 세르비아를 지원하기 위해 곧바로 참전을 선언하고, 독일은 오스트리아를 지원하기 위해 러시아에 8월 1일 선전포고를 한다. 곧이어 독일은 프랑스에 8월 3일 선전포고를 하고, 영국이 독일에 8월 4일 선전포고를 하면서 1차 세계대전이 시작된다.

더 속도를 내고 말았다.

다중 레이트는 막대그래프가 포착하지 못하는 문제를 초래할 때도 더러 있다. 막대그래프는 원그래프처럼 정적이기 때문에 아무리 쳐다본들 미동조차 하지 않는다. 원그래프 또한 먹음직스럽게 삼킬 수는 있어도(원그래프는 원어로 '파이 차트**Pie Chart**'라서 먹는다는 표현을 썼다.—옮긴이) 속도와 시간이 중요한 세상에서는 영양가가 거의 없다.

통신과 기술 분야가 아니더라도 레이트의 차이는 평소에도 흔히 찾아볼 수 있다. 비근한 예로, 알루미늄 배트에는 장점이 많다. 이를테면 목재보다 값이 저렴하고 잘 부러지지도 않는 데다, 공도 더 멀리 날아간다. 또한 공이 스위트 스폿**Sweet Spot**●에 맞지 않았을 때도 비교적 손이 덜 아프다는 장점도 있다. 그러니 알루미늄 배트를 쓰면 경기도 더 재미 있고, 홈런율도 더 증가하는 데다(팬들이 쌍수를 들고 환영할 것이다) 비용도 저렴하니 금상첨화다. 더욱이 목재에서 알루미늄으로 바꾸어도 게임의 균형이 깨지는 게 아니니, 모든 팀이 똑같이 이득을 얻는다.

그런데 뭐가 문제일까? 이미 알고 있을지도 모르겠지만 굳이 밝히자면, 알루미늄 배트로 타격한 공은 너무 빨라서 투수가 이를 잡거나, 몸을 피할 수 없다(공의 속도가 반응시간을 초과한다)는 게 문제다. 그 결과 부상이 잦아 게임을 즐기려는 어린 선수들에게는 특히 문제가 될 수 있다.

이 같은 리스크를 예측하려면 **제품이 실제로 사용될 때** 어떤 레이트의 차이가 존재하는지 따져봐야 한다.

레이트 관련 리스크

변화의 레이트를 간파하지 못해 타이밍 오류를 범하는 경우가 비일비재하다. 종이에 인쇄된 활자는 정적이므로 동적인 측면도 함께 고려해야 한다. 만화가는 펜을 활용하여 동적인 면을 스스로 떠올린다. 다음에 열거된 제목이 시사하는 바와 같이, 레이트 관련 리스크를 간과하는 이유는 아주 많다.

정상 레이트

'시스템(정치·경제·문화·금융·법조계 등)'의 정상 레이트(N레이트)를 고려하지 않아 수많은 난관에 봉착하는 경우가 한둘이 아니다. 예컨대 투자자들은 각 분기 말이 되면 증권사의 실적 보고서를 기대하지만, 이는 업체의 준법감시사무소Compliance Office●의 승인이 떨어지기 전에는 이메일이나 우편으로 발송할 수 없다. 승인에 대한 N레이트는 속도가 더디므로, 각 기업이 업계의 마감 시한을 지키려면 이 같은 사실을 염두에 두어야 한다.

    기업의 N레이트가 다중으로 작용할 때도 있다. 석유 업계에서 석유수출국기구OPEC는 석유 가격을 올리기 위해 생산량을 금세 줄이기도 하고, 공급 부족을 방지하기 위해서 생산량을 차근차근 늘리기도 한다.[20] 유가에 관심이 있는 사람이라면 이 같은 비대칭구조를 간파하고 있어야 한다.

생각해볼 문제 : 정상 레이트나 특정 시스템의 다중 레이트를 알고 있는가?

준법감시사무소
Compliance Office
기업이 관련 법규를 제대로 지키는지 감시하는 사내 기관.

방향

레이트가 감소**해야 할 때** 증가하는(혹은 그 반대인) 사례를 찾아보라. 보통 수요가 증가하면 기업은 고용 인원을 늘리지만 반드시 그런 것은 아니다. 생산성이 전반적인 경기보다 더 빨리 증가하면(레이트의 차이) 직원들을 해고해도 증가하는 수요를 감당할 수 있다는 뜻이다.[21]

생각해볼 문제 : 시스템의 속도(변화나 발전 레이트)가 기대한 방향으로 움직이고 있는가?

규모 : 레이트의 범위

환경의 변화를 둘러싼 레이트는 당신이 감당할 수 있는 것보다 더 빠르거나 느릴 수 있다. 예컨대 최저 속도 과정의 최대 속도라도 너무 느려서는 곤란하다. 제1차 세계대전의 원인을(외교적 대응이 너무 느렸다) 밝힌 사례를 떠올려보라. 반면 최고 속도 과정의 속도가 예상보다 더 빠른 경우도 있다. 이는 빠를수록 유리할 때, 속도로 우위를 얻으려는 쪽이 너무 성급하게 일을 시작하는 경우다. 예컨대 2000년 3월에 석유 생산량을 늘리기로 합의할 움직임이 있었으나 "OPEC 회원국들이 이른 시기에 생산량을 늘리는 바람에"[22] 유가는 예상보다 빨리 하락하고 말았다.

생각해볼 문제 : 레이트의 범위에 해당하는 각 칸을 볼 때(〈표 4.1〉 참고) 내게 중요한 과정이나 시스템에 문제가 될 만한 구석이 있는가? 칸에 대한 정보가 부족한 것은 아닌가?

듀레이션

과정의 레이트가 너무 느리면 그에 상응하는 결과가 벌어진다. 예컨대 기업 회생 과정이 너무 오래 지속되면 관리자들은 경영난에 허덕이게 되고, 경기가 침체 국면에서 쉽사리 헤어나오지 못하면 정치인들은 차기 선거에서 대가를 치러야 할 것이다.

생각해볼 문제 : (변화나 과정 등의) 레이트는 얼마나 지속되며, 언제 달라지겠는가?

객관성 혹은 주관성

이해관계자들은 레이트가 같아도 이를 다르게 판단할 수 있다. 자신의 주관적인 관점에 근거하여 레이트를 실제보다 더 느리거나 빠르다고 인식하면, 이해관계자들은 당신이 미처 예상치 못한 방식으로 대응할지도 모른다. 이를테면 회사는 접수된 불편 사항을 신속히 처리했다고 생각해도 고객 입장에서는 늑장을 부린 것처럼 느껴질 수도 있다.

생각해볼 문제 : 이해관계자들은 이 레이트를 어떻게 이해할까? 만족할 사람과 실망할 사람은 누구이며, 그 이유는 무엇인가?

의미

레이트의 의미를 오독하는 경우도 있다. 예를 들어 당신의 제안이 즉

각 거절당했다면, 상대방이 이를 진지하게 생각하지 않았다고 단정할 수 있다. 사실 상대방은 예전에도 같은 제안을 거절한 적이 있어서 전혀 망설일 필요가 없었을 뿐이다.

생각해볼 문제 : 어떤 특정한 상황에서 그 속도의 진정한 의미는 무엇인가? 이를 오해하진 않았는가?

수효

이 장에서 살펴본 바와 같이, (변화와 발전 및 과정 등) 다양한 레이트를 감당하는 게 분명 힘겨운 도전이 될지도 모른다. 예컨대 미국 정부는 이라크 전쟁에서 현지 경찰의 훈련 및 동원 체제가 사담 후세인 패배 이후의 권력 공백기에 대처해나갈 수 있을 만큼 정비되진 않았음을 뒤늦게 깨달았다.

생각해볼 문제 : 여러 가지 사건이 다른 속도로 벌어지고 있는가? 비교적 빠르거나 느린 사건은 무엇이며, 그들 간의 차이는 중요한가?

레이트의 기회와 대안

이전 장들에서 언급한 모든 렌즈처럼, 레이트라는 렌즈도 타이밍 관련 리스크와 기회를 밝히는 데 활용될 수 있다.

의문

레이트 렌즈는 적절한 문제를 제기하는 데 보탬이 될 수 있다. 예컨대 인플레이션이 상승한다면 천천히 오르겠는가? 아니면 누군가가 물가 가속기를 바닥까지 짓누르고 있는 것처럼 그렇게 빨리 오르는 것은 아닐까? 또한 레이트 렌즈는 향후 계획에도 도움이 된다. 이를테면 신제품을 출시하거나 기술을 도입하는 절차는 얼마나 신속해야 하는가? 혁신이 관건인 업계라면 시장에 진입하는 속도가 단연 중요할 것이다. 덧붙여 상품이나 서비스가 완전히 구색을 갖추기까지 개발 계획을 비밀에 부치기보다는 가능한 한 일찍 새로운 아이디어를 고객들과 함께 시연해야 한다. 물론 속도를 늦추는 것도 기회가 될 수 있다. 고급 호텔이나 스파 산업 등, 일부 업계에서는 1대 1의 개별적인 관심이 신속한 일 처리보다 더 중요하다. 그뿐만 아니라 애당초 속도를 낮추는 행동이 관건인 제품을 설계할 수도 있다. 오스트리아의 유리잔 제조업자인 클라우스 J. 리델은 와인의 풍미, 향, 조화, 끝 맛 등이 들이키는 잔의 모양에 영향을 받는다는 사실을 처음 발견했다.[23] 그래서 리델은 잔의 모양을 수정하여 와인과 관련된 감흥과 행동의 점진적인 시퀀스를 훨씬 더 즐거운 것으로 바꾸어놓았다.

　레이트와 관련된 물음을 활용할 기회는 얼마든지 있다. 이를테면 다음과 같다.

- **공개**　업무나 프로젝트의 진척 속도를 남에게 알려야 하는가?
　비밀로 덮어두거나 사실을 은폐하는 편이 더 낫진 않은가?

- **인터벌** 당분간 혹은 좀 더 오랫동안 이 속도를 유지하는 편이
  더 나은가?
- **의미** 일이나 행동의 속도를 남들은 어떻게 이해하는가? 내가
  그들의 생각에 영향을 줄 수 있는가?
- **한계 : 레이트의 범위** 진행 중인 업무나 일 가운데 가장 빠르
  거나 느린 과정은 무엇이며, 각각 제한 속도는 얼마인가? 최저
  속도로 진행 중인 과정을 좀 더 속도를 내어 완수할 수 있게끔
  바꾸어야 하는가? 다른 진행 방식을 선택해야 하는가?

문제 해결

레이트 렌즈를 활용하면 속도의 차이에 집중해 문제를 해결할 수 있
다. 어느 봄날 아침, 나는 대형 시멘트 슬래브를 불도저가 파 올리는
것을 지켜본 적이 있다. 슬래브 조각은 부드러운 흙 위에 있었는데,
불도저의 스쿠프(퍼 올리는 부분)를 슬래브 밑에 넣어 들어올리려고 해
도 슬래브는 자꾸 앞으로 밀려나기만 했다. 기사는 해결책을 짜냈다.
일단 스쿠프를 콘크리트 슬래브 앞쪽 가장자리 밑에 넣었다. 그러고
는 조금씩 전진하며 슬래브를 일으켜 세우자 끝자락이 연한 흙에 꽂
혔다. 그제야 슬래브가 전방으로 밀려나지 않았다. 그런 식으로 슬래
브가 거의 수직이 되자 기사는 스쿠프를 낮추었다. 슬래브는 잠시 주
춤하다가 기울어지면서 양팔을 벌려 입수하듯, 기다리고 있던 스쿠프
로 멋지게 떨어졌다. 기사는 슬래브가 떨어지는 속도보다 더 빨리 스
쿠프를 내릴 수 있었기에, 즉 레이트의 차이를 활용했기에 문제를 해

결할 수 있었다. 이 사례는 레이트 차이를 응용한 해결책을 일상에서도 접할 수 있음을 보여주기 위해 언급했다. 그러나 대개는 직접 보아도 의식하지 못하기 때문에 우리 머릿속의 개념이 담긴 도구상자 **Conceptual Toolbox**에는 들어가 있지 않은 것이다. 레이트의 차이를 일상에서 적절히 활용하려면 일단 개념을 인식해야 한다.

시간의 추이에 따른 상상

◉

로댕의 작품에서 역동성이 느껴지는 이유는 이렇다. 신체 부위가 동시에 취할 수 없는 자세를 잡고 있는데도 감상하는 이들은 이 같은 모순에 타협하면서 마치 작품이 움직이고 있다는 느낌을 받는다. 로댕은 전혀 움직이지 않는(O레이트) 대상에서 동작이라는 주관적인 감각(S레이트)을 창출해낸 셈이다.

로댕에 따르면, 역동성의 원인은 팔과 다리, 몸통 및 머리가 각각 분리된 움직임에서 끄집어낸 이미지를 통해 지금껏 취해본 적이 없는 자세의 몸을 보여주고, 다양한 부위를 결합하는 가상적인 연결 고리를 부여하기 때문이라고 한다. 마치 불가능한 사실이 조우하여 …… '전이에 대한 감각'과 …… 청동상 및 캔버스에 떠오르는 과정을 창출해내듯 말이다.[24]

특징 :

- **정상 레이트(N레이트)** 주요 과정의 추이에서 관습적으로 이어왔거나 예상되는 레이트를 파악하라.

- **규모 : 레이트의 범위** 당신이 주도하거나 관리하는 상황에서 최고 속도 및 최저 속도 레이트를 규정하고 각 한계 범위의 영향을 이해하라.

- **듀레이션** 레이트가 얼마나 지속되며, 과연 지속가능한 것인지 살펴보라.

- **객관성 혹은 주관성** 실제 레이트와 그것이 인식되는 방식의 차이를 이해하라.

- **의미** 당사자들이 같은 레이트를 어떻게 해석하는지 확인하라.

- **수효** 속도나 변화의 다중 레이트를 비롯하여 이들이 작용하는 방식을 찾아라.

리스크 :

- **정상 레이트 리스크** 시스템의 정상적인 속도를 고려하지 않는다(어떤 승인 절차는 아주 더딘데 그에 대한 충분한 시간을 마련하지 못해 결국 마감일을 지키지 못한다).

- **방향 리스크** 서로 다른 레이트가 실은 정반대로 진행하거나 서로 아무런 영향력을 주고받지 않는데도 같은 방향으로 이동한다고 간주한다(수요가 늘면 실업률이 낮아진다고들 생각하기 쉽지만, 사실 생산성이 전반적인 경기보다 훨씬 빨리 증가하면 기업은 고용 창출 없이도 수요를 감당해낼 수 있다).

- **레이트의 범위 리스크** 경우에 따라서는 감당할 수 있는 수준보다 레이트가 훨씬 더 빠르거나 느릴 때가 있고 심지어 매우 극단적일 때도 있다(고속 성장을 구가하는 기술 빛 이동통신 부문에서는 속도에 익숙한 기업들도 속도를 유지하는 데 난항을 겪기도 한다).

- **듀레이션 리스크** 레이트가 지속되거나 돌연 중단되면 뒤통수를 얻어맞은 듯한 기분이 들 것이다(경영자가 연속적으로 성장이 멎은 분기를 예상하지 못한다).

- **객관성 혹은 주관성 레이트** 당사자가 레이트를 어떻게 생각하고 있는지 감안하지 않으면 부정적인 결과를 초래할 수 있다(회사는 신고된 불편 사항을 신속히

처리했다고 생각해도 고객 입장에서는 늑장을 부린 것처럼 느껴질 수 있다).

- **수효 리스크** (변화와 발전 및 과정 등) 다양한 레이트를 다루다 보면 이들이 중첩 되었을 때 힘겨운 도전을 겪을지도 모른다. 이라크 전쟁에서 미국 정부는 현지 경찰의 훈련 및 동원 체제가 사담 후세인 패배 이후의 권력 공백기에 대처해 나갈 만큼 정비되진 않았음을 뒤늦게 깨달았다.

대안 및 기회 :

- **의문** 레이트와 관련된 문제를 기억하라(인플레이션이 점진적으로 상승할 것인가, 순식간에 상승할 것인가? 이때 사업에는 어떤 영향을 미치겠는가?).
- **상품이나 서비스의 최적화** 디자인과 공정의 혁신적인 레이트를 감안하라(리델 은 잔을 설계하여 와인과 관련된 감흥과 행동의 점진적인 시퀀스를 보완했다).
- **문제 해결** 레이트를 관리하면 다양한 방편으로 문제를 해결할 수 있다(불도저 관 련 사례를 기억하라. 기사는 슬래브가 떨어지는 속도보다 더 빨리 스쿠프를 내려서 문제 를 해결했다).

05

셰이프
shape

그 사건은
V자 모양일까,
W자 모양일까

리듬을 비롯한 사건의 패턴들(주기, 사건의 연결망, 최고점 및 저점 등)을 가리킨다. 예컨대 시장의 하락 국면은
V자 모양일까, W자 모양일까? 둘 말고 다른 모양은 아닐까?

셰이프를 논하려면 여러분을 불러내어 조각가 헨리 무어**Henry Moore**와 함께 해변을 거닐어봐야 한다. 시간을 재보니 1분이 채 걸리지 않는다.

나[무어]는 수년간 해변의 같은 장소를 거닐고 있는데 매년 새로운 모양의 조약돌이 눈에 띄었다. 작년에도 수백 개의 돌들 사이에 끼어 있었을 텐데 그땐 본 일이 없었다.[2]

조각품을 민감하게 관찰하는 사람은 …… 셰이프를 단순한 모양새로 봐야지, 추억이나 묘사로 이해해서는 안 된다. 예컨대 달걀을 볼 때도 먹거리로서의 의미나 조만간 새가 된다는 문학적 아이디어와는 동떨어진 단순한 입체 형상으로 인식해야 한다. 조개껍질과 견과류, 자두, 배, 버섯, 올챙이, 산꼭대기, 콩팥, 당근, 나무줄기, 새, 꽃봉오리, 종달새, 고방오리, 골풀, 유골 등도 예외가 아니다.[3]

위 단락에서 무어가 물리적인 외관에 관심을 둔 것처럼, 이 장에서 나는 시간의 셰이프(사건이나 진행 업무의 추이가 어떤지 일러주는 다양한 곡선)를 다룰 것이다. 사람들은 대부분 중요하다고 생각하는 문제(고객 만족과 신기술의 영향력, 경쟁 업체와 견줄 만한 상품과 서비스 등)에 집중한다. 이번 장에서는 여러분이 예술가의 안목을 가지길 바란다. 즉 무어가 달걀을 먹거리나 상징으로 보는 대신 외관을 면밀히 관찰한 것처럼 내용보다는 업무나 절차의 시간적 셰이프에 주목하기를 바란다는 이야기다.

시간의 셰이프를 자각하는 것이 타이밍을 결정하는 데 중요한 이유는 한두 가지가 아니다.

첫째, 타이밍을 판단할 때 셰이프를 참조해야 할 경우가 있는데, 이를 감안하지 않으면 경험에 근거한 요령에 셰이프를 한정하게 된다. 예컨대 "값이 낮을 때 사고 높을 때 팔라Buy low, sell hight"는 모토는 셰이프가 통합된 경험의 단면을 여실히 보여준다. 마찬가지로 광고에 자금을 투자해야 할 시기는 일정 기간에 매출이 **정점**을 찍었는지, 매달 일정 수준이 안정적으로 지속되는지 여부가 관건일 것이다. 두 고려 사항에서 판단이나 결정의 원인은 바로 셰이프이다.

둘째, 셰이프는 타이밍의 중요한 단서를 제공한다. 주기의 개념을 떠올려보자. 2010년에 미국이 아프가니스탄의 군사 작전을 언제 종식시킬지를 예측해보라는 질문을 받았다고 치자. 그러면 대선과 의회 선거 일정을 염두에 두고 이를 예상해볼 것이다. 일정 주기마다 돌아오는 선거일은 정치인이 자신의 공약을 방어해야 할 시기이기 때문이다. 그 밖에도 근거가 되는 주기가 또 있다. 전 세계에서의 전투력을 깎아내리지 않는 한도에서 병력에 주문할 수 있는 임무 수행 기간과 횟수도 변수가 될 것이다.

셋째, 셰이프는 타이밍이 중요하다는 점을 일깨워준다. 무슨 일이 금세 부상하면 언젠가는 떨어지게 마련이다. 거품이 일면 꺼질 날을 미리 염두에 두고 있어야 한다. **언제** 그럴지는 모르지만, 어쨌든 거품 셰이프는 타이밍에 집중하고 이를 고민해봐야 한다는 신호탄 역할을 한다.

시간의 세상은 공간적 세상처럼 셰이프로 충만하다. 이 같은 셰이프는 리스크를 경고하는가 하면 기회를 일러주기도 한다. 시간의 셰이프를 파악하려면 직접 그려보는 것이 최선이다. 앞으로는 **셰이프**와 **커브(곡선)**라는 단어를 함께 사용할 것이다.

셰이프의 종류와 주요 특징들

타이밍의 다른 구성 요소와 마찬가지로, 타이밍을 판단하기 위해 셰이프를 활용하려면 찾아야 할 바를 분명히 알아두어야 한다. 셰이프를 볼 수 있는 안목을 키우려면 자주 눈에 띄는 몇 가지 셰이프를 면밀히 관찰해야 한다. 그럼 6가지 셰이프를 살펴보자.

1. **점** 셰이프가 없음(시간상의 한 점).
2. **선** 시간상의 두 점을 잇는 범위.
   직선 진행 과정이 달라지는 방식을 구상했으나 전혀 달라지지 않을 경우 결과는 직선으로 표시된다.

구분선 몇 주를 며칠로 끊듯이 직선을 간격마다 구분해둔다.

3. **곡선** 선의 경사도나 방향이 점차 달라진다.

가속·감속 곡선 일정 방향으로 진행하면서 경사도가 달라지는 곡선으로, 가속페달이나 브레이크를 힘껏 밟은 차량의 속력을 가리키는 곡선과도 유사하다.

아치형 활이나 산 정상 같은 볼록한 모양이다.

S형 곡선 처음에는 천천히 올라가다가 정상에서는 수평이 된다.

4. **주기형** 사건이 일정 기간 반복되는 동안 등락을 거듭한다.

5. **나선형** 코르크 마개뽑이 모양으로, 스프링이나 나선형 계단의 난간과 비슷하다.

6. **세로 일렬형** 두 곡선이 서로 반대 방향으로 진행하다가 한쪽이 역전되어 결국 같은 방향으로 진행하는 모양으로, 서로 일렬이나 평행이 된다.

점

점은 셰이프가 없지만 다양한 셰이프의 출발점이 될 수 있다. 〈도표 5.1〉에는 **점과 부채**라고 일컫는 셰이프를 실어두었다.

시간 1에서(도표에서 맨 왼쪽) 몇 가지 대안이 제시되었다고 치자. 당신이 한 가지를 선택한다. 그러자 다른 대안이 이어진다. 시간 2에서도 여러 대안 중에서 하나를 고르고 그다음에도 그렇게 한다. 그러면 다이어그램은 얼마 후 부채꼴을 이루며, 이 과정을 규정한 공식은 급

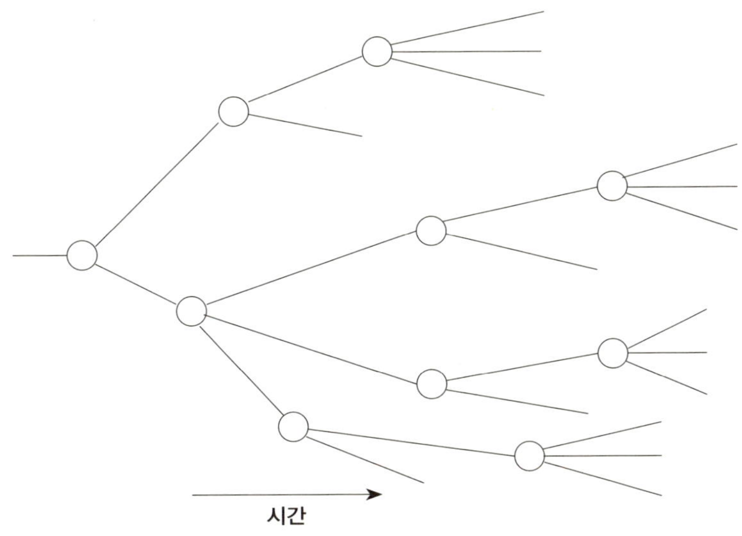

속도로 증가하는 지수함수에 가까워진다. 선택을 기다리고 있는 대안이 서로 다를 때 이 같은 과정이 연속으로 서너 번 이어지면 어떤 대안을 선택할지는 가늠하기가 곤란해진다. 타인도 같은 과정을 밟기 때문에 당신의 선택은 얼마든지 달라질 수 있다. 먼 미래를 예측하지 못하는 이유도 바로 그 때문이다. 하지만 미리 예상할 수 있는 리스크를 놓치는 경우도 더러 있다.

베이비부머 세대가 높아만 가는 인플레이션에서 자신을 보호하기 위해 주식시장에 모두 투자했다고 가정해보자. 하지만 주식시장이 폭락한다면 베이비부머 세대는 떼를 지어 시장을 이탈할 것이 분명하다. 시장이 회복될 때까지 연명할 능력이 없어 두려울 것이기 때문이다. 결국 대규모 이탈로 시장은 더욱더 바닥에 주저앉게 되는 악순환이 벌어진다. 이 같은 리스크가 아직 시장에 반영되지 않은 까닭은 그러기에 적합한 때가 없어서 그렇다. 즉 문제가 타이밍을 잡지 못했다는 이야기다.

먼 미래라고 해서 예측하기가 어려운 것만은 아니라는 점에서 이 사례는 시사하는 바가 크다. 인간은 미래를 일구어나가는 데 선택의 위력을 굳게 믿지만, 선택은 폭이 넓어지는 부채가 그렇듯이 가까운 미래보다 먼 미래가 더 불확실하다는 인상을 받는다. 꼭 그렇지만은 않은데도 말이다. 우리는 선택의 아이러니(미래를 움직이기 위해 활용하는 도구가 미래는 알아봐야 별 볼일 없다는 회의감만 부추긴다)에 주목하며 이를 곱씹어볼 필요가 있다.

점은 여럿이 모이면 수많은 셰이프가 된다. 또 다른 셰이프를 살펴보자.

선

여기서는 직선과 구분선, 그 둘을 살펴보고자 한다.

직 선

사람은 직선을 좋아한다. 단도직입적이라서 예측이 가능하기 때문이다. 눈에 보이는 것이 전부라서 놀랄 일도 없고, 일탈이나 돌변하는 일도 없다. 하지만 직선이라고 다 좋기만 할까?

사람들은 편차를 죄다 제거하려고 할 때가 더러 있다. 품질관리 프로그램이 그렇다. 편차를 줄이면 비용도 줄고 품질도 향상될 수 있지만 그렇다고 단점이 아주 없는 것은 아니다. 예컨대 1980년대에는 기술이 발달한 덕택에 인간의 동공 크기를 측정해보면 집중도와 관심 수준을 파악할 수 있었다. 즉 동공이 팽창하면 관심이 있다는 뜻이고, 수축하면 흥미가 떨어졌다는 뜻이다. 마케팅 전문가들은 시범 방송을 시연하는 과정에서 소비자들의 동공을 측정했다. 그런 뒤 방송 관계자들에게 소비자들이 수축한 동공 반응을 보인 장면은 모두 편집하라고 주문했다. 그러나 에머리 대학의 잭디시 세스 교수가 지적한 바와 같이, 소비자들이 방송을 시청하는 내내 높은 감정 상태를 유지하게 하자 시범 프로그램은 "처참할 만큼 망해버렸다."[4]

놀랄 일은 아니다. 심장 모니터에 직선이 이어지면 목숨은 이미 끊어진 것이 아닌가. 인간의 활동에도 어느 정도 편차가 있어야 제맛이 나는 법이다. 가수의 공연과 악보를 대조해보면 메트로놈 박자가 일치하지 않는 부분도 간혹 있게 마련이다. 어느 정도는 악보를 따라가지만 악보의 박자를 100퍼센트 지킨다면 공연은 따분하고 무료해질지도 모른다. 편차는 공연에 활력을 불어넣는 데 필요하고 그것이 없다면 인위적이라거나 누군가를 속이고 있다는 인상을 줄 수도 있다.

2005년 MIT의 앤드루 로 교수는 헤지펀드가 위기에 취약하다는 점을 뒷받침하는 근거를 찾고 있었다. 그가 밝힌 결과에 따르면, "헤지펀드는 사실이라고 하기에는 너무 순조로운 수익률을 게재했다." 좀 더 깊이 들어가 보면, 특히 평가가 어려운 비유동성 투자, 즉 부동산이나 금리스왑Interest-rate Swaps•으로 조성된 펀드는 수익이 균등했다는 것이다.

앤드루 로 교수는 경영진이 등락의 추이를 측정할 도리가 없어 가

금융시장에서 두 채무자가 금융차입비용을 절감하기 위해 자기들의 차입 조건을 상호간에 교환하는 계약. 여러 금융 차입자가 차입 조건을 서로 교환하기 때문에 결국 금융 차입자들의 금융 수익은 비슷하게 된다.

치가 꾸준히 상승하리라는 추측만 내놓을 뿐이라고 지적했다. 그런데 안타깝게도 이 같은 투자는 금융 위기가 도래하면 막대한 손실로 이어질 수 있다는 것이 문제였다. 당시 교수는 "수익의 평활성Smoothness을 측정할 수 있다면 경제학자들도 헤지펀드 업계를 차지하는 …… 비유동성 투자 수준을 가늠할 수 있을 것"이라고 결론을 맺었다.[5] 또한 직선은 여유를 갖고 진의를 되새길 여유가 있다면 곡선만큼이나 유익한 정보를 제공할 수 있다고 덧붙였다. 이 같은 원칙은 다른 셰이프에도 적용된다.

구분선, 역동적인 공간

시간은 대개 과거, 현재, 미래로 나눈다. 이를 시간상의 직선에 둔다면 아래와 같을 것이다.

과거	**현재**	**미래**

통념상(적어도 영어권 문화에서는) 과거에 벌어진 사건은 왼쪽에, 미래는 오른쪽에 둔다. 시간을 셋으로 나누는 게 중요한 이유는 널리 알려진 타이밍 룰, 즉 **언제** 손을 써야 할지 결정할 때 흔히 3박자를 적용하기 때문이다.

3박자는 〈표 5.1〉에 수록해두었다. '예YES'는 기회의 창이 열려 있고 대책이 통할 때를 가리키는 반면, '아니오NO'는 기회가 닫혀 있는 데다 손을 써봤자 낭패를 볼 듯한 시기를 일컫는다.

〈표 5.1〉 타이밍 3박자

손을 써야 할 때는 언제인가?			
과거	현재	미래	타이밍 룰이나 의미
아니오	아니오	아니오	그냥 잊어버려! 때는 오지 않아.
예	예	예	타이밍은 중요치 않아. 아무 때나 좋아.
예	아니오	아니오	미안하지만 너무 늦었어.
아니오	아니오	예	아직 때가 아니지만 언젠가는 기회가 올 거야.
아니오	예	아니오	지금이 절호의 기회야! 지금이 아니면 안 돼!
예	아니오	예	조만간 기회가 생길 거야.
예	예	아니오	서둘러! 더 늦기 전에 지금 손을 써야 해!
아니오	예	예	이미 물 건너갔지만, 걱정 마. 서두르지 않아도 돼.

표에 열거했듯이, 타이밍 결정은 과거와 현재 및 미래에 가능하거나 그럴 거라고 판단되는 바에 따라 좌우된다. 타이밍 결정에서 느끼는 뉘앙스의 차이를 이해하고 싶다면 3가지 시제를 염두에 두어야 한다. 5열(아니오/예/아니오)과 7열(예/예/아니오)을 비교해보자. 둘 다 지금 조치를 취하라는 이야기지만 아주 일치하지는 않는다. 5열은 이번이 처음이자 마지막 기회라는 뜻으로 과거와 미래에는 원하는 바를 성취할 수 없으니 당장 기회를 잡으라는 의미다. 7열은 과거에 늘 존재했던 기회를 지금 살려야 한다는 의미다. 둘 다 지금 이 순간을 놓쳐선 안 된다는 말이지만, 판단을 좌우하는 타이밍 3박자를 보면 각각의 뉘앙스가 서로 다르다.

곡선

곡선은 3가지 종류를 거론할 참이다. 가속·감속 곡선을 비롯하여 이른바 극적 아치형**Dramatic Arc**이라는 특별 셰이프와 이미 친숙한 S형 곡선이다.

가속·감속 곡선

조직에 중대한 사건과 과정의 셰이프를 구상한다면 직선은 찾기가 어렵고, 대개는 곡선일 것이다. 매우 중요한 곡선은 느긋하게 출발했다가 급격히 감속이나 가속이 이루어지며, '지수함수'가 그 전형적인 예다. 레이 커즈와일에 따르면, 지수함수는 "거의 의식하지 못할 때 출발했다가 돌연 폭발한다."[6]

　지수함수에 해당하는 예도 적지 않다. 집적회로에 자리 잡을 수 있는 트랜지스터의 수효가 2년마다 2배로 늘어난다는 무어의 법칙 **Moore's Law**이 가장 널리 알려졌다. 1965년에 무어가 처음 개진한 이후 지금까지 이어져온 트렌드이다. 물론 다른 예도 많다. 2000년에 이르기까지 수년간 인터넷 창업에 들인 벤처 자금도 기하급수적으로 증가했다(역시 초기에는 서서히 진행되었다가 돌연 경사가 급해졌다). 또 다른 극적인 사례는 2008년 CDS(신용부도스와프**Credit Default Swaps**●)가 급격히 증가한 맥락에서 담보 대출 및 신용 위기를 풀이한 조지 소로스의 해석을 꼽는다. 그러면 소로스의 주장을 살펴보자. 인용문 끝의 몇 문장은 매우 이례적인 내용이기에 강조했다.

헤지펀드는 2000년대 초에 대거 시장에 진입했다. 전문화된 신용 헤지펀드는 부채담보부증권**Collateralized Debt Obligations**●●과 채권에 대한 보험료를 징수하는 무허가 보험 업체와 별반 다르지

●
신용부도스와프
Credit Default Swaps
부도가 발생하여 채권이나 대출 원리금을 돌려받지 못할 위험에 대비한 신용 파생 상품.

●●
부채담보부증권
Collateralized Debt Obligations
부채를 담보로 하여 새롭게 만든 금융 상품. A가 B에게 받을 10억 원의 채권, C에게 받을 5억 원의 채권이 있으면, 이 두 가지를 서로 조합하여 15억 원짜리 새로운 채권을 만드는 식이다.

않았다. 보험의 가치는 미심쩍은 구석이 더러 있었다. 거래 당사자에게 통보되지 않고도 계약을 양도할 수 있었기 때문이다. 명목상의 다른 모든 시장에 파급되기까지 계약 건은 기하급수적으로 증가했다. **CDS 계약의 명목상 추정 가치는 무려 42조 6000억 달러에 육박하는데, 이는 미국 전체 가구의 자산과도 맞먹는 수치다. 미국 주식시장을 자본으로 환산하면 18조 5000억 달러이고, 채권시장 규모는 고작 4조 5000억 달러 수준이다.**[7]

의문의 여지가 남는 글이다. 우선 기업에서 가속 곡선과 악순환 등 지수함수와 이를 양산해내는 메커니즘을 주의 깊게 지켜보고 있었는지 묻고 싶다. 그러지 않으면 이 같은 셰이프는 미처 확인되지 않아 '급작스러운' 리스크에 당황할 뿐만 아니라, 덧없이 지나가는 기회를 놓치기도 쉬울 것이다.

극적 아치형

클라이맥스는 대개 사건 중반이 아니라 종지부 근방에서 벌어진다.[8] 소설을 읽거나 영화를 보는 사람이라면 클라이맥스가 중반에 공개되어 후반부에서 맥이 빠져버리길 바라지 않을 것이다. 클라이맥스는 맨 마지막에 와도 곤란하다. "짠!" 하고 나오자마자 작품이 끝나버리면 기분이 어떻겠는가? 그러니 마지막 **전에** 와야 하지만 아주 **마지막에** 와서는 안 된다. 물론 타이밍과 무관하지 않은 이야기다. 나는 〈도표 5.2〉에 그려진 것과 같이 클라이맥스가 비대칭형으로 자리를 잡은 셰이프를 **극적 아치형**이라고 부른다. 목표 지향적인 과정에서라면 어김

없이 이 같은 셰이프가 눈에 띌 것이다. 긴장은 목표에 가까울 때 정점에 올랐다가 목표가 이루어지면 떨어지게 마련이다.

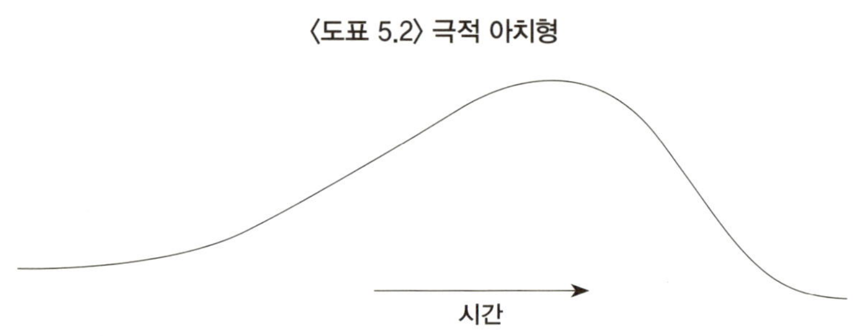

〈도표 5.2〉 극적 아치형

극적 아치형은 비즈니스나 실용성과는 거리가 먼 것처럼 보일지도 모르나, 실은 그렇지 않다. 인수 계약을 발표하거나 종료 타이밍을 잡는 등 긴장이 고조되거나 해소되는 과정을 겪을 때 이 같은 셰이프가 개입한다. 이라크 전쟁 당시 부시 행정부가 도입한 **증파**Surge 작전도 극적 아치형의 사례로 꼽힌다.● 정부는 증파 타이밍을 전쟁 중반 이후로 잡았다. 이 작전은 육상 선수의 전력 질주와 마찬가지로, 끝이 얼마 남지 않았다는 신호일 뿐만 아니라 재원을 최대한 소모했으니 곧 종료할 수밖에 없음을 시사하기도 했다. 결말을 맺어야 할 사람들이 "저흰 최선을 다했다"는 말을 할 수 있는 것도 그 덕분이다.

프로젝트나 투자 계약 등을 종료해야 하거나 그 과정에서 좋은 반응을 얻고 싶다면 극적 아치형을 활용하라(물론 상황이 심각하다면 중단해야 한다). 극적 아치형은 미적 감각을 충족시킨다. 혹시라도 아치형이 조성된다는 점이 눈에 띄면 종료가(혹은 막바지 노력이) 진행 중이라는 점도 아울러 감안해야 한다.

● 이라크 전쟁은 2003년 3월 20일 발발했는데, 단기간에 끝날 것이라는 예상과 달리 수년 동안 전투 행위가 지속되었다. 미국 내에서는 이라크 철군을 주장하는 목소리가 높아지는 상태에서, 부시 행정부는 2007년 1월, 이라크에 2만 1500명을 추가 파병하는 증파를 발표한다. 미군의 귀국을 앞당기기 위해서 더 많은 병력을 증파한다고 설명했다.

S형 곡선

S형 곡선도 상당히 흔한 셰이프이다. 주변을 둘러보고 미래를 전망하다 보면 S형 곡선이 자주 눈에 띌 것이다.

예컨대 기술은 급격히 증가했다가 수평이 되고 나서 점차 포화 상태로 꾸준히 상승한다. 포화 상태가 될 때까지는 오랜 시간이 걸린다. "얼리 어답터Early Adopters의 신제품 사용 시기와 신제품이 보편적으로 보급되기까지의 시기 사이가 가장 짧다는"[9] 텔레비전의 경우, 약 50년이 흐른 뒤에야 거의 모든 가구가 텔레비전을 구비한 것으로 나타났다. S형 곡선은 이를 창출하는 메커니즘을 밝히면 얼마든지 예측할 수 있다. 예컨대 팩스가 도입된 속도를 살펴보자. 팩스가 처음 선보였을 때는 소수만이 구입했고 대개는 기다렸다. 남이 사지도 않는 물건을 굳이 마련할 필요가 없었기 때문이다. 그러나 요즘은 팩스를 사도 전혀 이상하지 않다. 각 기기가 통신하는 데 필요한 짝이 생겼으니 말이다.

S형 곡선에는 많은 특징이 있다. 처음에는 아무 일도 없는 듯 보이지만 상승세를 타기 시작하면 "얼마나 빠르게 가속될까?"를 물어야 한다. '얼리 어답터'를 최초로 도입한 (고)에버렛 로저스를 비롯한 학자들은 곡선의 가속도를 풀이하는 데 필요한 변수(예를 들어 제품의 비교우위와 기존 제품과의 호환성, 구매 전 시연 가능성, 즉각 확인할 수 있는 상품의 효과 등)를 규명해왔다. 물론 이 같은 변수는 유용하긴 하지만 출발 단계에 지나지 않는다. 각 변수에는 처리 시간에 대한 문제가 동반되기 때문이다. 예컨대 고객은 제품의 효용을 **언제** 알 수 있으며(구매 직후인가, 아니면 일정 시간이 지난 후인가?), 호환성이 있거나, 그렇지 않

다는 점은 **언제** 밝혀지는가?(사용 직후인가, 무료 사용 기간 후인가? 아니면 다른 때인가?) 이러한 문제를 살펴보면 타이밍에 대한 비교우위를 발견할 수 있다(이때는 S형 곡선의 모양을 갖추게 하는 변수를 구체적으로 살펴봐야 한다). 따라서 누군가가 프레젠테이션에 S형 곡선을 추가한다면 그것을 조성하는 근본적인 곡선의 모양을 개괄적으로 그려달라고 당부해보라.

S형 곡선은 자연스럽게 소멸해버린 혁신의 발전 양상을 추적하는 데도 유용하지만, 신제품의 라이프 사이클과 수명 예상에도 적절히 활용할 수 있다.

주기형

기업 환경에는 주기가 가득하며, 이는 재무(분기별 보고 주기)와 정책(인사 주기), 기술(도입 주기), 경제(비즈니스 주기)를 아우른다. 각 주기에는 수많은 특징이 있어 타이밍 문제를 판단하는 데 매우 중요한 변수로 작용하기도 한다.

기간

기간은 주기의 길이를 규정한다. 예컨대 한 침체기에서 다음 침체기까지는 얼마나 걸릴까? 기후 패턴을 비롯한 일부 주기는 기간이 꽤 오래 걸리지만(수십 년간 해수 온도의 등락 추이) 몇 분이나 시간 단위로 측정되는 주기도 있다(24시간 뉴스).

비즈니스가 관련된 주기를 열거해보는 것도 좋다. 현재 기간은 어떠한지, 앞으로 더 길어지거나 짧아질 가능성이 있는지 자문해보라. 얼마나 빨리 연장되거나 단축될지, 사전 경고는 얼마나 많이 듣게 될지도 생각해보자.

시인 메리 올리버는 인간의 수명에 대해 "인생은, 세상의 아름다움을 뽐내고 삶의 책임을 감당하기에는 좀 짧다"고 노래한 바 있다.[10]

부분과 국면

크리스마스 쇼핑 시즌이 유통 업체의 큰 관심거리이듯, 주기의 일부는 특별한 흥밋거리와 무관하지 않다. 또한 주기의 어떤 부분은 다른 주기에 비해 좀 더 늘어나거나 줄어들 때도 있다. 특히 비즈니스 주기가 침체 국면일 때 크리스마스 장식은 매년 초까지 눈에 띄는 듯하다. 물론 어디까지나 내 생각이다.

주기 중 아주 중요한 부분은 무엇인지 생각해보자. 사회학자들은 한 연구에서 환자들이 결장 내시술을 받는 동안 통증이 얼마나 심한지를 물었다고 한다.[11] 그런데 결과에 따르면, 전반적인 통증은 시술 종료 전 3분 동안의 통증 같은 특정 시기에 겪는 최대 통증보다는 강도가 덜한 것으로 나타났다. 연구자들은 이를 "절정과 종료Peak and End" 패턴이라고 규정했다.

주기 패턴 중에는 절정이 두 번인 경우도 더러 있다. 교통사고 연구자들은 하루 24시간 중 교통사고가 절정을 이룬 두 차례의 시점을 확인했다. 그들에 따르면, "새벽 3시경에 최대의 절정을 이루었고, 오후 3시경에는 새벽의 4분의 1 규모로 절정을 이루었다."[12] 정책 입안자와 입법자들이 교통안전 법률이나 정책을 내놓을 계획이라면 참작해볼 만한 패턴이다.

주기의 모든 국면을 아울러 살펴보는 것도 중요하다. 고교 스포츠 경기에서 부상 환자가 가장 많이 속출하는 종목을 맞춰보라고 하면 단연 풋볼이나 하키를 떠올릴 것이다. 그러나 1993년에 발표된 13년에 걸친 연구 결과에 따르면, 가을에 크로스컨트리Cross-country●에 참가한 여학생들의 부상률이 가장 높은 것으로 나타났다. 여름에 기나긴 방학을 보낸 탓이었다. "반면 봄과 겨울 스포츠인 육상 경기는 학기 중에 선수들이 몸을 다질 여유가 넉넉한 덕택에 부상률은 9위를 기록했다. 이는 크로스컨트리 부상률의 절반도 채 되지 않는다."[13]

어느 한 국면이나 추가적인 주기의 필요성은 간과하기가 쉽다. 일부 공항에는 수직 활주로가 있다. 그런 배치가 꼭 나쁘다고 볼 수는 없겠지만 들어오는 항공기가 착륙을 중단하려고 왼쪽이나 오른쪽으로 방향을 선회하면서 주변을 맴돈다면 활주로에서 수직 패턴으로 이륙하려는 항공기와 충돌할지도 모른다.

주기의 모든 단면을 확인했다면, 그중 하나가 누락되거나 지연, 혹은 중복된다면 어떤 문제가 벌어질지 자문해보자.

진폭

진폭이란 주기의 규모나 높이, 즉 정점에서 바닥까지의 길이를 일컫는다. 주기가 완만한 산과 골로 이어졌는가? 아니면 가파른 오르막길에서 치명적인 벼랑을 그리는가? 진폭도 가볍게 넘겨선 안 될 때가 있다. 알다시피 제품 시장의 등락이 가파를 때는 기획이 무용지물이 되고 만다. 2009년 7월에 발행된 〈뉴욕타임스〉에서는 '유가의 불규칙한 등락으로 불투명한 전망'이 헤드라인을 장식했고, 2008년 사우스웨스트 항공사는 유가가 몇 달 새 큰 폭으로 오르락내리락하자 2분기 내내 손실을 기록했다. "유가가 이렇게까지 빨리 떨어질 줄은 정말 몰랐습니다." 사우스웨스트 항공의 자금관리이사**CFO** 로라 라이트가 볼멘소리를 냈다. 당사는 급격한 유가 변동 탓에 보험용으로 장기 석유 계약을 체결했다.[14]

대칭

주기의 곡선이 대칭인가? 대폭 하락한 뒤에는 급격한 상승을 예상해야 하는가?

골드만삭스 경제연구소의 빌 더들리 소장은 주식시장 주기를 비대칭이라고 규정하면서, "크게 하락했으니 이젠 그만큼 회복될 거라는 생각은 경험적인 증거에서 비롯된 게 아니다"라고 밝혔다.[15] 금융계의 거품도 비대칭이다. 거품은 일반적으로 "서서히 방울 모양이 만들어지다가 점차 가속도가 붙으면 결정적인 때 순식간에 꺼져버리고 만다."[16] 만일 거품의 바람이 차근차근 빠진다면 별로 겁이 나진 않을 것이다.

주요 세이프를 둘러싼 환경을 살펴보려면 비대칭성을 확인해야 한다. 급히 증가했다가 서서히 내려가는지, 서서히 상승하다가 급격히 하강하는지 자문해보라. 확률이론과 통계학에서는 비대칭인 정도를 가리켜 '왜도**Skewness**'라는 용어를 쓴다. 오른쪽이 길거나 짧은 비대칭 곡선이 주변에는 상당히 많은데, 이를 발견하지 못했다면 놓쳤다고 봐야 옳을지도 모른다. 온전한 대칭을 가정하는 것은 사회적 통념이 낳은 편견으로, 균형이 깨지지 않는 상태로 살려는 욕망만큼이나

2003년경에 유가는 배럴 당 30달러 정도였다. 이 유가는 2008년 상반기에는 140달러 가까이 올랐고, 2009년 초에는 40달러 수준까지 급락했다. 이후 다시 유가는 상승하여 2011년에는 100달러를 넘어섰다. 유가가 크게 요동치면서 당시 모든 기관에서는 석유 관리에 큰 애를 먹었다.

현실과는 동떨어진 발상이다. 우리는 일이 잘 풀리지 않으면 제삼자를 걸고넘어지는 경우가 더러 있는데, 실은 곡선이 비대칭이라서 그런 것이다. 야구 경기 중 투수가 던진 슬라이더Slider가 중간이 아닌 홈베이스 위에서 꺾이듯 말이다.

평 활 성

곡선은 놀이공원의 롤러코스터처럼 매끈하고 둥근가? 톱니의 칼처럼 군데군데 뾰족한 끝이 서 있진 않은가? 특히 뾰족한 모양이 중요하다.

〈도표 5.3〉 톱니 곡선

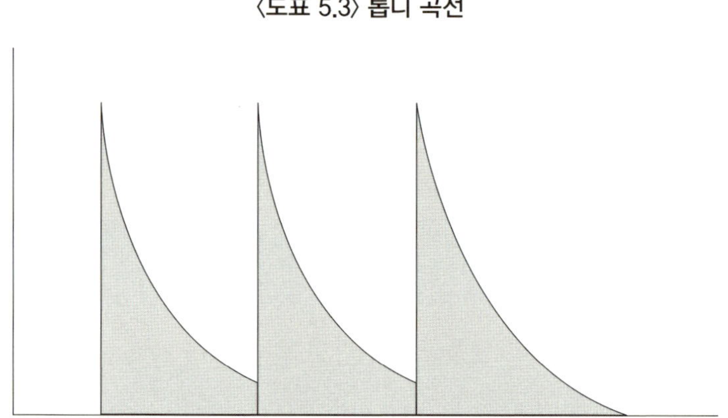

건강보험기구HMO가 처음 도입되었을 때 사람들은 구매력 때문에 비용은 계속 낮은 상태를 유지하리라고 전망했다. 그러나 현실은 아주 달랐다(톱니 곡선이 한 가지 원인으로 꼽힌다). 내 생각은 이렇다. 갓 나온 의약품 값이나 새로 개발된 검사나 치료에 들어가는 비용은 당연히 비싸다. 하지만 사용자가 점차 늘면 가격은 하락한다. 그런데 품질이 더 좋은 약품이 출시되거나 개선된 치료법이 나왔다면 이를 마다할 사람이 과연 몇이나 되겠는가? 결국 가격은 〈도표 5.3〉처럼 재차 폭등할 것이다. 가격이 급락하고 나서 치솟기 전까지, 비용이 낮은 수준에 머무는 시간은 그리 넉넉하지 않다.

건강보험기구의 사례에서 전문가들은 가격 동향을 분석하면서도 톱니 곡선의 가능성은 감안하지 않았다. 왜 그랬을까? 규모의 사고방식 때문이다. 가격은 수요와 공급의 규모로 결정된다고 배웠다. 이를테면 공급이 증가하면 가격은 하락하고, 수요가 늘면 가격은 올라간다고 말이다. 하지만 앞서 언급했듯이 가격은 그리 단순하지가 않다. 톱니 곡선이 시사하는 의미를 이해하는 데 정점의 높이나, 둘 사이의 경과 시간은 몰라도 된다. 정점은 높고 두 정점 간의 간격은 좁다는 것만 의식하면 된다. 그렇게만 알고 있어도, 구매력만이 가격을 일정 수준으로 낮추리라는 편견을 누그러뜨릴 수 있을 것이다.

수 효

일정 기간 존재하는 주기는 과연 몇 개나 되는가? 주기에서 호황 직후에 불황이 찾아오는가? 비즈니스에 변수가 되는 주기는 몇 개이며 그 숫자가 증가하면 결과는 어떻게 달라지겠는가? 예컨대 미국은 이라크 파병 기간을 늘려 병력의 피로가 누적되고 건강이 악화되었다.

예 측 가 능 성

이라크 파병 기간이나 주 상원의원의 임기 등 앞서 언급한 사례 중 일부는 예측할 수 있겠지만 비즈니스 주기의 길이 등은 비교적 예측하기 어려울 것이다.

주기를 형성하거나 재발되는 현상의 처음이나 끝을 예측할 수 있다면 그 결과도 예상해보라. 2008년 플로리다와 미시간 주는 예비 선거일을 서둘러 앞당겼다. 선거를 먼저 치르는 것이 유리하다면 국민도 생각보다 일찍 서두를 거라는 점을 짐작해야 한다.

주기 사이의 연결 고리

주기는 다음 주기를 어떻게 대비할까? 예컨대 인플레이션이 일정 기간 높은 수준을 유지한다면, 그러한 현상이 차기 물가 상승에는 어떻게 작용하느냐는 것이다.

2008년 세계무역기구의 하계 무역 협상을 일컫는 '도하 개발 라운드Doha Development Round'가 붕괴된 것은 주기의 연결 고리를 감안하지 않았을 때 벌어지는 결과를 여실히 보여준다. 당시 협상이 결렬된 이유는 이전 협상이 성공을 거둔 탓이 크다. 1994년 우루과이 라운드 협상에서는 국가가 농업 쿼터를 일반 관세Normal Tariffs로 전환할 수 있다고 규정했다.• 막대한 수입량을 우려한 국가들이 이를 막기 위해 단기 수입 제한 관세를 부과할 수 있게 된 것이다. 그러나 임시방편으로 창출해낸 결과는 버팀목이 되었고, 결국 협상단은 수입 제한 조치를 개혁하는 방향으로 문제를 유도하지 못해 도하 개빌 라운드가 결렬되는 데 일조했다.[17]

협상이 결렬된 또 다른 이유를 밝히자면, 앞선 협상이 선진국에 편향되어 있다고 간주한 개발 도상국들이 도하 개발 라운드에서 균형을 잡고 싶어 했기 때문이다. 협상단은 한 주기(혹은 회담)의 끝이 다음 주기에 어떻게 작용할지 계산했어야 한다. 비즈니스도 마찬가지다. 잠시나마 여유를 갖고 주기가 서로 어떻게 연결되었는지를 고민해봐야 한다. 매출 실적이 강세를 띤 연간 주기가 다음 주기의 성공에 대한 비현실적인 기대를 낳을 수도 있다. 반대로 한 주기에서 시장이 위축된 탓에 감원이 불가피했다면 향후 회복세에 전혀 대비하지 못할지도 모른다.

영향력

주기는 그와 관련되거나 통합된 행동 셰이프에 영향을 주기도 한다. 예컨대 회계연도 초나 말에는 어떤 행동의 순서와 시기가 정해질까?

1891년에 출간된 《여행길**Main-Traveled Roads**》은 행동에 영향을 주는 주기의 위력을 잘 보여준다. 이 작품은 고용인의 눈을 통해 일요일만 되면 남자 친구가 찾아와주기를 기다리는 소녀를 그렸다.

"풋사랑에 빠진 계집애들은 평일엔 아무 쓸모가 없다니깐." 그녀가 푸념한다. "일요일만 되면 남자 친구가 언제 오려나 하며 바깥에서 눈을 떼지 않으니 말일세. 오후엔 그놈이 와 있으니 딴 생각을 할 겨를이 없지. 다음 날 아침엔 졸린 낯에 비몽사몽, 영 매가리도 없고 화요일, 수요일에도 그러는 데다, 목요일엔 넋이 나간 채 일요일을 오매불망하며 걸레로 주변을 훔치는데, 코앞에서 설거지할 물이 식는 줄도 모르더라. 금요일엔 접시를 깨고는 창밖을 보며 칭얼대질 않나. 그런데 웬걸, 토요일엔 신들린 사람처럼 일을 도맡아 하는데, 머리칼 만지는 것도 범상치가 않더라구.

그럼 뭐해, 일요일부터 또 시작인데."[18]

주기에 대해 생각할 때, 보통은 비즈니스 주기처럼 등락을 거듭하는 반복적인 현상을 떠올린다. 그러나 윗글에서 작가가 밝힌 것처럼 주기는 단순한 주기적 반복보다 훨씬 더 복잡하다. 그러니 주기를 찾았다면 2가지 문제도 아울러 살펴보자. 첫째, 주기에 영향을 주거나 이를 지배하거나 혹은 제어하는 외부 과정 및 일정에는 무엇이 있는가? 둘째, 그 과정이나 일정이 달라지면 그것이 주기에는 어떻게 작용하는가? 예를 들어 기업의 회계연도가 6개월로 단축되거나 18개월로 연장된다면 결과는 어떻게 달라지겠는가? 또한 비용이나 수익의 결과는 무엇이며, 실제로 회계연도를 개정하지 않고(내 생각에는 불가능할 듯하다) 이를 파악할 수 있는 방법은 무엇인가?

악 순 환

악순환이란 문제나 해결책이 또 다른 문제로 이어지면서 애당초 불거진 문제가 더 악화되는 과정이 계속 반복되는 상황이다. 예컨대 기업이 보유한 포지션 중 상당 부분을 처분해야 한다고 치자. 그런데 매각하기 시작하면 주가가 떨어져 본사는 매각 지분을 더 늘릴 수밖에 없다. 그러면 증시는 계속 하락세로 이어져 악순환이 벌어진다. 미국에서 주택 시장의 거품으로 천정부지로 치솟은 집값도 악순환의 사례로 꼽힌다. 높은 매매가와 잦은 임차인 이동이 초과 건축을 부채질하여 주택이 과잉 공급된 것이다. 여러 변수 중 과잉 공급은 가격 폭락의 주요 원인이 되어 주택을 소유한 사람들은 졸지에 집값보다 더 높은 부채를 떠안았다. 압류가 늘면 은행은 매입자에 대한 대출을 망설여 과잉 공급 문제가 더욱 악화되므로 집값은 계속 떨어지고 압류 건은 늘어날 것이다(이 연쇄 과정에서 2008년 세계 금융 위기가 발생하게 되었다.—감수자).[19]

가장 심각한 위기들은 여러 가지 악순환이 동시에 진행될 때 벌어진다. 그래서 '위기들Crises'이라고 썼다. 기업이라면 혹시 모를 악순환의 주기를 추적해야 한다(원인과 예상되는 지속 기간, 이를 해결하기 위한 전략 등). 이를 감안하지 않았으면서 전략 기획을 완성했다고 자부하면 곤란하다.

나선형

나선형은 3차원 곡선으로 철조망 원통이나 원뿔에 둘둘 감은 철사처럼 생겼다. 사전적으로는 그런 뜻이지만 알 만한 사람에게 그려보라고 하면 집게손가락을 들고 코르크 마개뽑이 모양으로 허공을 휘휘 감을 것이다(《도표 5.4》 참조).

타이밍과 관련해 나선형은 2가지 이유로 중요하다.

첫째, 피드백과 관계된 잘못(시간의 과정을 고려하지 않을 때 벌어지는 오류)을 피하는 데 도움이 된다. 코르크 마개뽑이를 보면, 애당초 당부했던 때가 아니라 미래의 어느 시점에 피드백을 받는다는 점을 떠올리게 된다. 그래서 경영자는 그간의 변동 사항을 염두에 두어야 한다. 애초에 피드백을 당부했던 당사자가 그때도 회사에 머물러 있을까? 피드백이 전달될 때 수신인은 이를 적절히 이해하고 적용할 입장

〈도표 5.4〉 나선형

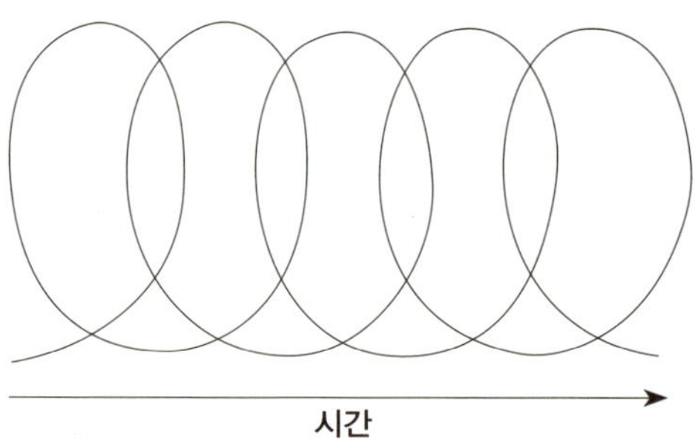

일까? 피드백 정보는 그때도 필요할까? 심층적인 인터뷰를 비롯하여 설문조사와 기타 피드백은 꽤 많은 비용이 들 수도 있다. 피드백을 요구하기 전에 이러한 문제부터 해결하라.

둘째, 나선형은 기획과 관계가 깊다. 내가 시간의 구두법을 다룬 장에서 밝힌 바와 같이, 우리는 마침표를 선호한다. 바삐 돌아가는 세상에서 경영인들은 문제가 '아주' 끝나고 속이 후련해지길 원한다. 그러나 해결할 수 없는 문제도 더러 있다. 이는 잊을 만하면 눈앞에 다시 나타나서 미래라는 시간상에 나선형으로 점의 자취를 남길 것이다.

따라서 이 같은 문제가 다시 찾아올 때를 대비하는 것이 무엇보다 중요하다. 대표적인 예로 딜레마Dilemma를 꼽는데, 딜레마란 3가지 특징을 지닌 대안을 일컫는다. 첫째, 대안은 **비양립적**Incompatible이라 공존할 수 없다. 둘째, 각 대안은 **불가결**Indispensable하여 이를 무시해서는 안 된다. 당신이나 기업에 매우 중요한 무언가를 대변하기 때문이다. 끝으로, 각 대안은 서로 영향을 주지 않으며 다른 대안들과 타협하거나 서로 섞일 수 없다. 이 3가지 특징이 모두 존재할 때 우리는 흔히 딜레마에 빠졌다고 한다. 선택하지 않은 게 무엇이든 제쳐두었거나 억제해둔 것이므로 언제든 표면에 드러날 수 있다. 그러므로 한 가지 대안이나 계획을 선택했다면, ①이는 **언제** 다시 만나며 ②**그때** 걸림돌로 작용할 만한 문제는 무엇일지를 자문해보라.

세로 일렬형

지금까지는 단선으로 나타내는 곡선과 모양에 집중해왔지만, 이번에는 다음 장에서 다룰 폴리포니로 자연스레 이어질 수 있도록 **세로 일렬형**Tandemizing Shapes을 언급할 것이다. 한 쌍의 곡선이 이루는 세로 일렬형에는 2가지 측면이 있다. 처음에는 두 곡선이 서로 반대 방향으로 진행하다가 한쪽이 역전되어 같은 방향으로 진행하게 되는 모양으로, 서로 일렬이나 평행이 된다. 〈도표 5.5〉를 보면 일렬형 곡선 2가지는 회전 방향에 따라 각각 플러스와 마이너스로 구분된다.

〈도표 5.5〉 세로 일렬형

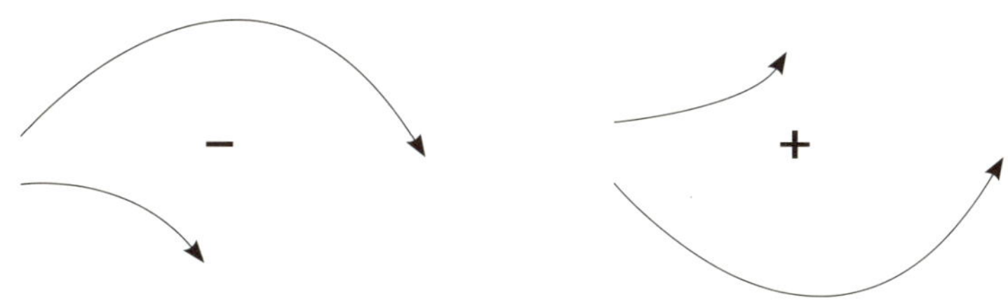

리스크 관리 전략은 대개 첫 번째 국면을 염두에 둔다. 어느 한 방향으로 진행하는 것(주식)이 있으면 반대로 가는 것(채권)도 있다. 그러나 위기가 닥치면 둘은 동시에 밑으로 진행할 수 있다. 즉 일렬이 된다. 마이너스 상관관계는 플러스 상관관계가 될 수도 있는데, 이 같은 변화는 최악의 시기에 벌어질 수도 있다(이를테면 리스크 관리에 마이너스 상관관계가 가장 필요할 때).

사람들은 대부분 주기에 역행하는 전략, 즉 서로를 저해하는 레이트와 셰이프를 상쇄시키는 것을 좋아한다. 그런 전략이 가변성을 제거하거나 타개한다고 생각하기 때문이다. 그러나 변화를 아주 제거할 방법은 없다. 혹시라도 구성 요소가 상반된 방향으로 진행한다면 세로로 일렬이 되는 셰이프를 찾아야 한다. '일렬형'이 발생하는 상황이 딱히 떠오르지 않는다면 필요 이하의 보호를 받고 있는 것이다.

셰이프 관련 리스크와 기회

셰이프 관련 리스크는 대개 셰이프와 그 결과를 감안하지 못한 데서 비롯되는 경우가 많다. 예컨대 〈플로리다투데이〉의 기사에 따르면, 브라질 엠브라에르Embraer 항공기는 "적절한 시기에 적절한 규모로 제작"해서 성공했다고 한다.[20] 그러나 이 기사는 적절한 타이밍을 거론하면서도 셰이프는 전혀 언급하지 않았다. 이를테면 "항공기의 수요곡선은 기울기가 얼마나 급하며 그 곡선의 경사나 모양은 언제 뚜렷해지는가?", "적절하다는 규모가 적용되지 않을 때는 언제이며, 그때 수요는 얼마나 빠른 속도로 감소하겠는가?"에 대한 답변은 없었다. 이 책의 서론에서 말했듯이, 우리는 세상을 논할 때 시간에는 별 의미를 두지 않는다. 시간과 관련된 특징을 다 배제하기도 한다. 그러고는 나중에야 셰이프 같은 시간의 구성 요소를 아쉬워하는 경향이 있다.

앞서 인용한 헨리 무어(조각가)는 이 같은 사실에 놀라지 않을 것이다. 시간의 구성 요소를 고려하는 일이 어렵다는 점은 일찌감치 알고 있었으니까. 그가 필요했던 셰이프(형태)는 주변에 널려 있었기에 느긋하게 찾아 살펴볼 수 있었다. 물론 우리가 직장에서 찾아야 할 셰이프를 이야기하는 게 아니다. 우리가 찾는 셰이프는 훗날 때가 되면 모습을 드러내므로 기억력과 상상력을 발휘해야 찾을 수 있지만, 항상 그럴 수 있다는 보장은 없다. 셰이프를 놓치지 않는 최선의 방법은 가급적 많은 사례를 몸소 체험하는 것이다. 이를 위해 내가 규정해놓은 셰이프 목록을 덧붙이고 업데이트해보길 바란다. 업무에 중대한 셰이프를 찾는 데 도움이 될 것이다.

어떤 셰이프가 존재하는지 알고 있다면 이를 바탕으로 판단력과 절차, 예측력을 증진시킬 수 있다. 일몰과 일출로 이루어진 24시간 주기와 일치한다는 신체의 각성·수면 주기인 서캐디언 리듬(Circadian Rhythm, 24시간 주기 리듬)이 좋은 예다. 아비게일 주거가 〈뉴욕타임스〉에서 밝힌 바와 같이, 보건 당국이 질병의 서캐디언 리듬을 감안한다면 하루의 주기를 그려볼 수 있을 것이다. "가장 뚜렷한 결과를 확보하고 싶다면 천식 검사는 한밤중에 실시하는 편이 낫다. …… 심장병 환자는 늦은 오후에 관상동맥의 혈전이 용해된다. 그때가 혈액 응고 시스템이 가장 취약하기 때문이다."[21]

셰이프를 활용하여 리스크를 관리하고 기회를 포착할 수 있는 또 다른 방법은 좀 더 적합한 문제를 제기하는 것이다. 자산 가격이 급등하는 버블을 생각해보자. 사람들이 던지는 의문은 "버블이 조성되고 있는가, 그렇지 않은가? 혹시 그렇다면 언제 꺼지는가?"로 대동소이하다. 대개는 거기서 끝이 나지만 이제부터라도 셰이프(시퀀스와 인터벌, 레이트 등)에 대한 의문을 제기하는 건 어떨까? 거품이 존재한다면 조만간 터지겠는가, 서서히 바람이 빠지겠는가? 바람이 빠진다면 그 기간은 얼마나 되겠는가? 내친김에 메커니즘도 살펴보자. 악순환이 연동되어 있는가? 예컨대 주변이 압류 처리된 주택으로 둘러싸여 있다면 당신의 집도 가치가 하락한다. 그러면 조만간 이웃의 주택도 그렇게 될 테고, 결국에는 그 때문에 당신의 집값은 훨씬 더 떨어진다. 우리는 투명성과 완벽한 정보를 중시한다고 말하지만 모두가 같은 셰이프를 같은 시각으로 보고 같은 해석을 내린다면 군중행동도 예측해볼 수 있을 것이다. 예컨대 거품이 조성되면 패닉 상태에 빠진 채, 거품이 꺼지기 전에 하루빨리 비상구를 향해 내달리는 모습을 보게 될지도 모른다. 그래서 곡선의 모양도 아울러 따져봐야 한다(어떤 사실을 알게 된 사람들이 점점 늘어나 그에 반응하는 때는 언제인가?). 끝으로 사전 경고는 거품이 꺼지기 전에 얼마나 작동할지도 곱씹어보자.

앞선 문제들의 답을 찾아야(문제를 거론하기만 해도) 훗날 벌어질 결과에 좀 더 효과적으로 대비할 수 있다. 특히 업계에 조성된 거품을 짚이보고 이 같은 문제에 대한 답을 찾아본다면 금상첨화다. 조각조각 혼재된 정보를 휴지통에 버려서는 안 된다. 예컨대 경기가 회복되고 인플레이션이 도래할 때 연방준비제도는 회복세의 중단을 우려해 금리 인상에 미온적인 반응을 보일 것이다. 이때 인플레이션율이 상승하는 것과 연방준비제도가 대응을 지연하는 것을 대변하는 두 곡선을 염두에 두지 않으면 연방준비제도의 늑장 대응에 대한 정보는 놓칠지도 모른다. "정확성보다 패턴이 우선이다"라는 모토를 기억하라. 구태의연해 보이지만, 중요한 셰이프의 곡선을 그려낼 수 있다면 그 명칭도 지어보자. 내가 톱니 곡선이나 일렬형 곡선이라는 이름을 붙였듯이 말이다. 그러면 기억하는 데 도움이 된다.

끝으로 자신의 편견을 의식하라. 사람은 누구나 결정적 순간의 짜릿한 쾌감을 만끽하고 싶어 한다. 그래서 일이 뜻대로 풀리지 않으면 으레 종료 버튼을 누르고 싶어 한다. 시간이 연장된 셰이프를 좀 더 심사숙고해봐야 한다는 점을 깨달으려면 시간이 필요하다. 예컨대 "예전과는 달리 의사나 환자들은 암을 가리켜 치료는 가능하나 완치는 불가능한 만성질환이라고 간주"하는데[22] 이는 암 환자의 치료법에서 발상이 전환되었다는 점을 시사한다. 우리는 짧은 직선을 기대하고, 행여 곡선을 만난다면 대칭인 데다 간극이나 틈새가 없는 매끄러운 것을 기대한다. 톱니 곡선과 같은 셰이프를 발견하고 그 의미를 파악하는 데 시간이 걸리는 이유도 바로 그 때문이다. 그뿐만 아니라 일이 긍정적인 방향으로 진행되면 계속 그렇게 되기를 바란다. 떨어질 줄 모르는 주택 가격처럼 말이다. **정확히** 답을 찾지 못한다면(거품이 꺼질 시기 등) 좀 더 집중력을 발휘하되 다른 문제로 골머리를 앓아서는 안 된다. 어떤 비즈니스든 최선의 방어는 선입견을 염두에 두고 향후에 작용할 셰이프를 열거해보는 것이다. 매출이 쑥쑥 오를 것 같다면, 매출이 증가했다가 주춤할 시기도 찾아야 한다. 프로젝트의 종료를 앞두고 있는가? 불씨가 완전히 꺼지려면 오랜 시간이 필요하듯 비공식적으로라도 계속 진행될 부분이 있을 테니 그에 주목하라.

이 장에서 다루지 못하거나, 지나가는 길에 넌지시 언급한 셰이프도 상당히 많다. 지면이 한정되어 있고 거품이나 벼랑(폭락이나 이전 환경의 변화) 등의 일부 셰이프는 우려와 두려움을 부추길 수 있어 국민 토론에서나 어울릴 것 같았기 때문이다. 헨리 무어가 해변에서 관심을 둔 셰이프(달걀과 조개, 견과류, 자두 등)를 세어보니 17가지였다. 시간의 셰이프 역시 공간의 셰이프만큼이나 다양하며 우리가 직접 찾아봐야 할 것들이다.

시간의 추이에 따른 상상

지금까지는 점, 선, 주기로 쉽게 표현할 수 있는 셰이프에 주안점을 두었다. 앞서 지적했듯이 셰이프는 이 밖에도 상당히 많다. 나는 로런스 스턴의 소설 《트리스트럼 샌디》에서 셰이프의 모티프를 찾았다. 그는 작품의 서사적 아치형을 시각적으로 구현하여 (이름 모를) 다양한 셰이프(《도표 5.6》)를 발견하는 데 귀감이 되었다. 노턴 크리티컬판**Norton**

〈도표 5.6〉《트리스트럼 샌디》의 서사적 아치형

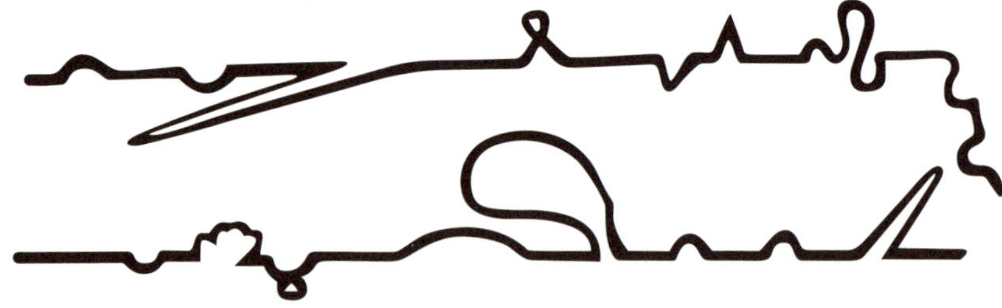

Critical Edition 편집자 하워드 앤더슨에 따르면, 스턴은 "관습적인 아이디어가 두뇌와 상상력에 족쇄를 채우는 무한한 방법"[23]을 밝히고 싶어 이 소설을 썼다고 한다. 이 책의 목적도 그러하다.

**시간의 셰이프는
종류가 다양하다 :**

- **점** 셰이프가 없음(시간상의 한 점).
- **선** 시간상의 두 점을 직렬로 잇는 범위나 구획. 진행 과정이 달라지는 방식을 구상했으나 전혀 달라지지 않을 경우 결과는 직선으로 표시된다.
- **곡선** 모양이 달라진다. 예는 아래와 같다.

    가속·감속 곡선 일정 방향으로 진행하면서 경사도가 달라지는 곡선으로, 가속페달이나 브레이크를 힘껏 밟은 차량의 속력을 나타내는 곡선과도 유사하다.

    아치형 무지개나 산 정상의 볼록한 모양이다.

    S형 곡선 처음에는 천천히 올라가다가 정상에서는 수평이 된다.
- **주기형** 과정이 일정 기간 반복되는 동안 등락을 거듭한다.
- **나선형** 코르크 마개뽑이 모양이다. 스프링이나 나선형 계단의 난간과도 비슷하게 생겼다.
- **세로 일렬형** 두 곡선이 서로 반대 방향으로 진행하다가 한쪽이 역전되어 결국 같은 방향으로 진행하는 모양으로, 서로 일렬이나 평행이 된다.

리스크와 기회 :

- 사람은 단순한 모양을 선호한다. 으레 짧은 직선을 좋아하고, 행여 곡선을 만난다면 대칭인 데다 간극이나 틈새가 없는 매끄러운 것을 기대한다. 그래서 그렇지 않은 톱니 곡선 같은 셰이프를 발견했을 때, 그 의미를 파악하는 데 오랜 시간이 걸린다.
- 일이 긍정적인 방향으로 진행되면 계속 그렇게 되기를 바란다. 떨어질 줄 모르는 주택 가격처럼 말이다.
- 셰이프를 스스로 깨닫고 싶다면 업무에 중요한 셰이프 카탈로그를 제작하라.
- 어떤 셰이프가 존재하는지 알고 있다면 이를 바탕으로 판단력과 절차, 예측력

을 증진시킬 수 있다.

- 의문을 덧붙여라. 거품이 조성되고 있는가? 그렇다면 거품은 언제 붕괴되겠는가? **정확한** 답을 찾을 수 없다면 "거품은 언제 터지는가?", "서서히 바람이 빠지는 경우라면 그 기간은 얼마나 되겠는가?" 등의 다른 문제는 잊어버려라.

- 문제의 답을 찾아야(거론하기만 해도) 훗날 벌어질 결과에 좀 더 효과적으로 대비할 수 있다.

- 어떤 비즈니스든 최선의 방어는 선입견을 염두에 두고 향후에 작용할 셰이프를 열거해보는 것이다. 예를 들어 매출이 쑥쑥 오를 것 같다면, 매출이 증가했다가 주춤할 시기도 찾아야 한다. 프로젝트의 종료를 앞두고 있는가? 계속 진행되고 있는 부분이 있을 테니 그에 대비하라.

06

폴리포니
polyphony

동시다발적으로 일어나는
다른 사건들의
의미를 파악하라

패턴을 보면 숱한 일이 동시에 벌어지기도 하는데 그에는 각자 나름의 경로가 있다. 폴리포니는 이들의 내적 관계를 두고 의문을 제기한다. 예컨대 중국의 침체기와 결합한 유럽연합의 금융 위기도 미국의 경기에 악재가 될 수 있다.

음악에서 폴리포니란 다양한 멜로디가 동시에 연주되는 악곡을 일컫는다. 이때 각 멜로디는 독자적인 개성도 있지만 다른 멜로디와 조화를 이룬다. 5장까지는 시간이 연장된 **단일** 패턴이자 단선 멜로디처럼 수평으로 전개되는 시퀀스, 발전·변화의 레이트, 전반적인 셰이프, 개시 및 종료 등을 살펴보았다. 폴리포니의 구성 요소는 여기에 수직적인 특성이 추가된다. 경영진 입장에서는 일이 동시에 벌어지는 경우가 비일비재하므로 타이밍을 제대로 잡으려면 **다중적인** 행동과 사건이 서로 어떻게 맞물리는지를 파악해야 한다.

타이밍 분석을 실시하는 데 적용할 렌즈는 폴리포니가 마지막이므로 7장과 8장의 기초를 닦는다는 차원에서 타이밍 분석이 어떤 것인지를 맛보기로 보여주고자 한다. 본격적인 사례에 앞서 행동과 사건이 동시에 벌어질 때 나타나는 2가지 관계성부터 규명해보자. 첫째, **구조성**Structural은 병렬로(즉, 동시에) 진행되는 사건이 다른 것과 정렬되거나 중첩된 정도를 가리킨다. 둘째, **영향력**Influence은 사건이나 프로세스가 동시에 진행되는 것을 감추거나, 대립시키거나, 대체하거나, 강조하는 정도를 일컫는다. 앞서 다양한 사건이 중첩되면 패턴을 찾을 수 없다는 특성을 가리켜 '코플런드의 한계'라고 언급한 바 있다. 클래식 작곡가인 코플런드는 동시에 연주되는 멜로디가 넷을 초과하면 청중이 쉽사리 이해하지 못한다고 지적했다. 코플런드가 폴리포니를 풀이한 대목은 다음과 같다.

> 폴리포니를 적용한 음악을 들으려면 청중은 주의력을 좀 더 집중해야 한다. 선율이 개별적이고 독립적으로 움직이기 때문이다.

> 폴리포니적 구성은 하나로 뭉쳐진 노래가 아니라 각자가 부르는 독립된 선율을 매 순간 들을 수 있다는 점을 암시한다.

> 폴리포니 구성은 인간의 귀가 동시에 들을 수 있는 소리가 과연 몇 개일까 하는 의문을 낳기도 한다. 의견이야 분분하지만 …… 감상 경험이 많다면 두어 가지 멜로디의 음악은 별 무리 없이 들을 수 있다고 본다. 멜로디가 넷이나 다섯, 여섯 혹은 여덟 개로 구성된 폴리포니라면 정말 골치깨나 아플 것이다.[2]

타이밍의 최대 난제 중 하나는 다양한 변수가 동시에 작용할 때 패턴을 찾는 것이다. 그다지 익숙하지는 않겠지만, 21세기에는 항상 그런 패턴과 마주칠 것이다. 루퍼트 스미스 장군은 현대 전쟁에 이를 적용하며 우리가 맞이한 새로운 현실을 다음과 같이 기술했다.

> 산업전Industrial war이 벌어지는 세계에서는 평화—위기—전쟁—

해결(다시 평화로 귀결되는)이라는 수순이 기정사실이다. …… 그러나 대인전War Amongst People의 새로운 패러다임은 대치와 분쟁을 끊임없이 넘나드는 개념에 근거한다. …… 전쟁과 평화도, 기정수순도 없거니와 시종 어느 한쪽에 평화가 온다는 보장도 없다. 즉 분쟁이 해결된다고 해서 대치 상황도 그러리라는 법은 없다.[3]

안타깝게도 그런 세상을 맞이하기에는 아직 준비가 미흡하다. 우리는 말을 하거나 글을 쓸 때 단어를 **순서대로** 써야 한다. 하다못해 어떤 정황을 설명할 때도 눈동자가 돌아가기 전에 '……동안Meanwhile'을 쓸 수 있는 횟수는 한정되어 있다. 추리력을 발휘할 때도 논리상 결론은 근거 뒤에 두는 것이 당연하다고 본다. **요컨대 인간은 병렬적(동시적) 성격이 강한 세계에 사는 직렬적인(순차적인) 존재이다.** 그래서 예상할 수 있는 사건도 눈치채지 못해 '불시에(Out of left field, 야구에서 비롯된 말로 직역하면 '좌익 밖으로'이다.—옮긴이)' 허를 찔리기 십상이다. 하지만 무엇보다 큰 문제는 '좌익'의 위치를 오해한다는 것이다. 좌익은 왼편이 아니라 위쪽을 두고 하는 말이다. 수많은 사건이 동시에 벌어지면 우리는 이를 추적할 수 없다.

폴리포니를 찾는 법

◉

타이밍 관련 병렬 프로세스를 모두 찾아내려면 사건이나 정황을 **트랙**Tracks으로 쪼개고 나서 하나씩 짚어보는 것이 바람직하다. 1996년에 발행된 〈뉴욕타임스〉를 보니 이혼 소송을 밟는 여성의 일화가 눈에 띄었다. 기사 제목은 '34개월째 이혼하지 못한 사연'이었다.[4] 왜 그토록 오래 끌었을까?

소송 과정에서 숱한 사건이 동시다발적으로 벌어졌기 때문이다. 이를테면 "이혼 전담 판사 셋이 다른 주로 출장을 간 탓에 이혼 소송 경험이 아주 없는 판사가 대신 판결을 진행"했고, 남편이 법정에 출석하지 않아 일정을 재조정해야 했으며, 남편 측 변호인들이 다른 피고인의 항소심을 준비하고 있어 어쩔 수 없이 재판이 또 연기되었다. 게다가 변호인의 몸이 썩 좋지 않은 데다 어느 판사의 재판이 겹쳐 또다시 일정을 연기했다. 마침내는 여성이 전해들은 바와 같이, 주 연방대법원 사무소 직원이 소송 파일을 엉뚱한 곳에 두는 바람에 또다시 일정이 연기되었다.[5]

아마 여성은 지금쯤 홀가분한 이혼녀가 되어 있겠지만, 소송 과정은 예상보다 훨씬 길었다. 프로세스가 장황해진 이유를 규명하려면 동시에 벌어진 사건과 프로세스를 모두 따져봐야 한다. 악보에 적힌 멜로디를 다양한 악기가 동시에 연주하듯 말이다.

악보에는(서론에서 내가 편곡해둔 베토벤 악보를 다시금 들춰보고 싶을지도 모르겠다) 수평적인 면과 수직적인 면이 모두 담겨 있다. 악보의 수평적인 측면이린 변호사 선임, 이혼 소송 제기, 판사와의 면담 등 법제도의 순서를 말한다. 이혼 소송에서 몇 가지 절차는 정해진 순서를 따라야 한다. 여성이 이 책을 5장까지 읽었다면 사건이 순서대로 벌어질 때는(시퀀스에 엄격한 한계가 존재할 경우) 일이 지연될 수 있으며, 종료(여기서는 이혼)가 절실히 필요할 경우 조금의 지체도 고역이 될 수 있다는 점을 이미 알고 있었을 것이다.

그녀가 맞닥뜨린 상황에는 수많은 사건이 동시에 벌어지는 수직적인 면도 존재한다. 이는 11가지 병렬 트랙으로 구성되며 주동 인물이나 프로세스가 각각 한 트랙에 담겨 있다.

1. 남편
2. 아내
3. 아내 측 변호인
4. 남편 측 변호인 1
5. 남편 측 변호인 2
6. 변호인 1의 담당 사건
7. 변호인 2의 담당 사건
8. 판사 1
9. 판사 2
10. 판사 1의 담당 사건
11. 판사 2의 담당 사건

이를 좀 더 보완하고 싶다면 변호인과 판사가 관계된(10, 11번) 다른 사건의 라인을 추가하면 된다. 한 악보에 수록된 트랙 숫자는 C값으로 표현할 것이다(C는 코플런드의 C). 위 사례에서 C=11이므로 코플런드의 한계(C=4)를 훨씬 웃돌지만, 그보다 훨씬 C값이 '큰' 경우도 적지 않으니 드문 일은 아니다.

C값이 높으면 당사자들의 행동이 서로 조율되어야 한다는 사실이

가장 중요하다. 재판 일정이 잡혔지만 아내가 출석하지 않았다거나 남편 측 변호인이 참석할 수 없다면 프로세스 진행은 불가능하다. 나는 이를 **동시 필요조건**Synchronous Requirement이라고 부른다. 계획이 제때 이루어지려면 몇 가지 계획이 동시에 진행되어야 한다는 뜻이다.

결국 여성의 이혼 소송은 3가지 원인 때문에 지연된 셈이다. 3가지 원인은 ①높은 C값(병렬을 이루며 벌어진 사건이 너무 많았다), ②직렬의 한계(이혼을 마무리하는 데 밟아야 할 단계가 생략되거나, 단축되거나, 무너지거나 혹은 역전시킬 수 있는 정도에 한계가 있다), ③동시 필요조건(계획이나 행동을 동시에 만족시켜야 한다)이다. 프로세스의 절차와 단계에는 구두점이 뚜렷이 찍혀 있었다. 재판과 면담은 당사자가 정한 시기에 진행된다. 엄격한 직렬의 한계와 동시 필요조건이 결합될 때 C값이 크면 지연 가능성은 상당히 증가할 것이다. 지연이 불가피하다는 것이 아니라 그럴 가능성이 높아진다는 뜻이다. 물론 변호인의 몸이 좋지 않다거나 판사가 새로 배정될 수 있다는 점은 누구라도 예측하지 못했을 것이다. 그러나 C값이 크고 직렬의 한계와 동시 필요조건이 두드러진 프로세스라면, 지연 가능성을 무리 없이 점칠 수 있다. 게다가 이 같은 과정은 늦어질수록 또 다른 사태가 개입될 확률도 높아져, 애당초 기대보다 훨씬 더 지체될 수 있다. 따라서 매 순간 쌓이는 병렬 프로세스에 정신을 집중해야 한나는 섬을 명심하라. 눈을 들면 그럴 수 있다.

산적한 폴리포니 구조를 찾는 데 보탬이 될 전략을 제시하기에 앞서, 폴리포니와 멀티태스킹**Multitasking**의 차이부터 밝혀야겠다. 멀티태스킹의 경우, 해야 할 항목은 이미 정의되어 있다. 여기서의 문제는 이

것들을 전부 동시에 해결할 수 없다는 것이다. 반면 폴리포니가 가진 문제는 멀티태스킹과 다르다. 한가득 쌓인 폴리포니 구조의 트랙은 눈에 띄지도 않거니와 쉽사리 상상하기도 어렵다. 또한 트랙뿐만 아니라, 그것이 서로 영향을 주고받는 경위도 몸소 찾아야 한다. 폴리포니는 익히 알고 있는 트랙을 동시에 진행하는 것이 아니라, '감춰진' 인터벌이나 '감춰진' 레이트를 찾을 때처럼 미지의 트랙을 찾는 것이다.

폴리포니 렌즈 활용법

폴리포니 렌즈는 눈을 어디에 두어야 하며 무엇을 찾아야 할지를 구체적으로 일러준다.

1. **수직으로 보라** 업무나 비즈니스와 관련하여 동시에 벌어지고 있는 사건을 밝혀라.
2. **구조를 찾아라** 동시에 발생하는 사건과 계획, 프로세스가 정렬되는 방식에 주목하라. 선두를 달리거나, 지연되거나 중첩되는 것은 무엇인가?
3. **인과관계를 찾아라** 현 사건이 그와 동시에 진행되고 있는 다른 사건의 원인이나 결과가 되는 경위, 영향을 주고받는 방식을 관찰하라.

수직으로 보라(무엇이 동시에 벌어지고 있는가?)

잠시 여유를 갖고 직장이나 가정에서 타이밍이 중요한 상황을 떠올려보라. 이를 상술하는 데 몇 개의 트랙이 필요한지는 딱히 규정된 바가없다. 상황은 각자 다르다. 하지만 도움이 될 만한 일반적인 전략은 있다. 2가지 카테고리 중 첫째는 가시적인 트랙을 다루고, 둘째는 '잊었거나' '감춰진' 트랙을 찾는 데 주안점을 둔다. 그럼 가시적인 트랙부터살펴보자.

가 시 적 으 로   진 행 되 는   부 분 이 나   측 면 을   모 두   고 려 하 라

우선 정황에 관련된 업무나 역할(연구 개발R&D과 제조 및 마케팅 등)부터밝혀야 한다. 그런 뒤에 진행 중인 부분과 관계된 트랙을 면밀히 살펴 개괄적으로 정리해둔다. 이때는 모든 측면을 감안해야 한다는 점을 기억하라. 이를테면 경제(비즈니스 주기 트랙)를 비롯하여 재정(시장의기복 트랙), 행정(인력의 변동 트랙), 기술(기술의 발명 및 활용 트랙), 정치(정치적 이념의 변화를 기록하는 트랙), 법(규정과 방침의 변동을 추적하는 트랙),사회 문화적인(사회운동의 성쇠와 가치관의 추이를 기록하는 트랙) 측면에이르기까지 어느 하나라도 누락돼서는 안 된다.

또한 정황에 따른 변수도 잊지 말자. 이해관계자를 비롯하여 주동요인Actors과 대행요인Agents의 작용 및 반작용의 트랙도 배제해서는안 된다. 정황은 개인에서 출발하여 집단과 기업, 조직, 업계, 국가로점차 확산되는 동심원과 비슷하다고 생각하라. 이 동심원에서 범위가가장 넓은 것은 전 세계 및 국제적으로 벌어지는 사건이다. 각 '고리

Ring'에 트랙을 입혀라.

자신이 발을 들인 정황에서 진행되는 모든 부분의 위치를 추적하는 것이 관건인데, 이때 적용해볼 만한 규칙은 모든 '명사Nouns'에 트랙을 제공하는 것이다. 각 명사에 발달 시퀀스와 변동 레이트, 리듬, 구두법 등이 작용할 **듯하다면** 전부 트랙을 생성시켜야 한다. 진행 중인 사건에 얼마든지 영향을 줄 수 있기 때문이다.

감춰졌거나 유실된 트랙을 모두 찾아라

이 단계는 좀 더 복잡하다. 업무 및 비즈니스에 영향을 줄 프로세스는 주변 사건에 대응하는 방식이 대개 '평평'해서 놓치는 경우가 많다. 거기에 높이를 추가하려면 사건을 진술하는 방식을 바꾸어야 한다. 예컨대 "기업이 상품을 제조하여 출시하기로 했다"라는 진술을 보자. A로 시작해서 B로 이어지며, 우선 제조하고 나서 시판한다는 것인데 이는 단 하나의 시간 좌표를 가리킬 뿐이다.

같은 사건이라도 병렬로 생각하면 폴리포니의 구조로 발상을 전환할 수 있다. 일단 각 항목에(기업과 제조 공정, 제품 및 시장에 각각 하나씩) 트랙이나 시간 좌표를 설정해보자. 4가지 항목은 시시각각 달라지거나 중첩될 것이다. 이를테면 기업은 인수·합병되고, 신기술은 제조 공정을 바꾸고, 마케팅 전략은 제품 시장처럼 진화하게 마련이다.

직렬에서 병렬로 전환하면 시간과 타이밍 문제가 쉽게 눈에 띈다. "회사가 제품을 출시해도 좋을 때인가?", "마케팅 전략은 신속히 발전할까?" 등의 문제의식은 "기업이 상품을 제조하여 출시하기로 했다"라는 문장에서는 전혀 읽히지 않는다. 그래서 재진술이 필요하다.

인간은 복잡하고 끊임없이 변동하는 세상을 단순화하고 안정시킨다. 이 같은 무의식적인 습성을 의식하지 않으면 비즈니스를 좌우할 변화에 미리 대응하지 못한다.

재진술은 학문적인 대상이 아니다. 루퍼트 스미스 장군이 변모하는 현대 전쟁을 어떻게 풀이했는지 다시 보라. 핵심은 '넘나든다'에 있다. 즉 전체를 파악하려면 병렬적인 구조가 필요하다. 폴리포니 개념을 도입하지 않으면 혼란은 결국 절망으로 이어질 것이다. 시간의 구두법에서 다룬 사례를 보라. 전쟁은 언제 끝나며 사태는 언제 재발하느냐의 문제는 직렬 세상에서는 답이 확실하다. 그러나 폴리포니 세계에서는 답이 딱 떨어지는 법이 없다. 의문은 단 하나의 정답 대신 또 다른 의문을 불러일으킨다. 이를테면 "그와 병행해야 할 일은 무엇인가?", "그런 와중에 다양한 프로세스가 서로 영향을 주고받는 경위는 무엇인가?" 하는 물음이 꼬리에 꼬리를 문다.

그러면 다른 트랙에 가려졌거나 감추어진 트랙(사건과 정황 및 환경)을 전부 들춰내는 방법도 아울러 살펴보자.

1) 잊어버린 트랙

잊기 쉬운 트랙에는 여러 유형이 있다. 차차 살펴볼 '망각하는' 트랙 2가지는 레이드가 너무 느리거나 너무 빨라서 의식하지도, 예상하지도 못해 벌어진다.

① **흰개미 트랙**Termite Tracks● 흰개미 트랙은 최저 속도 과정의 최저 속도가 너무 느려 진행 중인 사건을 눈치채지 못하는 경우를 일컫는다. 예컨대 요통이 오는 이유를 아는가? 키는 날로 커지는데

탁자는 점차 낮아지기 때문이다. 덴마크 핀센연구소^{Finsen Institute}의 외과 주임 A. C. 만달에 따르면, 지난 50년간 남녀의 평균 신장은 10센티미터 가량 늘어났지만, 탁자는 무려 20센티미터나 낮아졌다고 한다. "앉는 자세가 부자연스러워진 것이 점차 증가하는 요통 환자의 주된 원인이다"[6]라는 것이다. 흰개미 트랙은 발생 속도가 느려 결국 시스템의 구조적 통합성을 저해하는 프로세스를 대변한다. 예를 들어 직원들이 교체되면서 서서히 변하는 기업 문화가 어느 순간 전환점에 이르면 비즈니스에 적잖은 영향을 줄 수도 있다. 그러나 변화가 매우 더디게 이루어지기 때문에 경고신호를 제때 감지하지 못할 수도 있다. 자동항법장치도 비행 방향을 아주 천천히 바꾸기 때문에 조종사는 실제로 이를 눈치채지 못한다고 한다.[7]

② **고속 시스템** 4장(레이트)에서 나는 최고 속도 과정의 최고 속도를 언급했다. 고속 프로세스는 패닉에 따른 대규모 인출 사태 등의 연쇄반응처럼 자연적으로 발생한다(마치 성난 산불처럼). 상징 체계의 속도를 다루면서 짚어본 바와 같이, 상징 체계가 현실의 주요 부분을 차지한다면 속도에 대비해야 한다. 자본은 상징(컴퓨터 코드와 알고리듬)에 기반을 둔 네트워크를 통해 순식간에 지구를 돌고 돈다. 속도가 너무 빨라 육안으로는 식별할 수 없는 일도 적지 않다. 그러니 '눈 깜빡할 새' 벌어지거나 컴퓨터로 처리하는 프로세스에도 트랙을 추가하라.

2) 대체 트랙

대체 트랙이란 다른 트랙에서 진행 중인 것의 대안을 일컫는 계획이나 사실을 가리킨다. 이혼 소송을 밟던 여성의 사례를 다시 생각해보자. 소송이 지연된 이유 중 하나는 변호사들이 다른 사건을 담당했기 때문이다. 즉 B를 해야 하므로 A는 할 수 없었다. 그러니 부엌 리모델링 기간을 알고 싶다면, 시공 업체가 동시에 몇 가지 일을 소화해낼 수 있는지, 또 동시에 몇 가지 작업을 끝낼 수 있는지를 물어보라. 답변을 들어보면 리모델링이 완성될 시기에 대해 많은 단서를 찾을 수 있을 것이다. 가령 한 계열사가 실적이 악화되고 있다고 치자. 본사는 언제 계열사의 문을 닫고 시장에서 철수시켜야 할까? 여러 대안(수익성이 높은 사업 기회 등)을 고려하지 않아 밑 빠진 독에 물을 부으면서도 회생을 기대하는 기업이 많다. 적절한 철수 시기를 잡는 방법은 필요할 때 적용할 수 있는 대안을 확보해두는 것이다. 그러기 위해서는 각 대안에 트랙을 마련해두어야 한다.

대체 트랙에는 수요와 공급에 대한 논의도 추가해야 한다. 소비자들은 상품의 가격이 내려가면 물건을 더 사고, 가격이 오르면 물건을 덜 산다는 것이 사회적 통념이지만, 꼭 그런 것은 아니다. 가격이 내려갔을 때보다 올라갔을 때 그 상품을 더 사는 경우가 있다. 영국 빅토리아 여왕 시대에 이 같은 현상을 처음 규명한 통계학자 로버트 기펜의 이름을 따 그 같은 상품을 **기펜재**Giffen Good라고 부른다.[8] 그러므로 가격이 변동할 때 평소 찾지 않던 제품을 구매하려면 수요는 어떻게 달라질지를 자문해보라.

3) 해석 트랙

정황을 어떻게 해석하느냐에 따라 적절한 타이밍 선택도 달라질 수 있다. 국가가 생화학무기를 다른 곳으로 옮겼다면 이를 사용하려고 그런 것일까? 그렇다면 즉각 대응해야 하지 않을까? 실상을 해석하는 방식에 따라 타이밍이 달라질 수 있다는 점을 기억하려면 각 해석에 트랙을 두면 된다.

1993년, 경찰은 어느 보수주의 칼럼니스트에 대한 시위가 벌어진 펜실베이니아 대학에 출동했다. 경찰은 시위 도중 흑인 학생들이 교내신문을 몰수하지 못하도록 진압했다고 한다. 그러나 후속 기사는 "경찰 당국은 교지를 모두 처분하려고 했던 학생들의 행동이 대학 방침에는 위배되지만, 범법 행위가 아니라 어디까지나 시위라는 점을 인정해야 했다"라고 보도되었다.[9] 학생들이 범죄에 가담했다면 시의적절한 진압이었지만 그들이 합법적인 시위에 가담했다면 경찰이 너무 앞서 갔다고 볼 수도 있다. 당국이 타이밍 오류를 저질렀다면 정황을 해석한 방식에 그 원인이 있다.

이 일화가 한 가지 해석만 가능하다면 하나의 트랙이나 시간상에 차례로 자리를 잡겠지만, 다른 해석이 나올 수 있다면 다중 트랙이 필요하다(현상을 '해독'하는 방식마다 하나씩). 이때 물어볼 만한 문제는 다음과 같다. ①트랙이나 해석이 옳다는 것은 **언제** 알게 될까? ②판단에 영향을 줄 **그때에는** 무슨 일이 벌어질까? ③해석이 옳다면 대처해야 할 때는 **언제**인가?

4) 반응 트랙

조직의 신규 방침 등 뭔가가 달라졌거나 혹은 달라져야 한다는 주장이 제기된다면 그에 따른 반응을 예상하라(대개는 찬반양론일 것이다). 뉴턴이라면 "모든 작용에는 반작용이 따르게 마련"이라며 추임새를 넣을지도 모른다. 반응을 두고는 4가지 문제를 꼽는데, 이는 시간의 구두법과 셰이프, 레이트와 관계가 깊다.

① 반응이나 대립 과정은 언제 시작되는가?
② 그것은 어떻게 발전하는가?
③ 규모는 언제 눈에 띌 만큼 커지는가?
④ 언제 종료되는가?

반응이 시작, 발전, 종료되는 과정을 규정하는 곡선은 무엇인가? 반응을 파악하는 최고의 방법은 거기에 트랙을 두는 것이다. 그러면 처음부터 셰이프와 타이밍을 염두에 둘 수 있다. 단 작용과 반작용을 **같은** 트랙에 두면, 반작용이 당장은 벌어지지 않을 일로 치부되어 머리와 눈에서 멀어질 공산이 크다.

5) 목표 트랙

개인과 조직은 대개 목표나 목적이 다양하다. 가업이라면 수익 창출뿐만 아니라 가문의 명예를 드높이고 후세를 위한 부를 쌓아야 한다. 이 같은 목표는 서로 연관되어 있을 때도 있고 그렇지 않을 때도 있다. 또 시간이 지나면 달라지기도 하고 어떤 목표가 다른 것을 대신하기도 한다. 2장(시간의 구두법)에서 언급한 달러 경매를 되짚어보자. 이윤을 최대한 늘리려던 동기를 결국 손해를 피하려는 의도가 대신한다. 차점자도 최종 입찰가를 물어야 하기 때문이다.

목표와 목적을 각자의 트랙에 구분해두지 않으면 변화의 당위성을 미처 깨닫지 못할 것이다.

6) 정성적定性的 트랙

중요하지만 수량으로는 환산하기 어려운 프로세스나 계획, 활동을 규정한 트랙도 추가해야 한다. 소비에트 연방은 생각하기 쉽지 않은 변수, 이를테면 "민족적 충절과 민족주의의 호소력을 비롯하여 종교 활동 및 문화적 표현의 자유에 대한 요구, 정권이 도덕적 합법성을 상실했다는 허탈감을 아우르는 열정Passions"[10]을 고려하지 않은 까닭에 와해되었다는 교훈을 일깨워준다. 당시 전문가들은 이 같은 변수는 도외시하고 경제력과 군사력만 분석 모델로 삼은 까닭에 자국이 붕괴될 시기와 속도를 예측하지 못했다. 그러니 업종을 막론하고 정량과는 거리가 먼 트랙도 염두에 두어야 한다. 수치로 표현할 수 없는 것은 대개 물렁하거나 주관적이라는 이유로 백안시할 공산이 크다. 정밀성을 높이 평가하고, '통계 수치'가 없으면 결정을 보류하는 기업은 더욱 그럴 것이다. 하지만 구소련이 그랬듯이, 정성적 트랙을 제외하면 타이밍을 잡지 못해 기회를 놓치고 만다.

———

환경이라는 맥락에서 가시적이거나 감춰진 사건과 상황(트랙)을 밝혀 냈다면 그것이 서로 어떻게 영향을 주고받는지 좀 더 심층적으로 분석할 수 있을 것이다.

트랙은 넉넉하게 추가하라

감춰졌거나 놓치기 쉬운 트랙을 찾아내는 요령을 살펴보았으니 이제 **"트랙은 몇 개가 적당한가?"**를 물어야겠다. 이는 고층빌딩을 두고 "얼마나 높아야 하는가?"를 묻는 것과 같다. 답은 건물의 목적에 따라 달라진다. 도시 스카이라인의 중심부라는 점을 상징적으로 보여주기 위해서, 혹은 가장 높은 빌딩이라는 사실을 입증하거나 기업을 유치할 영리적인 목적을 위해서 건물을 세울 수 있다. 이 같은 다양한 목적에 따라 빌딩의 높이도 각각 다르다. 타이밍을 잡기 위해 폴리포니 렌즈를 쓸 때도 마찬가지이다. 당신이 추가하거나 분석해야 할 트랙 개수를 정확히 규정할 수는 없지만, 경험으로 미루어 C값이 20은 웃돌아야 충분한 정보로 의사를 결정할 수 있다.

나는 기업 전략 회의의 일환으로 보험회사에서 IT 기업의 대표와 함께 호흡을 맞춘 적이 있다. 트랙을 20개 정도 끄집어내자, 컴퓨터 시스템의 업그레이드 시기에 따라 전반적인 전략 방향이 달라진다는 점을 깨달았다. 폴리포니 렌즈 덕택에 대표의 시야를 우물에서 건져 낼 수 있었다. 금융 업체와도 그런 경험이 있다. 당시 임원들은 경쟁 업체와의 가격경쟁을 우려하는 눈치였다. 우리는 금융 업계의 동향을 짚어보면서 복잡한 실상을 파악하기 위해 트랙을 계속 덧붙여나갔다. 약 20개 정도를 추가하고 나니 업계의 동향으로 미루어 볼 때 가격경쟁은 문제가 되지 않는다는 사실을 알아냈다. 가격이 수익을 끌어올리는 주요 견인차가 아니었다.

그렇다면 당신에게는 몇 개의 트랙이 필요할까? 내가 발견한 **2차 트랙의 법칙**Second Dozen Rule을 기억해두기 바란다. 경험상 10개 남짓

되는 1차 트랙에는 이미 알고 있는 사실이 가시적으로 나타나고, 2차 트랙에 들어서야 새로운 안목으로 정황을 파악할 수 있다.

구조를 찾아라 : 계획과 사건, 프로세스는 어떻게 배열되었는가?

폴리포니 렌즈를 활용하면 프로세스와 사건이 서로 어떻게 정렬되는가(동시에 발생하는 것과 시간이 구분되는 것)에 주안점을 둘 수 있다. 이때 각 상황은(서로 중첩되든, 그러지 않든) 비즈니스 리스크나 기회의 원천이 된다.

동시성 리스크 : 중첩 리스크

10여 년 전, 방송사 NBC는 광고주와 더불어 2000년 호주 올림픽에 엄청난 공을 들였으나 시청자의 호응이 따르지 않아 울상을 지었다(많이 당황했을 것이다). 개최국인 호주가 남반구에 있어 미국과는 계절이 상반된 까닭에 올림픽 개최 일정이 늦어진 것이 화근이었다. NBC 외 다른 방송사 경영진은 올림픽 시기가 야구 정규 시즌과 겹쳤을 뿐만 아니라 NFL 풋볼 경기를 비롯한 경쟁 종목 탓에 시청률이 저조한 것으로 분석했다. 〈월스트리트저널〉은 이러한 입장을 보도했다. 물론 호주와 미국의 시차가 원인이라는 점도 시인했다.[11] 혹자는 미국인이 올림픽에 아주 흥미를 잃은 것이 아닌가 하는 의구심을 품기도 했다.

그러나 8년 후 베이징에서 개최된 올림픽은 시청률을 대폭 끌어올릴 수 있다는 점을 보란 듯이 입증했다. 올림픽에 대한 이례적인 관심과 사상 최고 기록을 경신한 시청률이 매스컴을 통해 보도되었다.

2012년 런던 올림픽도 성공리에 막을 내렸다. "하루 시청자만 3000만을 웃돌았고 총 2억여 명이 올림픽을 관람한 것으로 집계되었다."[12] 그렇다면 NBC 방송은 어디서부터 일이 틀어진 것일까? 아래 열거해놓은 바와 같이 중첩된 변수의 의미를 간파하지 못한 탓이다.

- **기상** 개최국의 겨울을 피하려고 이른 여름과는 정반대인 가을에 올림픽 일정을 잡았다.
- **정치계 일정** 가을에는 대선이 있어 시청자와 미디어의 관심이 대선에 쏠려 있다.
- **애국심의 변화** 수년 전 냉전이 종식되고 국가 간의 경쟁자 의식이 사라져 경기의 상징성도 다소 희석되었다. 올림픽은 이제 국가나 이데올로기가 아니라 선수들의 경합일 뿐이다(흰개미 트랙의 사례).
- **기술** 인터넷의 발달에 따라 정보가 실시간으로 전파되므로, 경기 방송 시기가 늦어진 점이 악재로 작용했다.
- **경쟁** 올림픽은 야구 및 풋볼 시즌과 경쟁을 벌여야 했다(진행 중인 변수의 대체 트랙).

폴리포니 렌즈를 쓰면 중첩되는 변수와 대처 방안을 좀 더 분명히 파악할 수 있다. 동시다발적으로 벌어지는 변인에서 비롯된 문제를 방송사가 예상했더라면(혹시라도 그럴 수 있었다면) 방송이 지연된 점을 역이용할 수도 있었다. 예컨대 선수가 금메달을 획득하게 된 결정적인 순간을 확대하거나 느린 동작으로 구성해 보여주면 어떨까? 야구 경기 중에는 '올림픽 업데이트' 광고를 실시간으로 띄워 시청자들에게 각인시킬 수도 있을 것이다. 어쨌든 여기에서의 핵심은 NBC가 폴리포니 렌즈를 적용했다면 악재를 미리 찾아낼 수 있었다는 것이다.

변인이 중첩되는 사건은 숱하게 발생하기 때문에 동시성 리스크는 곳곳에 깔렸다고 해도 과언이 아니다. 2007년 8월에는 미니애폴리스 미시시피 강의 교량이 붕괴되어 14명이 목숨을 잃고 145명이 부상을 당했다. 수사 당국이 조사한 바로는, 미시시피 본류를 횡단하는 35미터 도로의 절반을 웃도는 무게가 쏠린 것이 화근이었다. 교통안전부는 도로 표면 처리 공사를 앞두고 포장 재료에 쓰이는 골재를 차량이 통제된 좁은 도로에 설치해두었는데, 바로 그 아래쪽에서 균열이 발생하여 콘크리트와 철근이 미시시피 강에 빠져버린 것이라고 밝혔다.[13]

자초지종을 이해하려면 시간을 되돌려봐야 한다. 교량이 건설되고, 차량이 그 위를 달리기 시작한다. 러시아워 때는 비교적 교통량이 많고 다른 때는 한산한 편이다. 수년이 지나자 보수 공사를 해야 했다. 붕괴를 방지하기 위해 관계자는 러시아워 교통량의 현황과 보수 공사의 일정을 미리 파악했다. 세월이 갈수록 교통량은 늘었다. 인구가 증가하면서 러시아워에 몰리는 차량도 급증했다(속도가 더딘 증가는 흰개미 트랙의 전형적인 사례다). 그리하여 교량에 작용하는 중량이 늘고, 보수 재료 및 설비 무게까지 가중되어 결국 다리는 붕괴했다.

수사 당국은 교량의 좁은 구획에서 구조적인 결함, 즉 사태의 원흉을 발견했다. 여기서 배울 수 있는 교훈은 자명하다. 동시성 리스크(변수가 중첩될 위험)를 예측하려면 애당초 동시에 일어날 법한 하류 상황을 감안해야 한다. 하지만 대개 그러지 못하는 이유는, 아이러니하게도 인과관계라면 으레 단일 시간 좌표에만 정신을 집중하기 때문이다. 즉 동시에 발생한 사건보다는 무엇이 무엇으로 **이어진다는** 데 주안점을 둔다(동시성 리스크가 불거질 공산이 크다). 벤 버냉키가 지적한 바와 같이, 대공황의 **원인**은 1929년의 증시 폭락이 아니라 동시에 벌어진 '서로 무관한 국제 금융 사건'이다.[14]

동시성 리스크는 비동시적 대안으로 해결할 수 있다. 예컨대 헤지펀드는 비동시적 해결책의 일환으로 시차 간격을 둔 변제에 지출을 제한한다. 시차를 두면 패닉 상태에 빠지더라도 현금을 동시에 인출하는 것을 방지하여 침착성을 확보할 수 있다. 또한 투자를 지속할 수 있는 방향으로 시장 환경을 바꾸어나갈 수도 있다.

또 다른 예로, 경제학자 리처드 탈러는 미국 노동자의 저조한 저축 문제를 개선할 요량으로 비동시적 대안을 내놓은 적이 있다(아직 도입되지 않은 것으로 알고 있다). 미래의 임금 인상분 중 일부를 퇴직금 계좌에 납입하도록 장려하자는 것이 그의 계획이다. 차후 인상분을 미리 떼어놓는다는 이야기인데, 실제로 인상분이 임금에 적용되어야 납입금이 늘어나지 않겠는가? 따라서 인상분과 납입금이 서로 만나도록 시간대를 맞춘다면 실수령 급료가 감소하지 않아 안심할 수 있을 것이다.[15] 결국 수입의 증가분과 추가 저축의 시간대가 일치하니 완벽한 조화인 셈이다.

주변 환경이나 사건이 서로 중첩되면 긍정적인 결과로 이어질 수 있다(나는 이를 동시적 인센티브Synchronous Rewards라고 부른다). 피터 브룩 감독은 오버랩(중첩) 덕에 실패를 모르고 산다고 밝히기도 했다. "작품 활동이 끊인 적은 없었습니다. …… 진행 중인 작품을 마치기 전에 또 다른 작품을 제작하니까요. 그러면 실패의 위험을 막아주죠."[16]

몇 가지 업무를 단숨에 계획해도 득이 될 때가 더러 있다. 예컨대 뉴욕 맨해튼에 있는 세계 최대의 기차역인 그랜드센트럴 역은 발착 일정을 업데이트하는 동시에 서머타임(Daylight Saving Time, 여름철에 긴 낮 시간을 효과적으로 쓰기 위해 시각을 앞당긴 시간.—옮긴이)도 조정한 다. 메트로노스커뮤터 철도회사**The Metro-North Commuter Railroad Company** 의 대변인 댄 브루커에 따르면, 몇 가지를 포개어 작업하는 것이 더 간편할 뿐만 아니라 탑승자들 또한 일정 조정에 적응하기 쉽다고 한 다.[17] 중첩되는 변수에 주의를 집중하면 긍정적인 결과와 리스크를 관 리할 기회를 창출할 수 있다.

동시 필요조건 : 조건이 일치해야 할 때

동시 필요조건이란 계획이 성공하기 위해 동시에 존재해야 하는 조건 을 일컫는다. 예컨대 기술은 성공에 필요한 조건(시장의 상황과 인프라 조건 등)이 존재하지 않거나 시기가 맞지 않으면 너무 일찍 나왔다는 이유로 실패한다. 마침 공기 타이어가 문득 떠오른다. 1845년 로버트 톰슨이 특허를 냈지만 그 당시에는 영리적으로 활용되지 못했다. 그러 나 1880년 로버트 던랩이 출현하자 공기 타이어는 전성기를 맞이했다. 자전거가 등장했던 시대라 이를 부드럽게 굴리는 공기 타이어가 각광 을 받은 것이다.[18] 톰슨의 타이밍이 어긋난 까닭은 혁신을 도입했을 때 이를 뒷받침해줄 조건이 성립하지 않았기 때문이다.•

수많은 상황에는 동시에 충족해야 할 조건이 있다. 최근 기억을 더

원래 공기 타이어는 로버트 톰슨이 발명했다. 1845년에 공기타이어 특허를 취득했으 나, 그 당시에는 이 타이어를 활용할 수 있는 자전거나 자 동차가 없었다. 따라서 톰슨 의 발명은 세상에서 잊혔다. 던랩은 톰슨의 특허를 바탕 으로 압축공기를 이용하여 진동을 줄이는 고무타이어 를 발명하여 1888년에 특허 를 받았다. 던랩의 타이어는 자전거가 유행하고 자동차가 활성화되는 시기와 맞물려 세계적인 대기업으로 성장하 는 원동력이 되었다.

듬어보니 설렌버거 기장이 지휘한 항공기가 뇌리를 스친다. 조류와 충돌하자 그는 기체를 허드슨 강에 안전하게 착륙시켰다. 당시 정황을 이렇게 회고했다. "착륙할 때는 기수가 약간 들려야 하고 …… 양 날개는 정확히 수평이 되어야 합니다. …… 승객이 생존할 수 있는 하강 속도는 …… 최저 비행 속도를 약간 웃돌아야지, 그 아래로 떨어져서는 안 됩니다. 그래서 이를 동시에 진행할 수밖에 없었죠."[19]

설렌버거의 대응은 참으로 놀라웠다. 훈련된 경험뿐만 아니라 담력도 있어야 했기 때문이다. 그러나 의사 결정을 앞둔 사람이라면 동시성을 띠는 역할을 감당할 수밖에 없다. 적어도 의사 결정이 성립하려면 3가지 조건을 동시에 만족해야 하기 때문이다. 3가지 조건이란 첫째, 선택안이 있다는 점을 인식해야 한다. 둘째, 선택안이 서로 구분되며 각각 다른 결과로 이어진다는 점을 머리로 알고 있어야 한다. 그렇지 않으면 동전이나 던져 운에 기댈지도 모른다. 끝으로 셋째, 효능감Sense of Efficacy도 느껴야 한다. 인간이 제어할 수 없는 세력이 이미 결과를 결정했다고 믿는다면 선택은 형식에 불과하다. 그래서 자신이 주도적으로 결정을 내린 것인지, 습관이나 관행을 따른 것은 아닌지 헷갈릴 때가 더러 있다. 사람들은 의사 결정을 화두로 삼고 싶어 한다. 그 순간을 극적으로 부각하고 싶어서 그렇겠지만, 따지고 보면 결정은 단순한 행동이 아니라 여러 변수가 합류된 것이다. 그래서 폴리포니 렌즈가 중요하다. 동시 필요조건은 망각하기도 쉽다.

동시 필요조건도 중요하지만, 동시성을 **탈피해서** 도리어 득을 보는 경우도 종종 있다. 어찌 보면 그런 것이 혁신이다. 신제품이나 신규 서비스를 제공하려면 기존의 것보다 훨씬 앞서 가야 하지 않겠는가? 동시성을 탈피하는 것은 과학적 발견의 원동력이 될 수도 있다. 아인슈타인은 어릴 적 발달 속도가 정상이 아니었다고 한다. 그래서 상대성 이론을 발견할 수 있었을지도 모른다. 아인슈타인의 말을 들어보자. "정상적인 성인들은 시공간의 문제를 두고 머리를 쓰는 법이 없죠. 그네 딴에는 어릴 때 죄다 섭렵했던 거라고 착각하니까요. 하지만 저는 워낙 발달 속도가 더뎌 성인이 된 후에야 시공간에 의문을 품었습니다. 그래서 평범한 아이보다는 문제를 좀 더 깊숙이 들여다볼 수 있었지요."[20]

동시 필요조건 관찰하기

—

비즈니스부터 여행에 이르기까지 폴리포니 렌즈는 계획을 세우는 데 매우 유용하다. 〈뉴욕타임스〉 보도에 따르면, LA 본사에서 근무하는 텔레콤 엔지니어인 맷 홀드리지는 파리의 출발 탑승구에 있을 때 취항이 지연되자 막판에 항공편을 바꾸고 싶어졌다. 기계적인 장애로 지연되었다기에 쉽사리 해결될 문제는 아닌 것 같았다. 마침 승무원이 계단을 감아올리며 정비사를 탑승시키자 홀드리지는 브리티시 항공사에 전화를 걸어 LA 직행 항공편을 예약할 참이었다. 그런데 때마침 승무원이 정비사를 내보내는 눈치였다. 문제가 해결된 것이다. 결국 그는 기내에 머물기로 했고 기체는 활주로를 벗어났다.

여기서 일화가 끝나면 홀드리지와 승객들에게 좋으련만 실은 그렇지가 않았다. 여객기가 파리 공항에서 너무 오래 지체한 탓에 곧장 LA로 가면 승무원의 법정 근무 제한 시간을 초과한다. 그래서 승객들은 워싱턴에 들러 교대할 승무원을 기다려야 했다. 운항이 지연되어 가뜩이나 불쾌할 텐데 말이다.[a]

승무원에게 다시금 지연될 가능성이 있는지를 묻지 못할 이유는 없었지만, 홀드리지는 그러지 않았다. 왜일까? 답은 간단하다. 항공사에 근무하질 않으니 승무원의 근무시간을 알 턱이 없기 때문이다. 웬만하면 그렇게들 생각할 테니 그럭저럭 봐줄 만한 일이다. 하지만 사건을 좀 더 깊이 들여다보면 이야기는 달라진다. 아무 생각 없이 지나친 일이 결국에는 근본적인 문제가 되었기 때문이다. 〈도표 6.1〉에는 홀드리지가 탑승한 여객기의 시간상 구조를 개괄적으로 나타냈다.

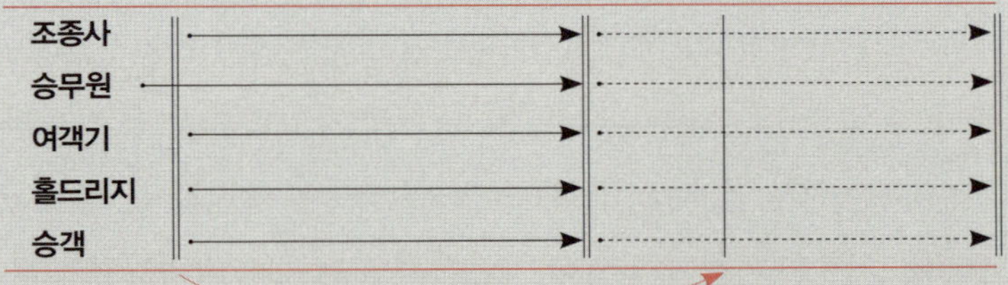

〈도표 6.1〉 홀드리지의 항공편

도표의 항목에는 각각 선이나 트랙이 표시되어 있다. 주요 트랙은 5개이고 화살표로 이동 방향을 그려보았다(각각 조종사와 승무원, 여객기, 홀드리지, 승객에 해당된다). 승무원 라인은 이륙 전부터 시작했다가 종착지에 도착하기 전에 종료된다. 그러니 다른 라인도 도중에 끊길 수밖에 없다. 표에는 없지만 시계도 2개를 두어, 각각 취항 시간과 승무원의 근무시간을 확인해야 한다.

홀드리지가 처한 상황을 간접적으로나마 체험하는 데 보탬이 되도록 이를 음악적으로 재해석해보자. 머릿속으로(혹은 피아노 앞에 앉아) 왼쪽 손가락 다섯을 같은 수의 건반에 올려놓은 뒤 힘껏 눌러보자(이륙). 화음을 잘 들어보라(비행 시 낮아진 엔진음). 손가락을 들면 착륙이 이루어진다. 그럼 이번에는 같은 과정을 반복하되, 중지가 비행 중에 몹시 피곤해져 다른 손가락이 중지의 역할을 대신해야 한다고 치자. 문제점이 즉각 눈에 들어올 것이다. 다른 코드를 연주하느라 손가락이 분주하다면 어떨까? 설령 분주하진 않더라도 대체하는 과정이 매끄럽게 진행되지 않는다면, (비행 중인 기체를 상징하는) 화음은 망가질 것이다.

여기서는 화음이 중요하다. **수직적인 발상**으로 전환하고, 이미 시야에 펼쳐진 것을 찾아야 한다는 점을 일깨워주기 때문이다. 아무리 상황이 단순해도 추적해야 할 경로의 숫자는 생각보다 많을 수도 있다. 위 사례에서는 5개이다. 코플런드의 한계를 적용해보면 다섯도 두뇌가 선호하는 수보다 많다. 게다가 홀드리지가 극복해야 할 장벽에는 위력적인 습관도 있다. 즉 승무원이 근무하는 모습이 눈에 익숙해서, 각자의 본분과 역할에는 이를 뒷받침하는 시간적 인프라가 있다는 사실을 간과한다. 앞서 언급한 항공편의 시간 구조를 보여주면 그도 감을 잡겠지만, 평소 의사결정을 앞두고 수직적인 발상과 순차성의 한계를 고려하기가 쉽

a: M. L. 월드(M. L. Wald), '언제 갈아타야 이른 걸까?(When Can You Deplane Early?)', 〈뉴욕타임스〉 2004년 9월 5일, '프랙티컬 트래블러(Practical Traveler)' 2쪽.

인과관계를 찾아라 : 병렬 프로세스가 다른 프로세스의 원인이 되거나 영향을 주는 경위는 무엇인가?

정렬과 중첩 문제를 살펴보았으니 이번에는 각 사건이나 프로세스가 서로 영향을 주는 경위를 짚어볼 차례다. 각 단락은 포괄적이진 않지만, 이 같은 인과관계를 생각하는 데 유용한 출발점이 될 것이다.

원 인

하나의 행동이 다른 것을 창조하거나 혹은 다른 것의 원인이 될 수도 있다. 예컨대 은행을 비롯해 일부 기관의 채무 상환 능력은 타인의 신뢰도에 의지한다. 금융기관의 수장들은 현황이 암울해도 장밋빛 전망을 늘어놓곤 한다. 그러지 않으면 패닉이 오거나 신뢰도가 폭락하는 등 상황이 불리해지기 때문이다. 하지만 일이 꼬이면 그들은 애당초 이실직고하시 않았다는 이유로 비방을 당한다. 그렇게 현황을 숨겨놓은 탓에 사태가 심각해지면, 오래전부터 원인이 조성되었음에도 마치 '하루아침'에 벌어진 것처럼 비칠 때가 더러 있다(최고 속도 과정의 최대 속도가 매우 빠르다). 결국 한 트랙에 담긴 (어느 한 그룹의) 발언은 (다른 그룹의) 트랙에 담긴 현실을 규정하고 창출하는 셈이다.

경 쟁

기업에 소속된 개인은 프로젝트에 투입될 재원(자금, 기술, 인력 등)을 확보하기 위해 심심치 않게 경쟁을 벌인다. 그러나 경쟁이 극단적으로 치열해지면 집중력이 흐트러져 기회를 놓칠 수 있다. 기업에서 이러한 내분이 발생했을 때 경영진은 시장 관련 기회나 타이밍을 놓칠 수 있다. 그러니 이를 염두에 두고 있어야 한다. 기회가 돌연 찾아오거나 순식간에 날아가는 경우가 특히 그렇다. 따라서 기회를 포착할 시기를 파악하려면 사내 경쟁의 역학 관계를 둘러싼 주변 환경에 집중해야 한다.

협 력

산업 표준을 결정하거나 로비 활동 등에서 서로 손을 잡아야 할 경우를 비롯해 여러 기업이 서로 영향을 주고받는 방식은 상당히 다양하다. 내부적으로는 연구 개발이나 마케팅 등의 부서들이 각자의 역할을 감당하는 한편 조직의 궁극적인 목표를 성취하기 위해 협력할 때도 있다.

차 폐遮蔽

진행 중인 프로세스가 다른 것을 가릴 때도 있다. 1997년, 매사추세츠 대학에서 형사사법프로그램을 운영하는 앤서니 해리스 소장은 지난 40년간 폭행률은 "수백 퍼센트 증가했으나, 살인율은 거의 변동이 없었다"고 밝혔다.[21] 그는 "살인율이 인위적으로 감소한 까닭은 매년 살인미수로 그친 피해자 수천 명이 응급처치로 목숨을 건질 수 있었기 때문이다. 즉 미국인의 살인 성향이 낮아진 것이라기보다 사람을 죽이기가 그만큼 어려워진 것"이라고 덧붙였다. 최근에 일어난 총기 난사 사건을 보면 이에 동감할 순 없지만, 개선된 응급 구조와 발빠른 대응 덕택에 살인 통계에 추가될 환자 수가 줄어든 것만은 사실이다. 요컨대 살인 기도 건수는 증가해왔지만(트랙 1) 응급 처치 수준이 개선되어(트랙 2) 사망자의 숫자는 감소했으므로 후자가 전자를 감춘 셈이다. 이 같은 사실을 찾아내려면 한 시점에서 발생한 것처럼 보이는(캣포인트 싱킹) 살인 같은 단일 카테고리를 다른 트랙에서 발전한 시퀀스의 결과로 봐야 한다.

강 화

서로 다른 사건이나 상황이 동시에 벌어질 때 어느 한편이 다른 편을 강화시키기도 한다. 예컨대 경기가 좋지 않을 때 모두가 씀씀이를 줄이면 불황은 더욱 악화될 것이다. 물론 강화가 작용하는 때를 좀 더 훤히 내다볼 수 있을 때도 있다. 정치인들은 선거철만 되면 미디어가 선정적이라는 등 유권자의 환심을 사기 위해 사회문제를 개탄한다. 하지만 선거가 끝나면 그런 이슈들은 서서히 자취를 감춘다.

상 쇄

병렬로 진행되는 2가지 프로세스가 상대를 상쇄할 때도 있다. 어느 날 군사전략가 대니얼 엘스버그는 베트남전 당시 로버트 맥나마라 국방장관과 회동했던 시절을 회고했다.[22] 워싱턴의 평화 증진 노력이 효과가 있는지 묻자 엘스버그는 1년 전과 다를 바가 없다고 답했고, 맥나마라는 그때 10만 명을 추가 파병했지만 전혀 달라진 게 없다고 털어놓았다(실은 상황이 더 악화되었다는 뜻이다).

모방과 동조

한 프로세스가 다른 것을 모방하는 사례도 많다. 예컨대 1998년 조지 미첼이 북아일랜드 평화 협상에 성공한 경위 또한 남아프리카의 인종 차별 제도가 평화적으로 철폐될 때(1990년대 초) 확립된 전례에서 비롯된 것일지도 모른다.[23]

동조Entrainment란 어떤 프로세스가 다른 편의 리듬을 반영하는 상황을 일컫는다. 몇 년 전 프랑스 정부는 실업률을 해결할 요량으로 주당 근무시간을 35시간으로 단축하자는 방안을 내놓았다. 전략은 단순했다. 단축된 시간에 평균 생산량을 확보하려면 고용을 늘릴 수밖에 없다는 것이다. 따지고 보면 생산성은 근무시간을 곱한 직원 숫자와 같다. 따라서 각 직원의 근무시간이 감소한 상태에서 생산성을 이전과 같은 수준으로 끌어올리려면 기업은 고용 인원을 늘려야 한다.[24] 꽤 논리적이지 않은가!(원문은 프랑스어로 썼다. 'C'est logique!'—옮긴이)

하지만 결과는 달랐다. 기업은 업무가 느긋할 땐 근무시간을 면제해주고, 수요가 폭증하면 초과 수당 없이 근무시간을 늘리기로 합의했다. 1년이 지나자 실제 근무시간은 매주에서 매달, 그때그때 달랐다. 하지만 평균 근무시간은 주당 35시간에 수렴했다. 업체는 2가지 리듬(변동하는 인력의 수요와 시간별로 공급 인원을 조정할 수 있는 재량)의 박자를 맞춘 셈이다. 결국 프랑스 당국은 (이 점은 꼭 일러두고 싶다) 주당 35시간 실험을 철회했다. 에디트 피아프(Edith Piaf, 프랑스의 대중적 국민가수로 〈메아쿨파**Mea culpa**〉를 불렀다. 노래 제목의 뜻은 '나의 죄'이다.—
옮긴이)가 노래한 바와 달리 후회는 없었다고 한다.

통 제

어떤 패턴은 다른 패턴을 통제하거나 지배하기도 한다. 예컨대 직장이
나 여가 및 가정 생활에서 시계나 달력의 지배를 받는 경우가 얼마나
많은지 생각해보라. 통제의 형태 중 가장 막강한 것은 단연 시간에 따
른 통제이다. 나치도 획일화**Gleichschaltung**라는 말을 써가며 "전체주의
정권의 명령에 동조시키고 통일된 시간과 리듬으로 승화시키기 위해
일방적인 사회"를 만들려고 했다.[25] 덧붙여 지인 중 과학 연구원들은
금융기관과 공직자들의 입김이 연구에 걸림돌이 된다며 매번 푸념을
늘어놓는다.

대 체

어떤 트랙이 다른 트랙을 대체할 때도 있다. 예컨대 다각화를 추진하
는 기업이라면, 돈이 줄줄 새는 사업보다 실적이 좋은 사업에 월스트
리트의 관심을 집중시킬 것이다.

교 환 과   매 매

다중 트랙이 모여 시장이나 네트워크를 형성하기도 한다. (트랙이 다른)
개인이나 그룹, 기업은 공급망을 확충하기 위해 서로 매매 거래를 할
때도 있다.

개입

기업은 정도의 차이는 있을지언정 서로 개입할 수밖에 없다. 타사의
비즈니스를 어렴풋하게 의식하는 기업이 있는가 하면, 타사의 비즈니
스를 적극 관찰하는 기업도 있다. 타사의 프로젝트에 영향을 주거나
적극 경쟁하는 회사도 있을 것이다.

독립

물론 모두가 연결된 것은 아니다. 일부 비즈니스나 계획은 공존할 뿐,
서로 영향을 주고받는 법이 없다. 러시아가 낳은 위대한 미술가 바실
리 칸딘스키가 읊조린 산문시를 보라. 내가 즐겨 인용하는 대목이다.

옛날 옛적, 바이스키르헨에 사는 사내가 "그딴 짓은 다신 하지
않겠다"고 푸념한다. 1초의 오차도 없이 동시에 뮐하우젠 아줌마
가 입을 연다. "고추냉이 곁들인 소고기나 주시오."[26]

양자역학적인 차원에서는 서로 모종의 관계가 있을지 몰라도 실제로
는 독립된 것으로 봐도 무방할 듯하다.

지금까지 외부 환경을 관찰하고자 폴리포니 렌즈를 활용했다. 잠시
폴리포니 렌즈를 적용해볼 겸 직장과 가정에서 마주치는 일상적인 행
동이나 사건을 서너 가지 열거해보고, 다음을 자문해보자. ①동시에
발생하는 것은 무엇인가? ②개별적으로 발생하는 것은 무엇이며, 서
로 영향을 주고받는 경위는 무엇인가?

A, B, C 기업이 같은 고객을 두고 경쟁을 벌이고 있다고 치자. 경쟁이 치열해질 무렵, 또 다른 주체(기업이나 로비스트)가 업계에 파문을 일으킬 만한 규정에 입김을 넣고 있다. 그런 와중에도 A, B, C 기업은 경합을 벌이는 데만 정신이 팔려 있으므로 이 같은 사실을 알아채지 못하며 다가올 사태도 대비하지 못한다.

폴리포니 렌즈의 목표는 동시에 진행되는 프로세스 및 사건의 관계성을 규명하는 것이다(구조와 인과관계 측면에서). 약식으로나마 이 렌즈를 착용했겠지만, 6장을 정독하고 나면 이를 체계적이고 완벽하게 적용할 수 있을 것이다.

폴리포니 관련 리스크

◉

다우지수의 등락 소식은 매일 들어도 증권거래소와 주식시장에서 진행 중인 수십억 건의 거래 소식까지는 듣기 어려울 것이다. 사실 일반 투자자의 눈에는 띄지 않는 곳에서 상당히 많은 거래가 이루어진다. 가령 한 주당 25달러짜리 주식을 사면 보장 수익률이 3~8퍼센트인 이자를 30년간 매월 지급하고, 만기가 되면 환급도 가능하다는 광고를 들었다고 치자. 조건이 하도 좋아 미덥지는 않겠지만……. 어쨌든 실제로 그런 일이 있었다. 이 사례의 주인공인 웰스파고 은행은 투자자와 관련된 리스크를 충분히 공시했다고 밝혔다. 그러나 환경이 달라졌음에도 누구도 이를 예상하지 못한 것이 화근이었다. 월스트리트를 개혁하고 소비자를 보호할 요량으로 상정된 법안이 통과되면서, 증권

거래가 해지되었다. 이는 금리에 근거를 둔 결정으로, 관계 기관이 거의 없는 탓에(시장이 협소했다) 한 회사의 결정이 당사자 모두에게 영향을 주었다. 투자자들이 리스크를 제대로 파악하기 위해서는 입법부와 금리, 시장 규모의 동향을 비롯하여 이러한 정보들이 관련 기업에 어떻게 비칠지 살폈어야 했다.

〈뉴욕타임스〉에 사건을 기고한 플로이드 노리스는 웰스파고 측이 "만기 전까지 계약과는 다른 꿍꿍이가 있었다"는 점과 "문제의 소지를 분명히 밝히지 않았다"는 점을 문제의 화근으로 지적했다.[27] 하지만 애당초 인센티브나 해명에 그칠 문제는 아니었다. 무엇이 적절히 설명되지 않았는지 밝혀낼 사람은 아무도 없을 것이다. 여기서 관건은 다양한 주체가 **동시에** 각자의 욕심을 추구할 때 발생하는 리스크, 즉 폴리포니 리스크이다. 투자자들이 폴리포니 렌즈로 분석해보면 실질적인 리스크를 파악할 수 있었을 것이다.

사건이나 경쟁 업체 혹은 프로세스에 일일이 주목할 수는 없지만 다양한 사건이 서로 얽히고설킬 때 나타나는 결과를 간파할 수 있도록 주변 시야를 훈련할 수는 있다. 누군가가 (개인이나 기관에) 투자 상품이나 프로젝트 투자를 제안한다면, 동시에 발생할 사건이나 계획 및 행사는 몇 개이며 서로의 관계가 바람직한 결과에 어떤 변수로 작용할지를 자문해보라.

교량을 비롯한 물질적인 구조물에서도 동시성이 영향을 줄 수 있다. 저술가이자 엔지니어인 헨리 페트로스키에 따르면, 사람들은 대개 발을 맞추어 걷는 일이 없지만 교량이 흔들릴 듯하면 균형을 잡으려고 발을 맞춘다고 한다. 그러면 활발해진 사건의 연결망 작용으로 다

리는 훨씬 더 흔들린다.[28]

〈뉴욕타임스〉의 칼럼니스트 토머스 프리드먼은 앞으로 동시다발적인 리스크와 마주할 확률이 점차 높아질 거라고 주장하며, 2012년 아랍과 유럽의 분쟁을 그 증거로 꼽았다. 또한 중동의 "젊은이들은 이같은 초연결성Hyperconnectivity 덕에 (한편으로는 두려워하면서도) 현실 저편에까지 시선을 두고 서로 협력·소통할 수 있게" 되었고, 유럽연합에서는 "일부 경제가 취약한 데다 상호의존도도 높다는(치명적인 조합) 사실이 널리 알려지기도 했다"고 덧붙였다.[29] 두 사례에서 동시다발적 리스크는 초연결 사회를 앞당기는 정보 기술과 세계화의 결과였다.

세계경제가 동시에 회복된다면, 기업 차원에서는 앞서 언급한 연결성 및 상호의존성이 인플레이션 폭등으로 이어지는가를 물어야 한다. 타이밍에 대해서는 리스크를 관리하는 데 필요한 기간에 사전 경보가 얼마나 접수될지도 자문해볼 만하다.

폴리포니를 감안하지 않으면 결론이 잘못될 수도 있다. 2012년 캐시백 전문 웹사이트인 엑스트라벅스는 중고 교재를 매매하려는 학생들이 가장 선호하는 시기를 분석한 적이 있다. 결과는 통념과 마찬가지로 가을학기의 시작과 끝을 알리는 8월 20~26일과 1월 7~13일로 조사되었는데, 수요와 공급의 관계에서는 의외의 결과가 나타났다. 수요가 증가할 때 인터넷 쇼핑가격은 도리어 내려갔다.[30] 수요가 높으면 가격은 올라가는 게 일반적인 상식인데도 말이다.

이 같은 현상은 왜 발생했으며, 그것이 폴리포니에는 어떻게 적용될지 면밀히 살펴보자. 우리가 유심히 관찰해야 할 부분은 판매자와 구매자가 만나기까지의 과정이다. 신학기를 앞둔 학생들은 수업이 본

2012년 아랍은 2011년부터 시작된 아랍의 봄이 계속되어 각국에서 반정부 시위가 동시 다발적으로 이루어졌으며, 2012년 유럽은 그리스, 아이슬란드, 포르투갈, 이탈리아, 스페인 등이 서로 연쇄된 금융 위기로 어려움을 겪었다.

격적으로 시작되면 중고 책을 살 수 없고, 이듬해에는 같은 책을 교재로 쓰지 않으리라는 점을 생각한다. 반면 온라인 서점은 유효기간이 임박해오니 마음이 조급해진다(새 학기에 팔 교재를 사들여야 하는데 돈이 궁하다면 더욱 그렇다). 구매자가 많아도 가격이 내려가는 이유가 바로 여기에 있다. 즉 판매자는 재고 수명이 얼마 남지 않은 책을 팔아야 하고, 구매자는 이 상황을 최대한 이용하기 위해 벌떼처럼 몰려든다. 이때도 타이밍을 잡아야 하는데, 이를 예측하려면 이런저런 계획을 동시에 진행하는 주체를 담은 폴리포니 구조를 염두에 두어야 한다.

폴리포니의 대안과 기회

●

중첩된 사건이나 행동이 리스크를 일으키기도 하지만, 도리어 혁신의 기회를 창출할 때도 있다. 타이밍을 포착하기 위해 착용해야 할 폴리포니 렌즈는 다양한 모양이 있다.

높이를 조정하라

동시에 진행할 업무를 줄이거나 늘려야 하는 경우를 일컫는다. 멀티태스킹은 개인적인 차원에서도 득실이 발생하지만, 조직 차원의 이해관계에서는 그 규모가 훨씬 크다. 예컨대 인수, 투자 철회 등은 기업이 동시에 관리해야 할 비즈니스의 수효를 늘리거나 줄여야 하는 사례이다. 이 같은 사례는 수효와 유형, 타이밍을 결정하는 아웃소싱이나 글로벌 인력 배치 등과 마찬가지로 높이 조정에 빗댈 수 있다. 의사 결정은 기업의 목표와 구조에 따라 폭과 깊이, 확대와 집중 사이에서 조정할 수 있어야 하므로 높이를 낮추는 것 또한(업무를 줄여 트랙 수효 감소) 트랙을 늘리는 것 못지않게 타당한 대안이 될 수 있다.

구조를 변경하라

역할과 구조에서의 정렬과 중첩 패턴을 고려하면 새로운 기회가 열릴 수 있다. 예컨대 인터넷이 널리 보급됨에 따라 새로운 업종이 창출되는가 하면 기존 업종의 규모가 줄어드는 등의 사례가 비일비재하다. 고전적인 유통 수요가 감소하고, 고객이 제조업체와 좀 더 가까워졌기 때문이다.

직렬보다 병렬식 업무가 가능해지자 시간과 비용을 절감할 기회도 대거 창출되고 있다. 예컨대 건설 업계는 디자인 건설**Design-build** 프로세스를 통해 프로젝트 디자인과 건설을 겸하고 있어, 완공 시기를 앞당기고 비용도 대폭 줄였다.

의학계에서는 프로세스의 박자를 맞춰 혁신적인 치료법을 개발하기도 했다. 팔이나 다리가 절단된 후에도 이미 사라진 신체 부위의 통증을 호소하는 환자가 있다. 샌디에이고 캘리포니아 대학의 라마찬드라 교수는 이 같은 환상통**Phantom Pain**을 간단히 치료할 수 있는 거울 달린 상자를 창안했다.[31] 환자가 상자에 팔 한쪽을 넣자 눈에는 두 팔이 보였다(팔 하나는 거울에 반사된 것이다). 교수는 오케스트라를 지휘하듯 손을 흔들어보라고 주문했다. 즉 육안으로는 분명 두 팔이 움직이지만, 피드백은 한쪽 팔에만 전달되는 상황을 연출한 것이다. 이때 혼란을 느낀 뇌가 관련 회로를 차단하자 통증이 말끔히 사라졌다.

항공기 제조업체인 보잉도 부품 납품 업체와의 호흡이 틀어진 후 다시 기회를 되살린 적이 있다. 1997년 보잉은 한 달간 항공기 제작을 중단시켜야 했다. 주문 폭주로 부품이 동났기 때문이다. 막대한 연말 손실과 더불어 2년간 수입에서 공제된 비용은 약 26억 달러에 육박했다.[32] 보잉은 이처럼 뼈저린 경험을 반면교사로 삼아 항공기 발주 업체에 옵션을 제시해 문제를 해결해나갔다. 거래처가 확정 주문서를 작성할 때 납품 기한을 1년 안에 연기하거나 취소할 수 있도록 조치한 것이다. 즉 의뢰 업체가 선택하는 '구매권'은 가격은 확정되었으나 납품 일자는 변경할 수 있다는 이야기다.[33] 관계 팀은 다양한 의뢰 업체와 수요의 변동 사항을 주시했다. 그러다 일부 거래 업체의 형편이 여의치 않아 항공기가 필요하지 않으면 시간적 여유가 없는 주요 거래처에 '납품 틈새**Delivery Slots'**를 제공하기로 했다. 이처럼 보잉은 다양한 의뢰 업체의 동향을 살피며 다차원적 폴리포니 디자인을 적용했다.

인과관계를 활용하라

폴리포니를 응용한 대안 중 일부는 프로세스가 서로 영향을 주고받는 경위와 밀접한 관계가 있다. 은행이 보유한 준비금이 그렇다. 너무 많이 확보해두면 대출이 어려워 영업 활동을 저해할 뿐만 아니라 경제에도 악영향을 미칠 것이고, 너무 적으면 위기에 취약해질 수밖에

납품 틈새
Delivery Slots
원래 뜻은 비행기·버스·기차 등에서 빈자리가 있을 때 다른 고객들로 채우고 가는 것으로, 여기서는 항공기 납품 순서를 유연하게 대처한다는 의미로 사용되었다.

없다. 런던 정치경제대학의 찰스 굿하트 교수는 이처럼 폴리포니와 밀접한 문제의 대안을 제시했다.[34] 그의 주장을 따르면, 규제 당국은 대출 증가 속도와 자산 가치의 증가율을 추적해야 한다. 두 수치가 현 수준을 크게 웃돌면 은행은 자금을 더욱 확보해야 한다. 굿하트는 역동적인 시스템을 규제·관리하는 방법은 서로의 관계가 달라지는 동안 주요 변수를 감찰하는 것이라고 주장했다. 변인이 영향을 주고받기 때문이다.

프로세스의 작용·반작용에 대한 정보도 활용하면 좋을 것이다. 퀸 메리 대학의 윌리엄 키틴지 박사가 유럽의 기후와 사람들의 건강을 비교한 연구에 의하면, 기온의 변동은 관상동맥혈전 및 뇌졸중의 발병과도 관계 있는 것으로 나타났다. 두 질환은 기온이 떨어진 지 각각 이틀과 닷새 뒤에 발병률이 가장 높았다고 한다. 〈이코노미스트〉에 따르면, 이 데이터는 "의료 서비스의 수요를 예측하기 위해 기상학과 인구통계학, 의학 데이터를 결합한 컴퓨터 모델을 개발하는 데 응용되고 있다"고 한다. 덧붙여 "4주를 쓰면 …… 40만 파운드의 운영비가 절감된다"고 밝혔다.[35]

폴리포니 리스크 및 기회와 관련해 기억해야 할 점은, 사고의 폭이 매우 협소해질 수 있는 기존의 분류 시스템이 중단될 수 있다는 사실이다. 앞으로 마주하게 될 문제가 대개는 금융과 제조, 마케팅, 영업, 글로벌 전략(기후 변화)에 국한될 듯하지만, 이 카테고리 중 한 가지 기준으로만 문제의 가닥을 잡는다면 '숲'을 못 볼 수도 있다. 다발적으로 진행 중인 변수를 찾아내고 살펴보는 것이 타이밍의 요지다. 그래서

지금껏 폴리포니 렌즈를 다루었다. 궁극적인 목표는 주변 시야를 키워 과거에는 미처 발견하지 못한 리스크와 기회를 찾는 것이다.

시간의 추이에 따른 상상

누군가를, 혹은 무언가를 기다려야 할 때는 심기가 불편해진다. 기껏 서둘러 도착했어도 만날 사람이나 물건이 보이지 않는다면 어쩔 수 없이 기다려야 한다. 여유가 별로 없다면 기다림은 고역이다. 휴스턴 공항에서도 그런 일이 있었다. 승객들이 수하물을 찾으러 갔는데, 어쩐 일인지 짐들이 보이지 않았다. 예부터 내려오는 폴리포니 문제가 그렇다. 당신이 기내에서 나와 수하물 보관소에 가는 것처럼 수화물도 그리로 간다. 당신과 수화물 중 누가 먼저, 그리고 얼마나 일찍 도착할까? 휴스턴에서는 승객이 먼저 도착했다. 그들은 언제 나올지 모르는 수하물을 기다리며 발만 동동 굴렀다. 실제 화물이 나오는 데는 평균 7분 정도 걸린다.

수하물을 보관소에 좀 더 신속히 전송하면 문제는 깨끗이 해결된다. 문득 스톱워치와 클립보드로 무장한 타이밍 전문가 그룹이 뇌리를 스친다. 19세기가 낳은 전문가 프레드릭 테일러는 대상의 일거수일투족을 살폈는데, 심지어 수하물이 기내에 적재되는 경위도 연구했을 것 같다. 물론 공항 측이 내놓은 해결책은 그와 달랐다. 비동시성 리스크(사건이 다른 것보다 한 박자 이르거나 늦을 때 벌어지는 리스크)도 동시적 해결책이 필요할 때가 있다. 당국은 "도착 게이트를 메인 터미널에서 멀리 이동시키고, 수화물은 가장 바깥쪽의 회전식 컨베이어로 보냈다. 결국 보관소까지 걸어가는 시간은 6배나 늘었지만 불만은 제로에 가까워졌다."[36] 승객들은 가방을 가능한 한 빨리 찾을 때가 아니라, 컨베이어를 타고 내려오는 가방과 같은 시간에 만날 때 만족했다. 휴스턴 공항 당국은 폴리포니를 이해하고 상상력을 발휘했기에 해결책을 내놓을 수 있었다. 돈도 거의 안 들었을 것이다.

폴리포니 개념은 수많은 프로세스와 사건이 각각의 경로와 추이에 따라 동시에 발생한다는 점에 주안점을 둔다. 폴리포니 렌즈는 구체적으로 눈을 어디에 두어야 하고, 무엇을 찾아야 할지를 일러준다.

- **수직으로 보라** 업무나 비즈니스와 관련하여 **동시에** 벌어지는 사건을 밝혀라.
- **구조를 찾아라** 동시에 발생하는 사건과 계획, 프로세스가 정렬되는 방식에 주목하라. 선두를 달리거나, 지연되거나, 중첩되는 것은 무엇인가?
- **인과관계를 찾아라** 현 사건이 그와 동시에 진행되고 있는 다른 사건의 원인 혹은 결과가 되거나, 영향을 주고받는 방식을 관찰하라.

리스크와 기회 :

- 4가지 이상의 사건이 중첩되면(코플런드의 한계) 서로 영향을 주고받는 결과를 놓치기 쉽다.
- 동시 필요조건이란 계획이나 프로젝트가 성공하려면 몇몇 조건이 반드시 충족되어야 하는 경우를 일컫는다. 동시 필요조건이 충족되지 않으면 바람직한 결과를 기대할 수 없다.
- 비동시성 리스크는 사건이 동시에 진행되어야 할 때 한 박자씩 늦거나 빠를 때 불거진다. 따라서 계획이나 사건에 격차를 두어야 할 때도 있지만, 그러지 말아야 할 때도 있다.
- 사건이 중첩되면 어느 하나가 다른 사건을 감추거나 무색하게 하여 오해를 불러일으킬 수 있다. 즉 시장에서 선두를 달리는 부서가 같은 기업의 다른 부서를 레이더망에서 사라지게 할 때도 있다.
- 병렬 프로세스나 '트랙'을 적용한 상황을 그려보자. 각 트랙에 담긴 사건들이 영향을 주고받는 경위는 어떻게 되는가?

- 동시에 진행되는 프로세스를 검토해보고, 가장 중요한 데 주안점을 두기 위해 종료할 프로세스를 결정하라.

- 진행 중인 다른 연구와 동반할 수 있고, 또 그러한 연구를 개선할 수 있는 프로세스 및 제품을 창안함으로써 신제품이 발명되는 경우도 있다(4장에 언급된 리델의 와인 잔을 참조하라).

07

6개의 렌즈를 활용하라

갑론을박 타이밍을 찾아서

타이밍을 분석하려면 앞서 살펴본 6가지 렌즈로 정황을 파악하는 법부터 배우는 것이 순서다. 그래야 그릇된 점을 밝히고 이를 개선할 대안에 집중할 수 있기 때문이다.

여기서 사례를 하나 제시하고자 한다. 조그마한 제약회사에서 체중감량제인 비리토닌**Biritonin**의 마케팅 추진 여부를 논의하기 위해 회의가 소집되었다. 만약 당신이 직접 참여했다면 이 회의에서 내려진 그릇된 결정이 못내 아쉬울지도 모르겠다. 물론 당신 입장에서는 막대한 피해가 예상되기는 하지만 그렇다고 딱히 반론을 개진할 기회는 보이지 않는다. 사표를 낼 게 아니라면 말이다.

등장인물과 녹취록은 아래와 같다.[2]

조너선—사장　로버트—마케팅 팀장　수—변호사
프레드—변호사 겸 정부 교섭인　리처드—연구 개발 팀장

1. 조너선 : 로버트가 왔으니 회의를 시작합시다. 이번에 제조한
　　체중감량제인 비리토닌 시판 추진 여부를 의논하고자 합니다.

오늘 안건은 이것뿐이라서 회의가 길어지진 않을 것 같군요. 본회의에 앞서 여담입니다만, 비리토닌에 가슴이 무척이나 설렙니다. 최근 기록한 성장률을 꾸준히 끌어올릴 수 있으리라고 기대되기 때문이지요. 그럼 주주에게 돌아갈 배당금도 당연히 올라갈 것입니다. 물론 외부 임상시험 결과가 썩 좋지는 않다고 하니, 최근 결과는 어떤지 보고해주시기 바랍니다. 그럼 로버트, 마케팅 브리핑 좀 해보게.

2. 로버트 : 기본 마케팅 전략을 담은 보고서는 모두 받으셨으니 몇 가지 핵심만 간단히 짚어보겠습니다. 14개월 후면 투자금을 회수하고, 3년이 지나면 약 230만 달러의 매출액이 누적되어 투자 수익률은 약 29퍼센트를 기록할 것으로 보입니다. 간단히 말하자면 엄청난 수익을 창출할 수 있는 동시에 …… 과체중이나 비만으로 실의에 빠진 사람들이 날씬한 몸매와 행복을 되찾을 수도 있으니 일거양득이 아닐 수 없습니다.

3. 수 : 경쟁력은요? 안심해도 되는 건가요?

4. 로버트 : 음…… 비리토닌은 효과가 탁월한 제품이니 2년 후면 시장점유율이 20퍼센트는 되지 않을까 싶습니다.

5. 조너선 : 프레드, 정부 쪽은 어떤가? 승인은 다 받아놨겠지?

6. 프레드 : 예, 그렇습니다. 물론 1년 후면 식품의약국**FDA**이 재조사하겠지만, 당분간은 법적으로 문제 될 게 없습니다. 다만 외부 임상시험에서…… 불리한 결과가 나왔다는 게 마음에 좀 걸릴 따름입니다. 식품의약국 때문에 문제가 커질 수도 있으니까요.

7. 수 : 정부가 가난한 사람들의 혈세를 보호하고 있다는 인상을
　　　줄 수 있을 테니 당연히 그렇겠지요.

8. 조너선 : 비관론자인 자네가 보고서를 읽어보니 어떤가, 리처
　　　드?

9. 리처드 : 분명 저희 팀은 안전하다는 확신이 서지 않으면 비리
　　　토닌을 권하지 않을 겁니다. 그런데 표본 임상시험에 참여한 전
　　　문의가 제출한 결과를 보니 썩 좋지가 않습니다.

10. 조너선 : 몇 퍼센트나 되는데?

11. 리처드 : 예?

12. 조너선 : 결과가 좋지 않다는 보고서가 몇 퍼센트인가를 묻
　　　는 걸세.

13. 리처드 : 5퍼센트 미만으로 그리 높진 않습니다.

14. 수 : 증상은 얼마나 심각한가요?

15. 리처드 : 보고서를 보니 구토를 했다는 환자가 하나 있었고,
　　　혈전이 의심되거나 현기증이 난다는 환자도 있었다네요.

16. 프레드 : 아주 심각한 문제는 아니군요.

17. 로버트 : 어떤 약을 먹어도 그런 부작용은 다 있을 겁니다.

18. 리처드 : 이 데이터가 전부는 아닙니다. 게다가 표본 임상시
　　　험은 무작위로 추출한 것이니 자질에 문제가 있다거나 허위
　　　신고를 일삼는 의사가 있을지도 모릅니다. 물론 저희야 최고
　　　팀이라 믿음직스럽긴 하지만요.

19. 조너선 : 수, 법적인 책임 따위는 없나?

20. 수 : 변호사가 주시하는 게 그런 문제들인데, 임상시험을 좀

더 실시해봐야 한다는 입장입니다.

21. 로버트 : 그게 말이 됩니까! 변호사들 말을 다 들어주면 제약 업계는 뭐, 아스피린만 만들게요? 이 바닥에서 그런 리스크 정도는 부담해야죠. 게다가 일반 약도 아니고 처방전이 있어야 팔 수 있는 약이 아닙니까?

22. 리처드 : 미심쩍은 약이라면 굳이 처방해줄 이유가 없겠지요.

23. 수 : 그뿐만 아니라…… 제약 업계에서는 국민에게 정직한 기업으로 소문이 자자한데, 약 하나 때문에 기껏 공들여 쌓은 이미지에 먹칠할 수는 없습니다.

24. 조너선 : 좋습니다. 수가 일을 그르치지 않으려는 듯하니 이 문제는 좀 더 짚어봅시다. 로버트, 헬러 박사는(회의에는 참석하지 않은 수석연구원) 뭐라고 하던가? 회의에서 브리핑하고 싶어 했는데, 서로 의논은 해봤나?

25. 로버트 : 안 그래도 그 때문에 늦었다는 말씀을 드리고 싶었습니다. 회의장에 들어서기 직전에 저와 이야기를 나누었습니다만, 항상 그랬듯이 왠지 망설이는 눈치였습니다. 임상시험을 좀 더 진행해야 한다는 점을 문제 삼았는데, 회사 상황에서는 서둘러야 할 안건인 만큼 "박사의 입장은 충분히 전달하겠다"고 일러두고 들어온 겁니다. 그러지 않았다면 꼬박 30분은 앉아서 그의 설교를 듣고 있었을지도 모릅니다.

26. 조너선 : 프레드, 팀원이 그렇다는데 자네 생각은 어떤가?

27. 프레드 : 다른 팀원들은 성공을 확신하고 있습니다. 저희도 양심에 거리낄 만한 짓은 하지 않습니다.

28. 수 : 그럼 걱정은 붙들어 매도 되겠군요.

29. 조녀선 : 또 다른 의견은 없나? (동작을 잠시 멈추고는) 좋습니
　　　다. 만장일치로 알고 당장 추진합시다.

지금까지 가상 회의를 살펴보았다. 대화문은 그룹 회의를 다룬 16밀리터 흑백 영상 내용을 약간 수정해 작성했다. 이런 결정을 내릴 제약회사는 없지만, 현실성이 반영된 시나리오라서 이를 읽어본 동종 업계 직원도 이질감을 느끼진 않았다고 했다. 그러면 일이 잘못된 경위와 해결책을 찬찬히 짚어보자.

　우선 회사의 리스크부터 생각해보자. 비만 인구와 20퍼센트의 추정 점유율을 감안해볼 때 비리토닌을 복용할 사람은 아주 많을 것이다. 치명적인 경우를 비롯한 부작용이 '5퍼센트 미만'이라지만 다수 소비자를 고려해본다면 5퍼센트도 적은 숫자는 아니다. 그러니 혹시라도 수백 명의 사망자가 발생하면 기업의 이미지에 심각한 악재로 작용할 것이다. 국민의 신뢰도가 추락한 마당에 이 기업의 다른 제품 매출도 오를 리 없다. 대본에는 신제품 출시를 서둘러야 할 마땅한 근거로, 경쟁 업체의 압박이나 재정적 위기가 발생했다는 점은 드러나지 않았다. 따라서 본사의 수석연구원인 헬러 박사의 소견을 듣지 않고 시판을 결정한 것은 분명 무책임한 행태이다. 하지만 회의가 진행될수록 이 같은 결과를 뒤집기가 쉽지는 않아 보였다. 변호사도 그러지 못했으니 말이다.

　누구나 한 번쯤은 겪어봤을 법한 회의다. 그렇다면 조녀선을 비롯한 모든 직원의 공감을 얻어 시판에 제동을 걸 수 있는 강력한 근거

는 무엇일까? 대개 그런 근거를 찾는 것은 불가능한 임무라고 치부할지도 모르겠다. 차차 알게 되겠지만 실은 그렇지가 않다. 6가지 타이밍 렌즈를 활용하여 회의 진행 과정을 면밀히 짚어보는 것이 핵심이다. 각 렌즈는 반박하기 어려운 근거를 일깨워줄 것이며 또한 그런 어려움을 극복하는 방법도 아울러 찾아줄 것이다. 앞으로 내 방법론에는 숫자를 달아두겠다. 장을 마감할 무렵에 이를 조합하여 효과적인 전략으로 승화시키기 위해서다. 그러면 비리토닌을 출시할 경우 회사에 닥칠 리스크부터 짚어보자.

15번째 대사에서 부작용이 처음 언급된 직후, 다음과 같이 말을 돌렸으면 어땠을까?

① 혹시라도 제가 오해했을지 모르지만 일단 들어보세요. 로버트, 몇 년 후면 시장점유율이 20퍼센트 정도 된다고 했죠? 정말 듣던 중 반가운 소식이군요. 아주 많은 사람이 비리토닌을 살 테니 매출도 쑥쑥 오를 거고요. (잠시 숨을 고르며) 하지만 얼마 안 되는 비율이라도 부작용이 심각하다면 골칫거리가 될 수 있다는 생각도 드는군요. 고작해야 몇 퍼센트이긴 해도 숫자로 따지면 적지는 않을 텐데, 가령 수백 명이 그 약 때문에 잘못되기라도 하는 날엔 회사가(다른 제품도) 타격을 입지 않을까요? 기업 이미지도 위태로워질 것이고요.

위험한 발언이다. 사장의 권위에 도전한다는 인상을 줄 수 있기 때문이다. 권한을 정의하는 방법이 여럿 있지만, 타이밍의 관점에서 볼 때

권한이란 시간적 구성 요소인 시퀀스와 구두법, 레이트, 인터벌, 듀레이션, 셰이프 등을 제어하는 능력을 일컫는다.

- 조너선은 언제든 회의를 시작하거나 종료할 수 있다. 또한 회의의 진행 시간(듀레이션)과 시작·종료(구두법), 속도(레이트 혹은 빠르기)를 조정하기도 한다.
- 그는 회의가 열띤 논쟁으로 혼란스러울 때 발언자와 발언 시간(인터벌)을 지정할 수 있다.
- 조너선은 발언 주제와 시간에 제약을 받지 않는다.
- 그는 인터벌을 늘이거나 줄일 수 있어 기회의 창도 조정할 수 있다. 발언을 중단시키거나 좀 더 구체적인 답변을 주문할 수도 있다.
- 무엇보다 중요한 점은 조너선이 회의의 시퀀스를 관리한다는 것이다. 사실 그는 회의의 순서를 뒤집을 수도 있다. 반론을 제한하는 방편은 시퀀스 렌즈로 회의를 짚어보면 알 수 있다.

시퀀스 렌즈

조너선은 "오늘 안건은 이것뿐이라 회의가 길어지진 않을 것 같군요"라는 말로 회의의 서문을 열었다. 즉 비리토닌 출시는 이미 결정된 안건이나 다를 바 없다는 이야기다. 회의실에 있던 사람들도 이를 알고 있다. 아래 〈도표 7.1〉에 이 같은 정황을 그렸다.

<도표 7.1> 시퀀스 역전

회의의 정상적인 시퀀스는 안건을 논의한 뒤 막판에 결정을 내리는 순서다. 즉 최종 결정이 이루어지기 **전에** 논의할 기회가 열리며, 그 후에는 불가능하다. 안건이 확정되면 반론은 '명령 위반Out of Order'이 되기 때문이다(닫힌 기회). 조너선이 정상적인 시퀀스를 뒤집은 까닭에 반론이 어렵고 위험해졌다.

시퀀스 역전의 해결책으로는 3가지 대안이 있다.

재역전

출시가 **아직** 확정되지 **않았다**는 점을 지적하여(시퀀스를 다시 역전시켜) 논의할 기회를 마련하라. 이를테면 아래와 같다.

② 오늘 결정해야 한다는 법은 없으니, 다음 기회에 다시 논의하는 건 어떨까요?

사장의 권위에 도전하는 뉘앙스가 다분히 묻어나는 발언이다. 이러한 직설적인 언급을 할 사람은 아무도 없을 테니 좀 더 바람직한 대안을 살펴보자.

재설계

'선 논의, 후 결정' 시퀀스가 어떻게든 무시될 수 있다면, 시퀀스 역전을 둘러싼 문제는 불거지지 않는다. 이를 위한 대안은 먼 미래에서 정황을 돌이켜보는 것이다. 5년 후에는 누가 사건의 정확한 타이밍을 기억하고 있을까?

③ 오늘 안건을 확정하느냐, 다음 주에 하느냐가 중요한 점은 아니라고 봅니다. 5년 후를 내다본다면 언제 이를 결정했느냐가 아니라, 옳은 결정을 내렸느냐가 관건이 아닐까요?

시간에서든 공간에서든, 대상과의 거리를 늘이면 물체를 구별할 수 있는 인지력과 그 사이의 시간 감각이 떨어지게 마련이다. 가까이서 관찰하면 뚜렷한 대상도 멀리서는 희미해 보인다.

무관한 주장

행동의 목적은 행동이 시의적절했는가를 결정한다. 앞선 사례에서 회의의 목적은 크게 2가지이다. 첫째는 이미 결정된 안건을 비준하는 것이고, 둘째는 '근황을 확인하는 것'이다. 목적이 후자라면 시퀀스 역전을 둘러싼 문제는 의미가 없다. 결정이 꼭 필요하지는 않기 때문이다.

④ 하지만 이번 회의의 목적은 근황을 짚어보는 게 아니었나요?

꼭 지금 결정을 내려야 할 것처럼 회의를 진행한 듯하네요.

물론 회의의 목적을 재정의하는 데 리스크가 없는 것은 아니다. 그럴 권한이 있는 사람이라야 회의의 목적을 재정의할 수 있기 때문이다. 계급장을 뗄 생각이 없다면 부하 직원은 그래서는 안 된다.

구두법 렌즈

구두법 렌즈는 쉼표와 마침표 등 시간의 연속적인 흐름을 몇 가지 구획으로 나누는 데 주안점을 둔다. 다음은 반론이 통하는 환경을 창출하는 데 보탬이 되도록 구두점과 대체 기호의 활용 방안을 열거했다.

구두점 추가

사람이 침묵을 지키려는 한 가지 이유는 발언이 두렵거나 할 말이 없어서라기보다는 회의의 전개 과정과 시간의 흐름에 **본질적인 구두점Intrinsic Punctuation**이 부족하기 때문이다. 즉 순간과 순간이 이어질 때 후자는 전자와 섞이며 이어지는데, 당신이 이를 깨닫기도 전에 회의가 종료된다. 이때 의식적으로라도 구두점을 삽입해야 한다. 예컨대 잠시 중단하자는 의사를 밝히는 것도 방법이 될 수 있다.

⑤ 잠시 쉬었다가 이 문제를 찬찬히 생각해봐도 될까요?

대개는 회의를 주재한 사람이 중단을 제안할 수 있으므로 격식을 차린 의문형으로 처리했다. 또 다른 대안은 타이밍에 따라 달라진다. 예컨대 회의가 길어지면 안건이 더 복잡해지므로 "잠시 진행 과정을 정리해볼까요?"라고 당부하는 것도 좋다. 물론 답변은 짤막해야 쉬어간다는 뜻을 주지시킬 기회가 될 것이다.

구두점 다시 찍기

구두법을 다룬 장을 되짚어보면, 의약품 판매 등의 계획은 과거나 미래와 묶일 수 있다고 했다. 즉 제품 개발이라는 장기적인 과정의 마지막 단계라면 종지부를 찍고 싶어 할 것이고, 신규 마케팅 캠페인의 출발 단계라면 첫인상이 중요할 테니 신경이 곤두설 것이다. 따라서 진행 속도를 늦추고 싶다면 다음과 같이 이야기해보자.

⑥ 고객에게 좋은 인상을 심어주려면 처음 몇 단계는 제대로 밟아나가야 합니다. 그러지 않으면 손실을 만회하는 데 상당한 시간이 걸릴지도 모릅니다.

마감 시한 설정

시험 대상을 달리했을 때 벌어질 가능성이 있는 부작용의 유형과 확률, 정도를 파악하기 위해 추가 연구를 한다고 하면, 끝이 보이지 않는다는 우려를 낳는다. 과학적인 연구 결과가 돌발 사태를 억제하지 못할 뿐만 아니라 100퍼센트 확실하지도 않다는 이유로 비리토닌 출시가 어려워지면 비즈니스 관점에서는 치명적인 손해이다.

다시 회의로 돌아가서 2가지 해결 방안을 제시해본다면 첫째는 구두법, 둘째는 인터벌을 적용하여 지연 시간을 비교적 짧게 조정하면 된다.

⑦ 부작용은 당연히 짚어봐야 하지만 그렇다고 출시를 마냥 보류해서도 안 됩니다. 그러니 문제가 종료될 시간을 예측해 시한을 정해두고, 시판이 지연되어 발생하는 리스크와 부작용이 심각해 이를 만회하는 데 걸리는 시간을 같이 따져봐야 합니다.

구두법으로 경계선 긋기

강력하고 뚜렷한 구두점이 있으면(이를테면 비리토닌을 출시하자는 결정) 경계를 넘기 전후의 상황이 어떻게 달라졌는지를 강조하는 것도 대안이 될 수 있다. 따라서 체중감량제의 시판을 연기하고 싶다면 다음과 같이 일러두어라.

⑧ 일단 비리토닌이 출시되면 손을 쓸 수 없는 일들이 상당히 많아질 겁니다. 공개 조사도 추가할 참입니다. 부작용이 생각보다 심각하다면 소비자들이 그때도 우리를 믿어줄까요? 신뢰도가 추락하면 생산라인이 타격을 입을지도 모릅니다. 그러니

잠시 멈추는 것도 신중한 판단이 될 것 같습니다. 제약 마케팅은 중차대한 프로젝트니까요.

공동의 가치관 확인

이의가 받아들여지지 않아 팀에서 따돌림을 당하거나 독불장군으로 (가파른 경사처럼 순식간에) 전락할 수도 있다. 한마디가 꼬리에 꼬리를 물면 정작 본인은 반론이 별로 통하지 않는다는 사실을 깨닫지 못할 것이다. 사실 건설적인 반론과 골칫거리를 구분하는 선은 그다지 뚜렷하지가 않다. 구두점이 부족할 때 적용할 수 있는 대안은 공동의 가치관을 확인하는 것이다. 그러면 팀원과 의견이 대립한다고 하더라도 거절하기가 쉽지 않다. 아래와 같이 말을 바꾸어보자.

⑨ 비리토닌이 잘 되기를 바라는 마음은 저희 모두가 한결같을 겁니다. 'i'에 점을 찍고 't'에 작대기를 그어야(세밀한 곳까지 신경을 써서 처리해야 한다는 뜻.—옮긴이) 은행에 가는 길이 즐거워지지 않을까요?

인터벌과 듀레이션 렌즈

○

회의 중에 이의를 제기하기가 어려웠던 이유는 조너선이 이미 결정을 내렸다는 뜻을 내비쳤기 때문이다. 그에게는 비리토닌 시판을 연기하는 것이 바람직하지도, 기대하지도 않는 결과다. 그러나 이때 3장에서 소개한 ED2+R 시퀀스 관련 인터벌을 적용한다면, 조너선의 체면도 살고 회의도 성공적으로 진행할 수 있다. 첫 번째 인터벌은 ED2+R 시퀀스 전 단계로, 경보가 발령된 때와 문제의 상황이 벌어진 때**Exist** 사이에 온다. 예컨대 부작용에 관한 정보가 사전 경고 제도의 일환으로 다뤄진다면 회의는 어느 정도 성공했다고 볼 수 있다. 그러나 이 같은 '틀'이 제 기능을 발휘하려면 경보 시스템이 너무 이른 시기에 작동해서는 안 된다('전까지의 시간', 즉 예상된 위기는 비교적 짧을 것이다). 경고가 너무 이르면 잘못된 경고로 일축할지도 모른다. 이때 적용할 수 있는 해결책은 다음과 같다.

⑩ 로버트가 옳다면…… 이른 시일 안에 시장점유율을 대폭 끌어 올릴 수 있을 것이나, 부작용이 해결되지 않는다면 시장점유율이 높을수록 리스크가 더욱 증가할 것입니다. 성공할수록 문제가 더 심각해진다는 아이러니에 빠질지도 모를 일입니다. 게다가…… 차기 회계연도에 타격을 입힐 수 있다는 점도 문제입니다. 조만간 정말 그런 리스크에 봉착할지도 모르니, 보험에 든다는 생각으로 2~3주 정도 더 투자해서 부작용이 빙산의 일각이 아니라는 점을 분명히 밝혀두는 편이 신중한 조치입니다. 그렇게 확보된 데이터는 사전 경보 역할을 톡톡히 해낼 겁니다. 설령 잘못된 경보 시스템이라고 해도 너무 늦기 전에 발견했으니 기분이 나쁘진 않겠지요.

인터벌을 적용하여 상황을 파악하는 또 다른 방법은 ED2+R 시퀀스에서 R을 활용하는 것이다. 사전 경보는 당면 문제를 해결할 수 있도록Resolve 시간을 벌어줄(연장된 인터벌) 뿐만 아니라, 갖가지 문제가 벌어질 때 성가신 부작용들을 처리해야 하는 동시성 리스크를 모면하는 데도 보탬이 된다.

⑪ 부작용이 골칫거리가 된다고는 생각하지 않습니다만, 이를 면밀히 살펴보면 실제로 문제가 벌어지기 전에 선수를 칠 수 있을 겁니다. 일찌감치 그럴 수 있다면 말썽을 잠재우느라, 또 실추된 기업 이미지를 회복하느라 에너지를 낭비할 필요는 없지 않을까요?

의사 진행 규정 강조

ED2+R 시퀀스의 인터벌이 중요한 이유가 또 있다. 회의에는 규정된 기준과 가치관이 배어 있게 마련이다. 그래서 주된 기준이 위태로워질 때 이를 발견한 사람은 즉각 타인에게 공지해야 한다. 감지Detection와 공개Disclosure 사이의 경과 시간은 가급적 짧아야 한다. 그래서 '의사 진행 규정Point of Order'이 존재하는데, 이는 순차적인 과정에 걸림돌이 될 만한 것을 추려내는 역할을 한다. 《회의법 일반 준칙》에 나타난 것과 같이 의사 진행 규정은 항상 순서를 따르게 되어 있으며[3] 언제든 정할 수 있다. 그러므로 기회는 진행 중인 계획이 집단의 핵심 가치를 위태롭게 할 때마다 반론의 창을 열어두는 것이다.

⑫ 회의에 참여해보면 아시겠지만, 경솔한 판단을 자제하는 것이
회의의 중요 원칙이 아닐까 싶습니다. 물론 그렇다고 수수방관
하자는 이야기는 아니고요. 어느 편이든 지나치면 위험하겠죠.

시간의 경과에 주의하라

조너선의 개회 발언으로 미루어볼 때 회의는 대체로 형식에 가깝다는
점을 알 수 있다. 일단 오래 걸리진 않을 거라고 했지만, 이의를 제기
하면 회의가 좀 더 길어질 수도 있다. 진행 시간에 대한 문제는 다음
2가지 대안으로 접근해볼 만하다.

단 축

이의를 제기할 때, 팀원들이 익히 알고 있는 짧게 끝나는 전략을 쓴
다. 다음 예를 보라.

⑬ 잠시 '악마의 변호사'를 자청해야겠습니다.˙ 중차대한 안건인
만큼 모든 가능성을 두루 살펴봐야 하니 말입니다. 로버트의
말이 옳다면 비리토닌은 잠재력을 십분 발휘하겠지만 그만큼
부작용도 만만치 않을 것 같습니다……

악마의 변호사를 자청하다
play the devil 's advocate
주어진 의견에 대하여 무조
건 반대 의견을 제시하는 역
할을 맡겠다는 뜻.

악마의 변호사는 시간을 잡아먹는 법이 없다. 시간이 한정되어 있는
의식이자, 누구나 익히 알고 있는 관행이다. 비유하자면 흔히 밟고 다
니던 길이라 누구 하나 이상하게 여기는 사람도, 시간이 오래 지체될

일도 없다. 속히 종료될 테니 누군가가 이를 자청한다면 그냥 눈감아주는 것이 인지상정이다. '악마의 변호사'는 조직의 목적과 목표를 달성하는 데 보탬이 되는 대안으로 정평이 나 있다.

제 거

여유가 별로 없음을 알고 있다는 뜻을 내비친다.

⑭ 중요한 이야기지만 그냥 건너뛰겠습니다.

전까지의 시간에 주목하라

3장에서 나는 '이후의 시간'과 '전까지의 시간'이 어떻게 다른지 살펴보았다. 비리토닌이 개발 단계에 들어간 이후의 시간은 긴 편이나 문제가 불거지기 전까지의 시간은 짧다. 따라서 아래와 같이 일러두면 좋다.

⑮ 정말 그런 리스크가 **아주 가까이** 와 있다면, 보험에 든다는 생각으로 2~3주 정도만 투자해서 부작용이 빙산의 일각이 아니라는 점을 분명히 밝혀두는 게 신중한 조치가 아닐까 싶습니다.

'마지막 기회'를 적용하라

"마지막 기회를 이용하라"는 흔히 활용되는 타이밍 룰이지만, 여기서는 적용할 수 없다. 조녀선을 제외한 나머지는 **회의 시간**을 가늠할 수 없기 때문이다. 게다가 부작용도 있다. 알다시피 회의 막판에는 이의를 제기하지 않는 게 상식이라서, 사람들은 분명 "왜 진작 이야기하지 않았나?"라며 반문할 것이다. 그럴 땐 ⑭번을 바꾸어 말해보자.

⑯ 추가 연구를 자원하는 게 늦지 않았다면 몇 가지 보고서를 보완하고 싶습니다. 그러다가 뭔가 중요한 거라도 건지면 마케팅 전략에 영향을 줄지도 모르니까요. 물론 시간 낭비일 수도 있지만 저는 흔쾌히 그러고 싶습니다.

아무리 늦더라도 추가 작업은 할 수 있다.

인터벌 렌즈로 회의를 살펴보면 누락된 점이 눈에 띈다(이를테면 회의가 최종 결정에 얼마나 가까이 이르렀는지 파악하는 방법). 그 순간을 안다면 신약 시판을 두고 당신이 어쩔 수 없이 나서기 전에 제삼자가 이의를 제기하기까지 기다려야 할 시간을 가늠할 수 있을 것이다. 그러나 회의의 속도와 시간을 좌우하는 시계는 벽이나 스마트폰에서 찾아서는 안 된다. 조녀선의 머릿속에 들어 있기 때문이다. 즉 사장만이 그 시계를 볼 수 있고, 시각을 일러줄 수 있다. 시각은 이미 귀띔해주었을지도 모르겠다. 조녀선의 **주관적 시계**Subjective Clock를 보면, 의사 결정 시간은 벌써 지났다.

레이트 렌즈

●

레이트 렌즈와 인터벌 렌즈는 같은 현상을 두 가지 관점으로 볼 수 있는 안목을 선사한다. 시간은 빠르게 움직이면 덜 걸리고, 천천히 움직이면 많이 걸린다. 따라서 인터벌 렌즈로 볼 수 있다면 레이트 렌즈도 적용할 수 있다. 그러나 2가지 도구가 같은 역할을 하더라도 어느 하나가 (딱히 이유를 밝히기는 어렵지만) 다른 것보다 더 창의적인 아이디어와 해결책의 원천이 되는 경우가 더러 있다. 사람은 각자 나름대로 선호하는 바가 달라서 같은 현상이라도 언어를 달리 표현하면 전에는 미처 몰랐던 '깨달음'을 얻을 때가 종종 있다. 그러면 레이트 렌즈로 회의 과정을 관찰해보자.

조녀선의 첫 발언을 보건대, 그는 짧은 회의를 예상하고 있다. 대체로 회의가 짧게 끝나려면 속도가 빨라야 하지만, 그들에게는 그것이 정상적인 속도일 것이다(잠시도 쉬지 않고, 침묵으로 회의의 흐름을 끊지도 않고, 재충전이나 심사숙고할 여유도 없다). 현 상황의 정상적인 속도를 알아두면 유용할 때가 자주 있다. 열띤 논쟁이 벌어지기도 하고, 도표와 차트가 빼곡하여 지루하고 따분한 회의를 주도해나갈 수도 있기 때문이다.

일이 벌어지는 속도와 경과 시간을 떠올리면 레이트의 범위(《표 4.1》) 중 **최저 속도 과정의 최저 속도**에 대한 칸을 반추하게 된다. 의사 결정은 현안이 복잡하여 고민이 많으면 속도가 줄어들게 마련이나, 쉽사리 결론이 나지 않을 듯한데도 마냥 시간을 끌고 있으면 곤란하다. 회의실에서 "사느냐 죽느냐, 그것이 문제로다" 하며 햄릿처럼 구는 사람도 시간을 무한정 끌 수는 없을 것이다. 그랬다가는 그 모습이 회사에서의 '마지막 장Final Act'이 될 테니까. 짤막한 회의의 정상적인 속도와 고민이 필요한 의사 결정 과정의 정상 속도를 생각하면 대립이 생길 수밖에 없다. 따라서 현안이 복잡하다면 앞서 고려했던 결정에 동의하거나 좀 더 시간을 연장해야 한다.

레이트와 인터벌을 다룬 장에서 살펴본 바와 같이, 같은 레이트나 인터벌이라도 당사자가 이를 해석하는 방식은 서로 다를 수 있다. 예컨대 변호인에게는 비리토닌 출시일을 연기하는 것이 문제를 피하는 대안이 될 수 있다. 그러나 마케팅 팀장은 행여 그랬다가 경쟁 업체가 '획기적인' 신제품을 출시하면 뒤통수를 맞을 수도 있다며 반박할 것이다. 출시일은 마땅히 보류해야 한다는 주장을 개진할 방법과 시기를 결정하려면, 길고 더딘 과정을 타인이 어떻게 이해하고 있는지 파악해두어야 한다.

셰이프 렌즈

◉

회의의 역동성을 규정하는 셰이프는 주기형과 직선, 나선, 점과 부채, 극적 아치형이다. 이 같은 셰이프를 적용해보면 신약 출시를 반대하는 것과 당면한 문제를 해결하기가 왜 쉽지 않은지를 다른 각도로 이해할 수 있다. 예컨대 최종 결정으로 끝을 맺는 회의는 찬반으로 양분된 여러 논지를 달아둔 저울에 비유될 수 있다. 그래서 악마의 변호사라는 의식이 수용되는 것이다. 악마의 변호사는 시소나 선분으로 생각할 수 있는 저울에 물건을 골고루 올려놓는 데 도움이 된다. 참고 대상의 셰이프에 들어맞는 행동은 시의적절하다.

주기 전략 및 전술

조녀선은 참석자의 의견을 적어도 한 번씩은 듣고 싶어 했다. 그들의 전문적 식견이 회의와 무관하지 않았기 때문이다. 따라서 회의는 결정이 이루어지기 전에 최소 하나의 주기가 이루어져야 하나 그 숫자는 적을 것이다. 의견이 끊임없이 돌고 도는 것은 아니기 때문이다. 비리토닌 출시가 시기상조라는 점을 주장하는 데 주기형 셰이프를 적용할 방법은 한둘이 아니다. 예컨대 발언권을 행사한 사람과 그러지 않은 사람을 주시하면 반론을 개진할 때를 결정할 수 있다. 이를테면 변호인과 마케팅 팀장의 입장을 예측할 수 있으므로 변호인이 자신의 논리를 주장하기 전에 이를 반박하거나, 그녀가 발언할 때까지 기다려라. 주기가 있음을 눈치챘다면 회의가 막바지에 이를 시점도 감지할 수 있다. 즉 주장을 관철시키기까지 남은 시간을 가늠해볼 수 있다. 모두에게 한두 마디 정도 발언할 기회가 돌아갔다면 반박 기회는 거의 종국에 가까워졌을 것이다. 그러니 정신을 바짝 차려라.

직선과 나선형

회의가 장황해지지 않고, 또 삼천포로 빠지지 않으려면 직행을 택하는 것이 가장 바람직하다. 그러면 한 주제에서 다음 주제로 깔끔히 이어지므로 우회나 휴식, 걸림돌, 혹은 앞서 다룬 문제를 다시금 들춰낼 일은 없을 것이다. 세상이 복잡해지면서 인간은 단순함에 갈증을 느끼기도 하고 매 단계마다 휴식을 필요로 하지만, 이를 마다하면서까지 단도직입적인 선형 과정을 고집하기도 한다. 그러나 회의는 곡선형에 가깝다. 토론을 차츰 진행하다 보면 선이 원을 그리며 의사결정에 필요한 점(마케팅, 정부의 허가, 부작용 등)을 통과한다. 따라서 회의의 근본적인 셰이프는 직선이 아니라 나선이다. 회의가 진행되면서 구불구불 그려진 셰이프는 부작용을 검토하기 위한 논증에 보탬이 된다. 그들은 진작 해결했어야 할 문제를 다시금 들춰내는 것이 얼마나 불쾌한 일인지를 본능적으로 알고 있기 때문이다.

점과 부채

예측했던 미래의 모습처럼 정말로 부작용이 골칫거리가 되었다면, 시장에서의 신약 철회 여부를 결정해야 한다. 심각한 부작용에 따른 부정적인 인지도도 쇄신해야 하고 다른 제품에 피해가 가지 않았는지도 살펴봐야 할 테니, 머리 쓸 일이 많을 수밖에 없다. 결국 기업이 맞닥뜨릴 문제는 점과 부채 다이어그램과 유사한 꼴이 될 것이다. 제품 출시에서 매출까지의 셰이프가 단도직입적인 직선이 아니라 점과 부채 모양에 가까워진다면 미래는 더욱 불투명해진다. 불확실할 때는 찬찬히 신중하게 진행하는 타이밍 원칙을 적용해야 한다.

극적 아치형

극적 아치형은 제품 출시를 앞둔 조너선과 로버트가 느끼는 위기감을 이해하는 데 중요한 역할을 한다. 제약 분야에서 개발 단계는 과정이 길다. 보상은 끝에 가야만 얻을 수 있다. 그래서 회의가 소집될 무렵에는 긴장이 해소되고 보상이 따를 거라고들 기대했을 것이다. 이상적으로 개발 및 마케팅을 둘러싼 긴장의 기복은 극적 아치형을 따른다. 즉 긴장은 개발 단계에서 형성되다가 출시할 때 비로소 해소된다. 이때 부작용을 검토할 요량으로 쉼표를 찍게 되면 셰이프가 망가지고, 긴장이 해소되리라고 기대했던 순간이 지연된다. 그룹이 무엇에 실망할지를 미리 알고 있다면 이를 극복하는 데 도움이 될 것이다.

폴리포니 렌즈

폴리포니 렌즈는 병렬 구조의 가능성으로 관심을 유도한다. 2가지 대안을 동시에 진행하면 어떨지 제안해보라.

⑰ 헬러 박사가 추가 검토하는 일을 제가 좀 거들겠습니다. 물론 골칫거리가 있다고 생각하지는 않습니다. 마케팅은 계획대로 진행해주시고, 혹시라도 문제점이 발견되면 공지하겠습니다. 말썽이 있을 리는 없겠지만 헬러 박사의 선한 뜻을 존중해주는 것도 나쁘지 않다고 봅니다. 그만 한 과학자는 회사에 없으

니까요.

⑰은 의사 결정 과정을 회의 바깥으로까지 연장시킨다. 즉 회의가 끝나도 또 다른 과정이 계속된다. 이는 2장 '시간의 구두법'에서 다룬 SJPCW 시퀀스의 연속성을 가리키며, 추가 검토란 비리토닌 시판 결정과 병행하여 진행될 두 번째 과정을 일컫는다.

부작용을 추가 조사하는 과정 탓에 출시가 지연되는 것이 바람직한 결과는 아니다. 하지만 더 늦기 전에 오류를 파악했을 때의 기대 수익을 따져보면 이때 발생하는 비용을 손해라고 보기도 어렵다. 아울러 출시를 지연시킨 점에 대한 부담을 기꺼이 감당함으로써 그 대가를 일부 상쇄할 수 있을 것이다.

한데 섞기

●

이의, 반박을 제기하기 어려운 이유는 언제나 존재한다(예를 들면 회의를 시작할 때 안건이 이미 결정되었다는 인상을 준 조녀선의 발언). 어떤 이유는 경우에 따라 반박의 존재 여부가 달라진다. 한 사람씩 발언 기회가 돌아간다면 당연히 개입하기가 어려워진다. 남이 이야기할 때 함부로 끼어들 수 없고, 그 역도 마찬가지이기 때문이다. 또한 회의를 진행하다 보면 또 다른 변수가 작용하기도 한다. 조녀선은 회의가 짧을 거라고 했으니, 행여 회의가 길어지기라도 하면 그의 기대에 부응하지 못해 발언을 잇기가 더욱 어려워질 것이다.

침묵해야 할 이유는 항상 존재한다. 그래서 **시간적 공유지의 비극**
(공공재를 계속 과소비할 경우 종국에는 자원의 고갈로 공공재의 공급이 중단
되고 만다는 '공유지의 비극**the tragedy of the commons**'을 차용한 말.—옮긴이)
이 벌어진다. 가상 시나리오를 면밀히 살펴보면 침묵하는 이유를 발견
할 수 있으나 침묵은 재앙을 부추길 뿐이다. 순간순간 따져보면 침묵
이 합리적이지만 전체적으로는 (어느 순간이든) 그렇게 보기 어렵다. 그
러면 어찌해야 할까?

복잡한 상황을 처리할 때는 한 가지 해결책만으로는 부족하다. 회
의도 마찬가지다. 만사가 한 방에 통하는 발언은 없으므로, 6개의 렌
즈를 통해 구현된 요소를 하나의 시퀀스 전략으로 통합해내야 한다.
예를 들면 아래와 같다.

⑨ 비리토닌이 잘 되기를 바라는 마음은 저희 모두가 한결같을
겁니다. 'i'에 점을 찍고 't'에 작대기를 그어야 은행에 가는 길
이 즐거워지지 않을까요? ①혹시라도 제가 오해했을지 모르지
만 일단 들어보세요. 로버트, 몇 년 후면 시장점유율이 20퍼
센트 정도 된다고 했죠? 정말 듣던 중 반가운 소식이군요. 아
주 많은 사람이 비리토닌을 살 테니 매출도 쑥쑥 오를 거고
요. (잠시 숨을 고르며) 하지만 얼마 안 되는 비율이라도 부작용
이 심각하다면 골칫거리가 될 수 있다는 생각도 드는군요. 고
작해야 몇 퍼센트이긴 해도 숫자로 따지면 적지는 않을 텐데,
가령 수백 명이 그 약 때문에 잘못되기라도 하는 날엔 회사가
(다른 제품도) 타격을 입지 않을까요? 기업 이미지도 위태로워

질 것이고요. ④하지만 이번 회의의 목적은 근황을 짚어보는 게 아니었나요? 꼭 지금 결정을 내려야 할 것처럼 회의를 진행한 듯하네요. ③오늘 안건을 확정하느냐, 다음 주에 하느냐가 중요한 점은 아니라고 봅니다. 5년 후를 내다본다면 언제 이를 결정했느냐가 아니라, 옳은 결정을 내렸느냐가 관건이 아닐까요? ⑩로버트가 옳다면…… 이른 시일 안에 시장점유율을 대폭 끌어올릴 수 있을 것이나, 부작용이 해결되지 않는다면 시장점유율이 높을수록 리스크가 더욱 증가할 것입니다. 성공할수록 문제가 더 심각해진다는 아이러니에 빠질지도 모를 일입니다. 게다가…… 차기 회계연도에 타격을 입힐 수 있다는 점도 문제입니다. 조만간 정말 그런 리스크에 봉착할지도 모르니, 보험에 든다는 생각으로 2~3주 정도 더 투자해서 부작용이 빙산의 일각이 아니라는 점을 분명히 밝혀두는 편이 신중한 조치입니다. 그렇게 확보된 데이터는 사전 경보 역할을 톡톡히 해낼 겁니다. 설령 잘못된 경보 시스템이라고 해도 너무 늦기 전에 발견했으니 기분이 나쁘진 않겠지요. ⑦(물론) 부작용은 당연히 짚어봐야 하지만 그렇다고 출시를 마냥 보류해서도 안 됩니다. 그러니 문제가 종료될 시간을 예측해 시한을 정해두고, 시판이 지연되어 발생하는 리스크와 부작용이 심각해 이를 만회하는 데 걸리는 시간을 같이 따져봐야 합니다. ⑧일단 비리토닌이 출시되면 손을 쓸 수 없는 일들이 상당히 많아질 겁니다. 공개 조사도 추가할 참입니다. 부작용이 생각보다 심각하다면 소비자들이 그때도 우리를 믿어줄까요? 신뢰도가 추락하면 생산라인이 타격을 입을지도 모릅니다. 그러니 잠시 멈추는 것도 신중한 판단이 될 것 같습니다. 제약 마케팅은 중차대한 프로젝트니까요.

———

1장(시퀀스)에서 언급했듯이, 소설가 훌리오 코르타사르는 《돌차기 놀이》에서 독서 순서를 선택할 권한을 독자에게 제공했다. 나도 시퀀스에 적합한 전략을 몇 가지 열거해두었다. 각 시퀀스는 시나리오와는 다른 기업 및 관계자들에 대한 사실과 비언어적 단서 등이 녹아 있는 회의 진행 과정에 적용될 것이다.

시퀀스 : 5, 1, 4, 10, 8

시퀀스 : 1, 7, 11, 17

시퀀스 : 14, 1, 10, 11, 8

가상 회의에 적용되는 조직 문화와 역동성을 감안하여 효과적인 시퀀스 대안을 취사선택할 권한을 독자 여러분에게 제공하고자 한다. 앞서 소개한 시나리오를 읽고 난 직후와 비교해볼 때 지금은 효과적인 전략에 좀 더 가까이 접근했으리라고 확신한다. 이처럼 렌즈를 적용하면 회의의 시간 구조를 가늠할 수단을 활용할 수 있을 뿐만 아니라, 이의를 제기해야 할 현안에도 미리 대응할 수 있다.

깨달아야 할 것들

7장에서 언급한 사례가 일깨워준 수많은 교훈 중 타이밍 문제가 두드러지게 나타나지 않은 것은 없었다. 회의의 시간적 구성을 구체적으로 밝혀내고, 이의를 제기하기 어려운 이유와 까다로운 문제를 해결하는 비결을 정확히 짚어내려면 렌즈가 있어야 한다. 눈에 보이지 않는 적을 상대하기란 쉽지 않다. 회의의 구조를 규정한 시간의 구성 요소를 모두 통찰하려고 해도 6가지 렌즈가 필요했다. 한두 가지 구성 요소, 예컨대 바짝 다가오는 마감 시한(구두점)이나 상황이 달라지는 속도(레이트)에만 근거해 의사를 결정하기보다 다른 구성 요소도 떠올릴 줄 알아야 한다. 미처 생각하지 못한 리스크나 기회를 다른 구성 요소가 알려줄지도 모르기 때문이다.

회의에서 무엇이 잘못되었는지(허술한 의사 결정과 부족한 리더십, 집단 사고, 그릇된 집단 프로세스, 반론을 묵살하는 조직 문화 등) 파악하는 다른 방법도 있다. 하지만 굳이 타이밍 분석을 다룬 까닭은 독특한 시각을 제시하기 때문이다. 타이밍 분석은 다른 틀과 모델이 놓치거나 넌지시 암시하는 점을 뚜렷이 밝혀낸다.

약 2000년 전, 아리스토텔레스는 수평선 위로 자취를 감추는 돛을 보고(아마 역사상 최초일 것이다) 지구가 평평하지 않고 곡선을 이루었음을 깨달았다고 한다. 하지만 같은 현상을 보았더라도, 발밑의 땅이 곡선을 이루어서가 아니라 시신경에 들어온 빛이 굴절되어 발생한 착시 현상이라고 일축한 사람이 얼마나 많았던가? 아리스토텔레스가 관찰력을 통찰력으로 바꾸는 데는 기하학의 원리가 필요했다. 이는 타이밍 렌즈의 역할이기도 하다(타이밍 렌즈는 관찰력을 통찰력으로 바꾸는 패턴을 밝혀낸다).

지금까지 내가 제시한 분석법은 부하 직원의 입장에서 회사의 섣부른 마케팅 계획을 막고자 할 때 도움이 되고자 한 것이다. 그러나 부하 직원이 발휘하는 사고력과 그들 나름의 지식으로 덕을 보려는 경영자들도 분명 배울 점이 있을 것이다. 문제는 업무 구조가 직원이 별 탈 없이 이의를 제기할 수 있도록 짜여 있는가이다. 부하 직원의 용기나 선의에만 기대기보다 기탄없이 진실을 밝힐 기회를 창출해야 한다. 이는 무엇보다도 타이밍에 정신을 집중해야 한다는 점과 일맥상통한다. 당신은 적절한 환경과 순간을 창출해내야 한다. 무엇이 기회의 창을 닫는지 알고 있다면 이를 열 대안도 찾을 수 있을 것이다.

다음 장에서는 좀 더 구조적인 방법으로 타이밍을 분석해보고자 한다. 분석 과정은 7단계로 구분된다. 타이밍을 이해하는 수준을 좀 더 끌어올리고 싶다면 이를 꼼꼼히 살펴보라. 타이밍 실력이 일취월장할 것이다.

08

타이밍 분석 7단계

요제프 알베르스[1]

타이밍 분석은 주요 목표를 달성하는 데 보탬이 되는 구조적인 방법이다.

무엇보다도 기회의 창을 찾는 데 도움이 된다는 점이 가장 중요하다. 타이밍 분석은 손을 써야 할 때와 그러지 말아야 할 때를 명쾌히 밝힌 후, 실행 및 대기와 관련된 리스크를 예측하는 데도 일조한다. 눈에 띄지 않거나 순식간에 벌어진 사건의 추이를 의식하지 못했을 뿐, 타이밍 관련 리스크가 개입하지 않는 일은 없다. 타이밍 분석은 리스크를 발견하고 타이밍이 관건인 상황을 판단하는 데도 도움이 된다. 타이밍이 중요하지 않을 때가 있는가 하면, 타이밍이 핵심일 때도 있다. 이따금 경영진이 정보의 해일에 휩쓸려 타이밍과 관련된 문제를 놓치기도 하는데, 타이밍을 분석해보면 이를 밝힐 수 있다. 아울러 진행 절차를 결정하는 데도 보탬이 된다. 진행 속도를 늦추거나 끌어올려야 한다면 잠시 여유를 두거나, 처리 속도를 환경의 리듬에 맞춰 필요한 만큼 조절해야 한다. 나는 레이트, 구두법 및 동조를 비롯한 시간의 구조와 관련된 변수에 대한 결정을 **시간의 디자인**Temporal **Design**에 대한 선택이라고 부른다. 타이밍 분석을 제대로 완수하려면 기존의 통념을 확인하거나 반증을 제기하면서 폭넓은 대안을 밝혀야 한다. 타이밍 분석은 애매모호하거나 직관 또는 직감으로 경험한 사실을 해명하는 데에도 쓸모가 있다. 타이밍 분석은 7단계로 구성되어 있다. 우선 각 단계를 간략히 정리하고 나서 좀 더 구체적으로 밝혀보겠다.

1단계 : 상황을 구체적으로 그려라 첫 단계는 당면 문제를 그리는 데서 출발한다. 타이밍이 관건인 결정인가? 그렇다면 어떤 방안이 가장 바람직한가? 언제 손을 써야 하며, 대기해야 할 때는 언제인가?

2단계 : 악보 다이어그램의 윤곽을 그려라 앞서 그려본 정황을 떠올린다. 조직 안팎에서 동시에 벌어지는 사건은 무엇인가? 오선지에 그리듯 중첩된 사건을 조직하라(조만간 구체적으로 다루겠다). 목표는 사건과 업무가 동시에 진행되는 경위를 파악하는 것으로, 지금까지 다룬 6개의 렌즈를 활용하여 '악보'에 대해 가급적 많은 정보를 파악한 후 그것에 구체적인 '살'을 붙여나간다.

3단계 : 심층적으로 분석하라 폴리포니 렌즈를 이용하여 트랙의 2가지 관계(선두를 달리거나 지체되거나 혹은 동시에 진행되는 것, 프로세스나 사건이 서로 영향을 주고받는 경위)를 짚어보라.

4단계 : 기회의 창을 찾아라 기회의 창을 규정하는 수많은 특징은 실행해야 할 시기를 결정하는 데 중요하게 작용할 수 있다.

5단계 : 타이밍 관련 리스크를 밝혀라 조만간 마주칠 리스크는 무엇이며, 예상보다 이르거나 빠르게 발생할 것은 무엇인가? 다른 리스크와 비교해볼 때 순서가 다르거나, 엉뚱한 때에 벌어질 리스크는 무엇인가?

6단계 : 대안을 분석하라 예리한 안목으로 최종 분석 결과를 검토하라. 분석을 완료하기에 앞서 감안해야 할 점을 일러두기 위해 점검 리스트를 제시할 것이다.

7단계 : 실행하라 타이밍 분석 결과에 따라 실행할 것인지 대기할 것인지를 결정하라.

7단계를 진행할 때는 "만사는 가급적 단순하게 만들어야 하나, 거기서 더 단순해서는 안 된다"는 아인슈타인의 조언을 명심해야 한다. 타이밍을 분석할 때 골칫거리는 세세한 곳에 숨어 있고, 시속 40킬로미터 이상 달리지 못할 만큼 구불구불한 길처럼 매우 복잡한 단계도 더러 있다. 물론 손익의 규모가 크면 여유를 가지는 게 마땅하다. 주시해야 할 점도, 감안해야 할 점도 상당히 많기 때문이다. 하지만 방법론에 익숙해지면 각 단계는 제2의 천성이 되어, 지름길을 찾아내기도 하고 하위 단계를 건너뛰기도 하는 요령이 생긴다.

타이밍 분석은 공식이 아니라는 점도 기억해두자. 이는 관련 문제의 답을 찾을 수 있도록 실제 상황을 조사하고 분석하는 방법으로, 어수선한 세상에 존재하는 사실과 불확실성, 복잡성('지상의 상황')을 수반하기도 한다. 나는 소방 활동을 사례로 이 7단계를 구체적으로 소개하고자 한다. 경영진은 기업의 급한 불을 꺼야 하기 때문이다.

그럼 각 단계를 본격적으로 살펴보자.

1단계 : 상황을 구체적으로 그려라

◉

타이밍 분석의 첫 단계는 구체성을 띤다. 당면 문제를 자신이 이해한 대로 풀어쓰라. 전문직이나 이론마다 특수한 용어가 있듯이, IT와 마케팅 및 기획 분야를 담당하는 사람들 또한 당면 과제에 대한 특유의 사고 및 진술 방식이 있다. 첫인상을 일단 지면에 기록해두면 상황에 따라 구체적인 정보를 가감할 수 있어 매우 유용하다. 단 가급적이면 2~3쪽을 넘기지 않는다. 그다음에는 "성취하고 싶은 목표를 감안해 볼 때 타이밍이 관건인 현안은 무엇인가?"를 자문해보라. 아마도 신제품을 시연하거나 부실한 사업을 정리할 시기, 혹은 복잡한 프로세스에서 순차적인 단계의 속도를 조절하는 방안 등이 주요 안건으로 떠오를 것이다. 첫 단계에서는 숲을 보는 데 주안점을 두어야 한다.

소방대원의 목표는 인명과 재산의 안전을 지키는 것인데, 이때 타이밍이 적용되는 문제는 안전한 방법으로 가급적 신속히 화재에 대처하는 방편이다.

속도가 중요할 때도 상당히 많지만, 경험에 비추어볼 때 판단하고 묻고 결정해야 할 변수는 속도 외에도 많이 있다(동시에 진행해야 할 업무와 대기 시기, 프로세스 중 생략해도 무방한 단계가 있는지 등). 타이밍을 분석하다 보면 이 같은 대안이 눈에 들어오겠지만, 첫 단계에서는 당면한 문제에 대해 이해한 바를 기록해둔다.

그렇다면 타이밍 관련 문제의 유형은 무엇인가? 각 유형별로 의사 결정에 영향을 주는 변수는 무엇이며, 다른 때보다 그때 손을 쓰는 편이 나은 까닭은 무엇인가? 방재 활동이라면 화재의 위치와 규모, 건물의 종류, 갇힌 사람의 수, 기상예보 등이 변수다. 리스트는 악보 다이어그램을 그릴 때 요긴하게 쓸 수 있으니 꼭 작성해두라.

2단계 : 악보 다이어그램의 윤곽을 그려라

◉

우리는 타이밍을 결정하는 데 감안해야 할 변수를 시각적으로 표현하거나 윤곽을 잡기 위해 악보의 수평·수직 구조를 활용할 것이다(악보가 익숙하지 않다면 서론에 그려둔 베토벤 교향곡 악보를 면밀히 살펴보라). 각 악기가 연주하는 악구는 수직으로 쌓여 있다. 그 덕택에 악보를 보면 무엇과 무엇이 순차적으로 이어지고(음표와 음표가 이어진다) 동시에 진행되는 것은 무엇인지(화음과 코드)를 일목요연하게 알 수 있다. 앞으로 직접 스케치할(그림이나 음악에 소질이 없어도 무방하다) 악보 다이어그램도 이와 유사하게 조직되어 수평·수직적인 모양새를 이룰 것이다.

스케치도 중요한 작업이다. 아이들이 그림을 자주 그리는 이유는 잘 모르지만, 추측하건데 그림은 인간이 이해하지 못하는 세상에 대한 본능적인 반응이 아닐까 싶다. 이를테면 인간이 제어할 수 있는 시각적인 모양새를 입혀 그것을 통제하는 것이다. 그림을 그리면 세상이 손에 잡힐 뿐만 아니라 손과 눈, 그리고 궁극적으로는 마음이 닿는 곳에 세상을 둘 수 있다. 시간의 구조 패턴도 마찬가지다(부록에 좀 더 구체적으로 소개했다). 패턴은 머리로 떠올리거나 상상할 수 있는 대상이 아니다. 너무 복잡하기 때문에 대충이나마 윤곽을 잡거나 그림을 그려두어야 한다. 컴퓨터를 쓰면 분석과 산술이 간편하겠지만 종잇장과 연필 같은 수단으로도 습득할 수 있는 게 많다.

변수를 수직으로 열거하라

각 독립변수를 그것들만의 수평선에 담는다. 6장을 정독했다면 각 선이 트랙을 가리킨다는 점을 기억할 것이다. 조직 내부에서 업무가 진행되고 있다면 트랙 한 세트가 깔리고, 경쟁 업체의 계획과 정부 방침의 추이 등도 각각 한 트랙씩 배정될 것이다.

중요하다 싶은 점에는 모두 트랙을 추가하라. 상황이 각기 달라 트랙이 몇 개가 필요한지를 일러줄 수 없으므로 이 단계에서는 여러분의 지식과 경험으로 트랙을 채워나가길 바란다. 물론 변수나 변인, 주체, 이해관계자마다 일일이 트랙을 설정할 수는 없다. 중요한 변수를 놓치느니 차라리 포괄적으로 접근하는 편이 나을 수도 있다. 내 경험으로 보면 매우 복잡한 상황에서는 최소 24개의 트랙이 있어야 동향을 파악할 수 있었다. 그러면 다이어그램은 꽤 높아질 것이다.

수평 트랙을 구체적으로 기록하라

그런 후에는 알고 있는 정보를 각 트랙에 채운다. 트랙은 6가지 렌즈로 관찰하라. 아래는 스스로에게 물어봐야 할 질문들이다.

- **시퀀스** 사건의 순서에 대해 알고 있는 것은 무엇이며, 시간이 흐르면 이는 어떻게 발전하는가?

- **시간의 구두법** 시퀀스에 든 사건이나 행동에 찍어야 할 구두점은 무엇인가? 마감 시한과 개시 및 종료, 연휴 및 선거일 등은 어디에 있는가?
- **인터벌과 듀레이션** 각 사건은 얼마나 걸리며, 두 사건 사이의 경과 시간은?
- **레이트** 빠르거나 느리게 발생하는 사건은 무엇인가? 최고·최저 속도 과정의 최대·최소 속도는 무엇인가?
- **셰이프** 무슨 셰이프가 보이는가? 악순환이나 거품, 하키 스틱, 혹은 서서히 출발했다가 점차 가속이 붙는 프로세스 등을 찾아보자.

소방 활동 : 악보 다이어그램 윤곽 잡기

다음은 소방대원이 화재 현장에 출동한 후 대처한 요령이다.[2]

1. **환기(통풍)** 대원들은 구조물에 구멍을 뚫어 가열된 가스와 연기를 배출시킨다.
2. **수색 및 구조** 환기 도중(대개는 소방용수가 불에 닿기 전에 실시된다) 다른 대원들은 창문을 깨고 건물에 진입한다.
3. **급수로 진화** 호스를 연다.

〈도표 8.1〉에 그려둔 악보 다이어그램에서 각 행동은 수평적인 트랙에 담아두었고, **화재**의 강도가 시간에 따라 달라지는 과정도 마찬가지

다. 다이어그램을 찬찬히 살펴보라. 복잡해 보이지만 실은 그렇지 않다. 전에 본 적이 없는 다이어그램이라 그렇게 느낄 뿐이다.

앞서 다룬 6가지 렌즈로 다이어그램을 보라. 진화는 속도가 관건이므로 다양한 조치가 이루어지고, 사건이 전개될 레이트(왼쪽 상단 구석에 표기)는 이탈리아어로 프레스티시모Prestissimo●이다.

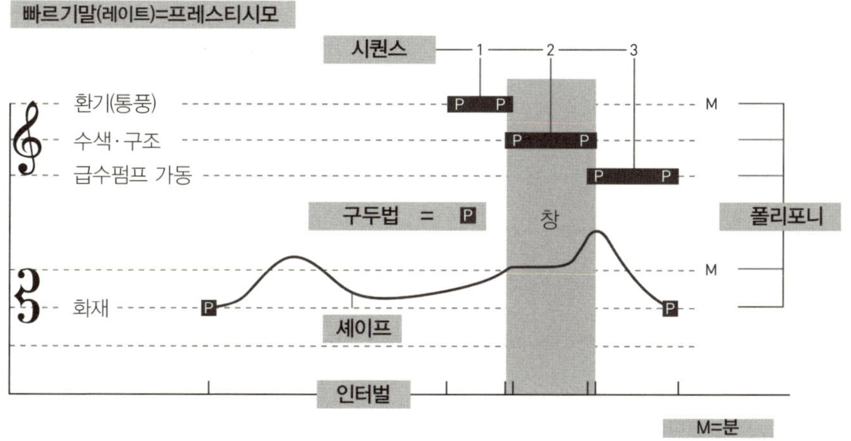

〈도표 8.1〉 재래식 소방 활동 악보 다이어그램

제어가 가능한 행동은 다이어그램 상단에 두고, 정황의 일부라든가 제어가 불가능할 듯한 과정과 사건은 하단에 실어두고자 한다. 전자와 후자는 각각 높은음자리표(S자 모양의 기호)와 알토음자리표(〈도표 8.1〉의 아래 절반) 선에 두었다. 서로 다른 트랙에서 동시에 벌어지는 사건이 많은 까닭에 **폴리포니** 라벨도 붙여두었다. 아울러 주요 **인터벌**을 가리키기 위해 다이어그램 하단의 시간상에 눈금을 표시해두었고, 단위는 시간이나 일수가 아니라 분(M)을 썼다.

각 행동에는 트랙이 있다. 이를테면 차례대로 환기 트랙과 수색·구조 트랙, 급수 트랙이 이어지는데, 대체로 나는 **시퀀스**의 단계나 절차에 트랙을 씌운다. 왼쪽에서 오른쪽으로 진행되는 트랙을 따라가다 보면 구두점이 눈에 띈다. 각 상황이나 행동에는 처음과 끝이 있으며 과정은 점진적이거나 신속히 전개된다. 나는 **구두법**이 중요하다는 점을 스스로 되새기기 위해 영역 표시 기호 P를 쓴다. 완전 소화까지 상당한 시간이 걸리는 화재 사건도 더러 있기 때문이다.

화재의 강도가 달라지는 추이에도 관심을 두어야 한다(셰이프). 화염은 대원이 산소를 공급하기 위해 환기를 시키고 창문을 깬 후에 더 거세게 타오를 것이다. 음영을 넣은 수직 기둥은 수색·구조 작전을 위한 기회의 창을 규정한다.

도표는 어디까지나 윤곽을 잡기 위해 그려본 다이어그램이다. 건축사도 건물을 설계할 때 도면을 정교하게 그리지 않고 윤곽부터 잡는다. 수학적인 정밀성을 목표로 삼을 단계는 아니라는 뜻이다. 날과 주와 달을 삽입하거나 좀 더 정확한 수치를 기재하는 작업은 차차 할 것이다. 물론 막바지 단계에서 할 일이다. "정확성보다 패턴이 우선이다"라는 모토를 기억하라.

3단계 : 심층적으로 분석하라

◉

당면 문제의 본질을 파악하기 위해 기본기를 나타낸 악보 다이어그램을 짚어보았으니, 이번에는 6장에서 다룬 2가지 변수(구조와 인과관계)

를 활용하여 다이어그램의 격을 높여볼 차례다. 우선 구조(트랙의 수직적 관계)부터 살펴보자.

트랙의 수직적 관계를 규명하라

악보 다이어그램의 트랙을 보고 다음을 자문해보라.

- 정렬을 이룬 것과 그렇지 않은 것은 무엇인가? 이를테면 신제품의 출시와 수요의 급증이 서로 일치하는가?
- 선두를 달리는 트랙을 비롯하여 지연되거나 중첩되는 트랙은 무엇인가? 세 기업이 동시에 같은 제품을 출시할 예정인가?
- 간격이 생기는가? 대수롭지 않게 넘길 수는 없는 것인가? 신제품 출시 간격이 길면 고전을 면치 못하는 기업도 있다.
- 트랙이나 그 일부의 시기가 서로 일치하는가? 기업의 내부 시스템이 시장의 동향과 정렬되거나 그러지 않게 되는 경위는 무엇인가?
- 트랙이 서로 영향을 주고받는 경위는 무엇인가? 한 트랙에 담긴 사건이 다른 것의 원인이 되거나, 감추거나, 강화시키거나, 혹은 경쟁하는가?

타이밍 분석은 상황의 수평적인 측면과 수직적인 측면의 관계에 주안점을 둔다. 대개 처음에는 악보의 어느 부분이 타이밍에 관한 정보를 제공할지를 잘 모르지만, 각 단계가 다른 것에 이어지거나 중첩되면 안 되는 프로세스가 있다는 점을 차차 깨닫는다(트랙이 서로 영향을 주고받는 경위는 6장에서 자세히 다루었으니 이를 참조하라).

BOX 6

진화 :
수색·구조를 둘러싼 사회적 통념

—

〈도표 8.1〉에서 살펴본 바와 같이, 산소 공급으로 화염의 강도가 증가하기 전에는 일정한 틈이 있다. 이 간격은 길수록 좋다. 그래야 소방대원이 건물에 갇힌 사람을 구조해낼 시간을 벌 수 있기 때문이다. 뉴욕 퀸스의 소방공무원 조지 K. 힐리에 따르면, "수년 전에는 창을 깨고 나면 불이 번지기까지 수분이나 수십 분이 걸렸다"고 한다.[a] 수색·구조 전담반이 그 틈새를 만들어 작전을 수행한 것이다.

a: J. 골드스타인(J. Goldstein), '소방청, 방재 전략 재고', 〈뉴욕타임스〉, 2012년 7월 2일, A3.

다이어그램의 크기를 조정하라

다음을 자문해보자.

- 트랙은 적당한가? 각 트랙에 담긴 시퀀스와 구두점 등에 대한

구체적인 정보는 충분한가?

- 다이어그램의 '높이'는 적당한가?
- 길이와 폭은 적당한가?
- 상황을 파악하는 데 필요한 과거와 미래를 충분히 포함하고 있는가?

'아니오'라는 대답이 하나라도 있다면 다시금 트랙을 추가하고 공백을 채워라.

과거나 미래를 멀리 보지 못하면 앞으로 벌어질 사건에 충격을 받을지도 모른다. 사람들은 대개 저조한 실적보다는 우수한 실적이 대접을 받아야 한다고 생각한다. 그러나 '우수하다'와 '저조하다'는 어떻게 헤아리며, 그것이 어떤 결과를 낳을지도 유심히 지켜봐야 한다. 예를 들어 캘리포니아에서 성과 등급을 매긴 내과 전문의 3만 5000명을 대상으로 실시한 조사에 따르면, 일부 의사는 "말을 듣지 않는다"거나, 진단이 어렵거나, 합병증이 있는 환자는 받지 않은 것으로 나타났다. 즉 자신의 점수를 떨어뜨릴 만한 환자는 진료하기를 거부했다.[3] 전문의 트랙과 각양각색의 환자 트랙이 담긴 악보 다이어그램을 그렸다면 프로그램을 실시하기 전에 문제를 파악할 수 있었을 것이다.

일이 뜻대로 되지 않을 때 제삼자가 귀띔해주는 대안은 대부분 통제력을 강화하라는 주문이다(관리나 규정을 강화하라는 식). 하지만 그랬다가는 필요한 단계를 건너뛰는 불상사가 생길 수도 있다. 첫 단계는 **제어 가능한 상황을 구체적으로 짚어보는** 것이다. 이를 위해서는 시간에 따른 상황의 동향을 감안해야 하며, 적당한 트랙을 담은 악보 다이어그램뿐만 아니라 시간 의존적Time-dependent 현상을 파악하는 데 필요한 트랙도 아울러 확보해야 한다. 모든 일에는 시간이 걸리게 마련이다(다른 일 전후나 도중에 벌어지기도 한다). 의사가 진료에 동의하기 **전에** 무엇을 하며, 진료 **중에는** 어떤 결정을 내리는지를 따져보지 않으면 정책 조정이나 변화의 결과가 의외일 수 있다.

다음을 자문해보자.

- 앞으로 어떤 사건이 비즈니스에 파장을 일으키겠는가?
- 현재에도 영향을 주고 있는 과거의 사건은 무엇인가?
- 과거에 미처 파악하지 못했을 만한 일 중에 지금 벌어지고 있는 것은 무엇인가?

우리가 지구촌에서 생활하고 있다는 것은 감안해야 할 변수가 항상 존재한다는 방증이기도 하다. 작성 중인 다이어그램의 높이가 높아진다면(즉 트랙이 좀 더 추가된다면) 어떤 결과가 벌어지며, 이때 추가된 트랙은 타이밍에 대한 결정을 어떻게 바꾸어놓을지를 자문해보라.

진화 : 통념의 변화

집에서 쓰던 면화 등의 천연재료가 플라스틱으로 대체되면서 소방대원이 맞닥뜨린 상황은 크게 달라졌다. 첫째는 "집 안에 플라스틱 소재가 많아진 까닭에 주택에서 화재가 발생하면 가연성 자재가 다 타기 전에 …… 산소는 금방 바닥날 공산이 크다. 자욱한 연기를 내며 타는 화염은 산소가 없어 금방 꺼질 것 같지만, 이때 대원들이 지붕과 창에 구멍을 내면 산소가 주입되고 만다." 즉 가연성 세간이 모두 연소되기 전에(레이트의 차이) 집 안의 산소가 소진되는 속도는 구두법상의 오류로 이어질 수도 있다(이를테면 아주 끝났거나, 거의 끝났을 법한 프로세스가 실은 종료되지 않은 것).

둘째 "소파나 매트리스를 채울 때 쓰는 우레탄폼 등의 플라스틱은 방의 온도를 1100도(집 안이 온통 불바다가 되는 온도)까지 끌어올리는 시간을 단축시켜" 생존자를 구조할 시간도 훨씬 줄어든다.[a] 결국 최고 속도 과정의 최고 속도가 급격히 증가하여 수색·구조를 위한 기회는 축소된 셈이다.

〈도표 8.2〉를 보면 대원들이 기존의 통념을 되짚어보고 있음을 알 수 있다. 급수 장치를 가동시켜 불을 끈 뒤에 수색·구조 작업에 착수하는 편이 오히려 나을지도 모른다. 이 같은 결정 타이밍은 대원의 프로세스에 당연히 추가되어야 한다.

이 다이어그램은 〈도표 8.1〉과 비슷하다. 레이트도 빠르고 시간이 관건이라는 점도 달라지지 않았다. 그러나 추가되고 수정된 부분에 주목해보자.

다이어그램 하단의 낮은음자리표 옆에 가연성 자재가 달라졌다는 점에 대한 트랙을 추가했다. 플라스틱 소재가 서서히 증가한 까닭에 눈에는 잘 띄지 않았으리라는 점도 추정해보았다.

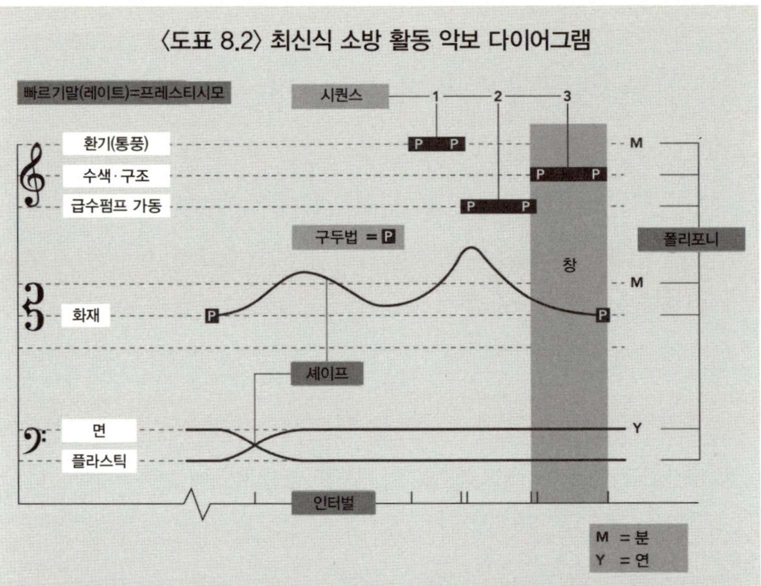

다이어그램의 높이가 높아질수록 각 사건과 프로세스는 높은음
자리표에, 중간부와 배경을 차지하는 트랙은 각각 알토음자리표
와 낮은음자리표에 자리를 마련해두었다. 이 방법이 철칙은 아니
지만, 초심자가 매우 복잡다단한 다이어그램을 조직하는 방편으
로 삼으면 좋을 듯하다. 예컨대 높은음자리표에는 팀이나 그룹
차원의 사건을 표시하고, 알토음자리표에는 조직에서 벌어지는
사건을, 낮은음자리표에는 업계 전반에서 벌어지는 사건을 표시
한다.

　나는 다중 시간 좌표를 다이어그램에 도입하기 위해 각 트랙
(분은 M, 연은 Y) 옆에 시간 좌표가 딸린 단선을 그려두었다.

　달라진 가연성 자재를 비롯하여 그것이 진화 전략에 영향을
주는 경위를 추가하니 높이(트랙 추가)와 너비(적용 시간이 연장된 트

랙 포함)가 증가했다. 다이어그램의 크기가 더 커졌다는 이야기다.

시퀀스도 달라졌다. 가연성 자재의 구성비가 달라진 결과 수색·구조 작업 전에 급수 장치가 가동되기 때문이다.

회색 음영을 입힌 기둥은 수색·구조 작전을 실시할 기회를 가리킨다. 이 사례에서 수색·구조 작업은 기회의 창이 열리고 닫힐 때 개시·종료된다.

a: J. 골드스타인, '소방청, 방재 전략 재고', 〈뉴욕타임스〉, 2012년 7월 2일, A3.

타이밍 렌즈를 통해 파악할 수 있는 것은 아주 많다. 소방 활동 사례는 단순하지만, 최고 속도 과정의 최고 속도(화염이 얼마나 빨리 번질 수 있는가)가 중요하다는 점을 시사하고, 흰개미 트랙(플라스틱이 면을 대체하는 속도)에도 주목한다. 또한 구두법(진화가 종료된 시기)을 의식하며 올바른 시퀀스(수색·구조 작전을 급수 후에 실시, 혹은 그 반대)도 선택한다. 각 렌즈를 대고 예시를 면밀히 살펴본다면 문제가 추가될 수도 있다. 예컨대 환기와 수색·구조, 급수를 가리키는 선을 그렸다면 각 프로세스의 경과 시간은 알 수 없을 것이다. 대원들이 지붕에 구멍을 뚫고 나서 진입하기까지 대기해야 할 시간은 얼마나 될까? 대략 30분이라면 결과가 판이하게 달라질지도 모른다(물론 별 차이가 없을 수도 있다).

렌즈를 모두 활용하고 순간순간 떠오르는 정보를 추가하려고 하면 윤곽을 잡고 있는 다이어그램이 지나치게 크고 복잡해지는 경우도 있다. 다이어그램이 복잡할 때 적용할 전략으로는 크게 둘을 꼽는다. 첫째는 트랙을 그룹별로 묶어 전략을 조직하는 것이고, 둘째는 거시적인 시간 좌표를 써서 다이어그램을 재설계하는 것이다. 구체적인 요령은 아래와 같다.

트랙을 묶어라

앞서 언급했듯이 전경(직접적인 행동)과 중경(주변 맥락), 배경(비교적 거리가 먼 맥락)을 표시하는 트랙에 높은음자리표와 알토음자리표, 낮은음자리표를 활용해보는 것도 좋다. 대개는 가까운 주변에서 벌어지는 사건에 영향을 줄 가능성이 높게 마련이다(이를테면 팀이나 그룹). 지구촌 경제에 파장을 일으킬 수 있는 사람은 몇 안 된다. 따라서 트랙을 묶는 한 가지 방법은 당신이 영향을 주는 대상이나 중요성을 기준으로 묶는 것이다. 바람직한 결과를 최대한 *끄집어낼* 트랙은 무엇인가? 또한 레이트와 속도로 트랙을 묶거나(가장 빠른 트랙끼리) 이해관계자를 기준으로 그룹을 편성하는 것도 방법이다. 최선의 정답은 없다. 다양한 그룹을 활용하면 복잡한 다이어그램을 관리하는 데도 보탬이 되고 당면 문제를 보는 안목도 꽤 넓어진다.

다양한 시간 좌표를 활용하라

다이어그램이 매우 복잡해지고 그룹 전략도 시원스레 적용되지 않는다면 트랙을 분해하여 다이어그램을 나누어 설계하라. 타이밍 분석은 예술적인 작업이기 때문에 구체적인 정보와 원대한 구성 사이에서 나무와 숲을 볼 각오가 있어야 한다. 소방 활동의 경우 수색·구조 다이어그램을 좀 더 구체적으로 표시하고, 각자가 벌이고 있는 작업에 트랙을 배정해둘 수 있다. 거시적인 시간 좌표를 써서 다이어그램을 재설계해도 좋다. 시간 좌표를 적용한 비즈니스 상황을 지켜봤다면 좌표를 바꾸는 것도 나쁘지 않다. 이를테면 시간별 영업과 연간 월별 영업 패턴은 보이는 것 자체가 다르다.

___

지금쯤이면 타이밍을 통달했을지도 모르나 다이어그램에서 정보를 최대한 끄집어내고 싶다면 짚어봐야 할 점이 아직 더 남았다.

다이어그램을 수정하라

다이어그램의 요소를 바꿔보면 상황을 이해하는 데 도움이 될 때가 더러 있다. 다이어그램을 면밀히 파악할 수 있는 대안으로 다음 3가지를 꼽는다.

변수의 방향이나 정도를 바꿔라

작용은 주체가 일정한 방향으로 무언가를 밀거나 당길 때 발생한다. 예컨대 "마감일이 없어지면 결과는 어떻게 달라지는가?", "특정 시한까지 처리해야 한다는 강박감이 없다면 프로젝트를 완수하는 데 얼마나 걸리겠는가?"를 자문해보라. 소방 활동을 벌이던 중 건물 현관 안쪽에서 구조를 요청하는 여성의 절규가 들린다고 치자. 그러면 물대포가 불을 다 끌 때까지 마냥 대기하고 있지만은 않을 것이다. 이처럼 현장의 행동강령(대처 시기)은 상황이라는 변수에 주도권을 빼앗길 때도 있다.

트랙의 배열을 바꿔라

"배열을 바꾸면 결과는 어떻게 달라질까? 트랙이 중첩되거나 선두가 달라지거나 트랙이 지연되진 않을까?" 진화 과정에서 급수 장치를 먼저 가동해야 할 때는 언제이며, 그것이 다른 트랙에는 어떤 영향을 주겠는가?

각 트랙의 볼륨을 다양화하라

트랙의 볼륨을 크게 하거나, 까칠한 면이 있으면 반대로 매끄럽게 다듬어보라(중요성을 부각시키거나, 희석시키거나, 혹은 다른 트랙보다 더 튀게 하라). 인수합병을 지휘했던 회사에 최근 영입된 경영자와 회동한 적이 있다. 그런데 얼마 후 CEO 승계 문제가 쟁점으로 대두되자 그는 인수합병에는 당최 신경을 쓸 여력이 없었다. 그 또한 뭔가를 잘못한 구석이 있는 것 같아 의구심이 든다며 하소연했다. 사내에서 불을 꺼야 할 상황이라면, 기회를 찾고 활용하는 데 쏟아야 할 에너지가 대거 소진될 공산이 크다. 소방대원이 화재 현장에 투입될 때 먼저 따져봐야 할 것은 건물에 갇힌 사람들의 숫자와 위치다. 그 같은 상황이 달라진다면 전략도 그럴 것이다.

P4 전략을 활용하라

시각적으로 사고하는 사람이 있는가 하면, 수치나 기호로 사고하는 사람도 있다. 악보 다이어그램은 시각적인 이미지에 해당하며 그에 따른 사고방식은 얼마든지 달리할 수 있다. 악보 다이어그램을 스케치할 때 당신이 **점**Point에서 출발하여 **경로**Path를 따라 **폴리포니**Polyphony와 **패턴**Pattern으로 이어지는 P4 **전략**을 활용하는 것과 같다.

타이밍이 관건인 문제에 직면했다면 자신에게 "지금 이 시간, 알고 있는 정보는 무엇인가?"를 물어보라. 그리고 난 다음에는 시간을 연장시킨 경로를 따져본다. "그룹이나 회사 혹은 좀 더 범위가 넓은 환경에서 눈앞에 전개되는 사건의 시퀀스는 무엇인가?" 점에서 경로를 따라 이동해 악보의 **수평적인 차원**을 떠올린다. 사건의 순서(시퀀스), 사건의 진원지와 잠시 끊긴 곳, 종료 지점(구두법), 사건이 진행된 속도(레이트), 경과 시간(듀레이션), 떠올린 사건을 구분하는 시간(인터벌), 등락을 반복하는 비즈니스 주기 등 시간을 연장시킨 셰이프 중 의사 결정에 영향을 줄 만한 것은 무엇인지 짚어보라. 동시다발적인 사건이 벌어지는 세계에 발을 붙이고 있기 때문에 동시에 벌어질 법한 사건이 무엇인지도 살펴봐야 한다(폴리포니). 이는 악보의 **수직적인 차원**을 두고 하는 말이다. 이 같은 병렬 프로세스가 펼쳐지는 동안 형성되는 **패턴**을 보라. 앞서 언급한 의문의 답을 찾는 것도 다이어그램의 윤곽을 잡는 일과 대동소이하다.

4단계 : 기회의 창을 찾아라

●

타이밍 분석은 본격적으로 손을 써야 할 시기를 결정하는 데 보탬이 되라는 의미로 고안했다. 다이어그램에서 음영으로 처리된 기둥은 수색·구조 작업이 안전하게 진행될 수 있는 인터벌을 가리킨다. 기회의 창이 자주 언급되는 이유는 목표를 이루는 데 유리할 때와 불리할 때가 **언제**인가에 관심이 많다는 뜻이다. 창은 비교적 짧은 인터벌을 비유한다. 즉 신속히 조치를 취하지 않으면 기회를 놓쳐 창이 닫힌다. 물론 아주 단순하게 풀이하면 그렇다. 창에는 길이나 경과 시간 말고도 다양한 특징이 있다. 찾아볼 수 있는 특징은 다음과 같다.

조짐 Sign

기회의 창이 열려 있는가(+) 닫혀 있는가(−)? 창이 열린 때를 아는 것 못지않게 닫힌 때를 아는 것도 중요하다. 진화 과정에서 보듯, 건물에 진입해야 할 때를 아는 것만큼 그러지 **말아야** 할 때를 파악하는 것도 중요하다.

상황과 일정

창은 언제 열릴까? **상황적 규칙** State Rules이 한 가지 답을 제시한다. 상황적 규칙이란 '언제든' 통한다는 뜻으로, 상황이나 조건이 맞으면 창은 **언제든** 열린다는 의미다. "적의 눈동자가 보이기 전에는 발사하지 않는다." 벙커힐 전쟁 당시 윌리엄 프레스콧 대령의 명령인데, 그때가 언제인지는 모르지만 일단 적이 보이면 사정없이 방아쇠를 당기라는 뜻이다!

　상황적 규칙은 시간의 구성 요소를 가리키기도 한다. 예컨대 주식을 매입해야 할 때는 언제인가? 투자 분석가들은 서너 번 반등할 때까지는 기다려야 한다고 주문한다(W를 확장시킨 세이프 관련 규칙). 또한 마감 시한(구두점) 직전이 적절한 때가 되는 경우도 있다. 사람들이 정신을 몰입하고 있는 터라 기습적인 변수가 통할 수 있기 때문이다. 기회의 창을 찾았다면(그렇다고 생각한다면) 시간 구조의 특징 중에서 기회의 창이 있다고 믿는 근거는 무엇인가?

타이밍 규칙 중 가장 간단한 것은 이미 결정된 시간이나 날짜에 맞추어 행동하는 **일정에 따르는 규칙**Date Rule이다("회계연도 말이 가장 적당한 때지.")

소방 활동 사례에서 타이밍 규칙은 모두 상황적 규칙을 따를 공산이 크다. 시계가 아니라 화재의 진행 상태를 보고 대응 작전의 타이밍을 맞추기 때문이다. 그러나 법이나 회계 등의 맥락이라면 대개는 일정에 따르는 규칙이 적용된다.

길이와 틈새

창이 열려 있는 시간은 얼마나 되며(길이) 어느 정도 열려 있는가(틈새)? 틈새란 목표를 달성하는 기간이 얼마나 유리하게 작용하는가를 일컫는다. 예컨대 약간만 열어둘 수 있는 창이 있다고 치자. 그때 일을 처리하면 성공할 수도 있지만 반드시 그런다는 보장은 없다. 반면 잠깐이나마 창이 아주 활짝 열릴 때가 있다면 이야기가 달라진다.

대원이 수색·구조 작업을 벌일 시간과 안전함 정도는 얼마나 될까? 창의 길이와 틈새에 따라 결과는 달라진다.

구두법과 셰이프

크기야 어떻든 열렸다가 돌연 닫히는 창이 있는가 하면, 열렸다가 서서히 닫히는 창도 있다. 창이 어떻게 열리고 닫히는가를 표시하는 곡선도 개괄적으로나마 그려두면 좋다. 너무 천천히 열려 경쟁자가 단물을 쏙 빼먹기 전에는 창이 열렸는지조차 깨닫지 못하는 경우도 있고, 주변 사람들조차 기회가 날아가 버렸다는 사실을 알 정도로 '쾅' 하고 닫히는 경우도 있다.

단기성

창이 한 번 열리고 마는가(단기성)? 그렇지 않다면 창은 언제 다시 열리는가? 창이 열린 때를 놓쳤다면 다시금 기회를 노릴 수 있는가? 있다면 언제인가? 소방대원이 화염에 휩싸인 건물을 빠져나가야 한다면 안전하게 재진입할 수 있는 때는 언제인가?

동시성

창이 열리기 위해 만족해야 하는 조건(동시적 조건)과 그래서는 안 될 조건(동시성 리스크)은 무엇인가? 동시성 리스크의 경우, 창을 잠가버리거나 이미 열린 창을 닫아버리는 조건은 무엇인가?

소방대원은 어느 정도 진화가 된 후라야 안전한 수색·구조 작업을 할 수 있다.

착오에 따른 비용 분석

열릴 법한 창을 발견했다면 다음 문제를 곱씹어보자.

- 기회를 잃을 때 발생하는 손실은 얼마나 되는가?
- 너무 이르거나 늦으면 결과는 어떻게 되는가?
- 이르거나 늦는 정도가 중요한가?

답을 찾으려면 〈도표 8.3〉에 그려둔 바와 같이, 착오에 따른 비용 곡선
(Cost–Of–Error, COE)을 구상해야 한다.

표를 보면 이르거나 늦을 때 발생하는 비용이 서로 다르다. COE는
대칭 곡선이 아니기 때문이다. 너무 서두르고 싶어 하지는 않겠지만,
일정 시한을 초과하면 비용이 같아지니(아주 높은 편이다) 얼마나 늦느
냐는 문제가 되지 않는다. 기회의 창은 COE 곡선을 구상하지 않으면
완성될 수 없다.

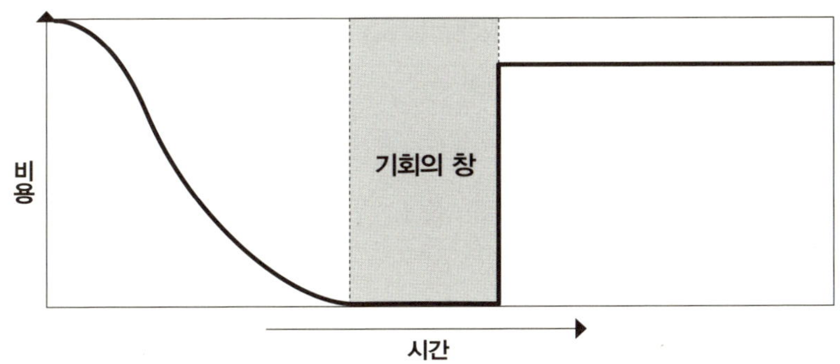

〈도표 8.3〉 착오에 따른 비용 곡선

2011년 어느 소방대원은 적갈색 건물에서 발생한 화재로 심한 화상을 입었다. 관계자에 따르면, 화마는 "세간을 순식간에 삼켜버리고는 창으로 유입된 공기를 통해 삽시간에 번졌다."[4] 하지만 수색·구조 작업이 늦어지면 많은 사람의 목숨이 위태로워질 수 있는 상황이었다. 이처럼 COE 곡선은 소방대원들의 머릿속을 떠날 겨를이 없다.

5단계 : 타이밍 관련 리스크를 밝혀라

윤곽을 잡은 악보 다이어그램을 보고 의문점을 곱씹어보자. "다이어그램이 가시적으로 밝힌 타이밍 관련 리스크는 무엇인가?" 구체적인 구성 요소와 패턴 차원의 리스크가 두각을 나타낼 것이다.

각 구성 요소와 관련된 리스크를 찾으려면 각 렌즈를 다룬 장의 말미에 요약한 내용을 참조하라. 예컨대 시퀀스에서는 순서가 다를 때 리스크가 불거진다. A 다음에 B인줄 알았는데 B가 먼저일 때 말이다. 각 구성 요소에는 나름대로 리스크가 있다.

패턴 차원이란 둘 이상의 구성 요소에서 비롯된 리스크를 일컫는다. 알다시피 화재 진화 과정에서는 면이 플라스틱으로 대체되어 수색·구조 작업에 영향을 주었다.

계획과 프로젝트에 관련된 리스크를 훤히 꿰고 있어야 이를 피하거나 관리하는 데 만전을 기할 수 있다.

6단계 : 대안을 분석하라

타이밍 분석 결과를 검토하고 점검하라. "처음에는 미처 확인하지 못한 타이밍 문제가 눈에 들어왔는가? 타이밍 분석이 기회의 창을 찾고 그 특징을 파악하는 데 보탬이 되었는가?" 아래 확인 리스트를 보고 분석 결과의 적절성과 완성도를 평가해보자.

타이밍을 제대로 분석했다면……

- 타이밍을 결정하는 데 필요한 정보를 찾고, 중요한 정보를 정확히 짚어낼 수 있다.
- 타이밍 전략이나 룰(이를테면 즉각 실행해라)이 적절한지 판단할 수 있다.
- 사회적 통념에 도전하거나 반대로 그것을 확증한다.
- 얼핏 볼 때와는 달리 좀 더 폭넓은 대안이 떠오른다. 분석 결과가 창의적이거나 혁신적인 해결책을 제시할 때도 더러 있다.
- 성취하려는 **대상**과 **시기**의 상관관계를 밝혀낼 수 있다.
- 타이밍의 중요성을 깨닫는다. 타이밍이 정말 중요할 때가 있다. 물론 그렇지 않을 때도 있다.
- 직관을 분명히 밝히거나 확증하거나 혹은 그에 도전한다.

7단계 : 실행하라

◉

지금까지 습득한 내용을 기초로 삼아라(촌각을 다투는 일이면 즉각 실시하고, 대기하는 편이 낫겠다 싶으면 훗날을 도모하라). 타이밍을 두고는 답이 빤할 때가 있는가 하면, 달리 선택의 여지가 없을 때도 있다(지금 털어놓지 않을 거라면 아주 입을 다물고 있어야 할 때). 언제든 목표를 달성할 수 있는 일이라면 굳이 타이밍은 꺼낼 필요가 없다. 이제나 저제나 별반 다르지 않을 때도 마찬가지다. 경험이나 명석한 판단력을 대신할 수 있는 것은 없다. 하지만 한 가지 분명한 사실은, 타이밍을 분석하다 보면 이를 둘러싼 지식을 의외로 많이 알고 있다는 점을 깨닫는다. 당신은 그 지식에 접속하여 선용하면 그만이다.

실행 전에 타이밍을 분석하는 편이 당연히 낫겠지만, 사건이 벌어진 뒤에도 타이밍 분석이 요긴하게 쓰인다. 더러는 결과가 시원치 않을 때 결정을 방어하거나, 타이밍이 개입된 경위와 화근을 파악할 때도 타이밍 분석이 활용된다.

타이밍 분석을 완성하려면 시간이 필요하다. 제대로 분석하고 싶다면 훈련도 받아야 한다. **분석불능**Analysis Paralysis이란 용어를 들어본 적이 있을 것이다. 시간은 촉박한데 분석이 술술 진행되지 않을 때를 두고 하는 말인데, 타이밍을 분석하면 의사 결정 속도를 끌어올릴 수 있다. 애당초 잘 모르거나 분명치 않은 상황에도 능숙한 타이밍 분석을 가미하면 이해력이 훨씬 증가한다. 상황이 분명히 밝혀지면 불확실성은 리스크가 되고, 리스크는 제어할 수 있다. 불확실한 상황에 직면하

면 대개는 충동에 휘둘려 너무 서두르거나 망설이다가 일을 그르치는 경우가 비일비재한데, 타이밍을 분석하면 초반에 타이밍을 포착할 가능성을 높여 시행착오로 허비할 시간을 줄일 수 있다.

여기서 끝이 아니다. 타이밍 분석의 위력이 실로 막강한 까닭은 동일한 시간의 패턴이 다양한 맥락에서 존재할 수 있기 때문이다. 즉 몸소 습득한 정보를 한 맥락에서 다른 맥락으로 전송할 수 있어 시간을 낭비할 필요가 없다. 서론에서 언급한 케첩과 로게인 팩을 다시 생각해보자. 두 제품은 각각 '활용 시퀀스'를 파악한 데서 비롯한 마케팅 및 제품 디자인 기회와 관계가 깊다. 이처럼 다른 상황에서 같은 시간의 구조를 보는 것은 매우 중요하다. 이때 관건은 비동시성 리스크(동시에 벌어져야 하나 그러지 않을 리스크) 중 하나가 될 것이다.

컴퓨터 암호화. 컴퓨터를 끄면 DRAM(다이나믹 랜덤액세스 메모리) 칩에 저장된 정보는 데이터를 암호화하는 데 필요한 알고리듬(키keys)과 더불어 자취를 감춘다고들 알고 있다. 그러나 프린스턴 대학 연구진은 "가스분사기를 써서 칩을 냉동시키면 데이터가 냉각되어 키를 쉽게 읽을 수 있다"고 밝혔다.[5] 원래 컴퓨터는 꺼지는 속도가 각 영역마다 다르다. 결국 시스템을 종료시킨 후에도 데이터를 빼낼 수 있다는 사실은 암호화된 정보도 도용할 수 있다는 방증이다.

분실한 바이올린. 2008년 5월 7일, 러시아의 바이올린 솔리스트 필리프 킨트가 뉴어크 리버티 국제공항에 도착했다. 택시에서 내린 그는 트렁크에서 가방을 꺼내 보도로 옮겼다. 요금은 벌써 냈다. 한편 기사는 미니밴의 옆문을 닫고는 휑하니 떠났다. 이때 킨트의 가슴이 철렁 내려앉았다! 400만 달러짜리 스트라디바리우스 바이올린이 뒷좌석에 있었는데 그냥 가버렸기 때문이다. 말을 들어보니, 킨트는 바이올린을 깜빡하지 않았다고 한다. 애지중지하는 악기인 까닭에 일부러 맨 나중에 꺼내려고 했는데 트렁크 닫는 소리를 듣자마자 기사가 곧장 출발한 것이다. 어렵사리 수소문한 끝에 택시 위치가 파악되었고, 마침내 솔리스트와 바이올린은 상봉의 감격을 나누었다. 며칠 후 킨트는 공항에 돌아와 택시 기사를 위한 감사 콘서트를 열었다고 한다.[6]

우리는 무슨 일이든 종료되면 확실히 매듭을 짓고 싶어 한다. 뒤끝이 개운하게 말이다. 하다못해 가전기기도 전원을 끄면 모든 부품이 일시에 멈춰버릴 거라고들 생각한다. 혹시라도 택시 요금을 내지 않았다면 솔리스트는 바이올린과 헤어지지 않았을지도 모른다. 그러나 비동시적 결말은 흔히 있는 일이다. 출구를 관리하거나, 공장 문을 닫거나, 상품 제작을 중단하거나, 기업을 매각해야 한다면 각 프로세스의 요소도 저 나름대로 속도를 내므로 지속되는 시간 역시 천차만별이라는 점을 감안해야 한다. 비동시적 결말을 염두에 둔다면 뒤끝이 개운치 않은 문제에도 너끈히 대처할 수 있을 것이다.

두 일화를 소개하고 나니 벌써 막바지에 접어들었다. 이제 남은 것은 코다Coda뿐, 내용을 더 추가할 여유도 없다.

코다
coda

이미지
바꾸기

1936년, 알베르 카뮈는 《작가수첩》에서 "사람은 이미지(Images, 심상)로만 생각할 수 있다"고 주장했다.[3] 분명 과언이긴 하지만 이미지가 중요한 것은 사실이다. 우리는 예전보다 더 복잡하게 얽히고설킨 세상을 즐겨 이야기한다. 하다못해 세계화를 떠올릴 때도 연결망을 씌운 구체가 뱅글뱅글 돌아가는 이미지(월드와이드웹**World Wide Web**, 전 세계 인터넷망)를 그릴 것이다. 하지만 이 같은 이미지는 도리어 우리를 복잡한 거미줄에 옴짝달싹 못하게 묶어놓는다. 이를 지각할 수 있는 방향이 너무 많기 때문이다. 그래서 이미지를 정리하는 데는 다성악 악보만큼 유용한 것이 없다. 무적의 맹위를 떨치던 예전에는 미국이 결정권을 마음껏 휘두를 수 있었고, 약소국은 괜한 희생을 치르지 않으려면 미국이 하는 대로 동조(화합)해야 했다. 물론 지금도 그렇지만 예전만은 못할 것이다. 중국과 인도, 브라질 등 몇몇 개발 도상국이 부상하자 미국은 웅대한 다성악 악보의 한 연주자가 되었다. 독보적인 존재가 아니다. 비중은 있지만 유일한 연주자는 아니라는 이야기다. 다른 국가들도 각자의 파트를 스스로 결정하고 싶어 한다. 악곡의 구성 뿐만 아니라, 연주와 곡 해석 방식에 대해서도 나름의 생각이 있다.

이젠 구체와 연결망, 상자와 화살, 나무와 가지를 벗어날 줄 알아야 한다(조직의 위계질서에서 흔히들 떠올리는 이미지다). 이는 쓸모는 있지만 한계가 명확하며, 타이밍을 포착하는 데도 별로 도움이 안 된다. 그보다는 길쭉한 다성악 악보에 수많은 진행 과정과 이벤트가 동시에 연주되는 식으로 지구촌과 세계화의 과정을 그려보라.

〈도표 C.1〉에 보이는 악보에서 나는 몇몇 나라의 국가國歌 중 첫 소절을 미국 국가 〈별이 빛나는 깃발The Star-Spangled Banner〉과 같은 조로 (라장조) 편곡해보았다. 완성된 악보의 제목은 드보르작의 작품 제목을 차용하여 〈21세기 신세계 교향곡The New 21st Century World Symphony〉이라고 지었다. 미국과 캐나다, 멕시코 국가를 같은 볼륨으로 동시에 들어보면 미국 국가가 끝까지 주도권을 잃지 않는다. 프랑스와 독일 국가를 동시에 들었을 때는 (적어도 내가 듣기에는) 음악이 아닌 소음에 불과했다. 그런데 이들 국가를 모두 한꺼번에 재생했을 때는 믿을 수 없게도 단순한 소음처럼 들리지 않았다(화합의 전조가 아닐까 한다). 매일 듣고 싶은 그런 작품은 아니지만 소음이나 잡음이 아닌 음악으로 들렸다. 끝에 가서는 음정이 이탈하여 귀에 거슬렸지만 그런 부분이 길진 않았다.

상황의 타이밍을 분석하는 것과도 무관하지 않은 이 악보에서 많은 교훈을 얻을 수 있으리라고 생각한다.

나는 전 세계 200여 국가 중 9개 국가만 뽑았고 각 국가의 몇 마디만 담았다. 지구촌뿐만 아니라 우리가 활동하는 환경에 대한 이미지

〈도표 C.1〉〈21세기 신세계 교향곡〉

를 확대하려는 노력이 없다면 한계가 있게 마련이다.

모차르트도 이를 염두에 두었다.

정신이 산만하지 않다면 악상은 확장되어 조직·규정되고, 전 악곡은 장황하겠지만 완성되면 한 폭의 그림이나 아름다운 조각상을 보듯 단숨에 음미할 수 있을 거라네. 상상의 세계에서는 몇 마디가 **연속적으로** 들리는 것이 아니라, **전체가 동시에** 귀에 들어온다네. 가히 형언할 수 없는 희열이란 그런 걸 두고 하는 말이 아니겠는가! 이 같은 창작은 모두 가슴 설레는 꿈에 생생히

나타날 걸세. 그런 까닭에 전체 합주가 내 귀에는 가장 훌륭하게 들린다네.[4]

악보는 눈에 시원시원 들어올 수 있도록 크고 널찍하게 그려두어야 한다. 여러분이나 나나 모차르트는 아니기 때문이다.

주역(연주자)은 얼마든지 달라질 수 있다. 알다시피 구소련은 자취를 감춘 지 오래인데, 그래서 이를 떠올리고자 러시아 국가를 넣었다. 위 악보에는 떠오르는 주역의 자취와 저물어가는 주역의 종말뿐만 아니라(이를테면 리먼브러더스 등), 이들을 창출·소멸시키는 환경도 고스란히 담았다.

국가는 미국에 맞춰 모두 라장조로 편곡했다. 즉 한 악곡의 조가 목표와 출발점(으뜸음)을 특정한 방향으로 이동시키는 과정에 작용하는 힘의 장**Field of Forces**을 결정한다. 각 조는 음표(행동)의 하위 집합을 담는다. 이를 보면 단기순익이냐, 장기적인 경쟁우위냐, 기존의 틈새시장을 방어하느냐, 다각화를 추진하느냐 등 우선순위를 두고 항시 경쟁을 벌일 주역들을 연상할 것이다.

지구촌이 다극화되었다는 말을 자주 듣는다. 다극화의 문제점은 조직적인 힘이 거의 없다는 것이다. 얽히고설킨 방법으로 영향력을 쟁탈하기 위해 경합을 벌이는 중심부가 다수 눈에 띌 것이다. 그래서 이러한 현상을 이해하는 데는 악보만 한 게 없다. 악보를 유심히 살펴보면 수직적 관계를 통해 행동이 또 다른 행동에 영향력을 행사하거나, 합류하거나, 제어 혹은 경쟁하는 경위를 일러준다. 전면에 나선 음이나 그 음을 받쳐주는 반주의 차이에도 관심을 두게 한다. 오늘은 반주를 연주한다고 해서 내일도 그러리라는 보장은 없다.

전 세계의 수직적 차원은 상상하기도 어렵고 현상의 패턴도 파악하기 어렵다. 그래서 우리는 으레 수평적인 시간선상이 될 때까지 수직적 차원을 단축한다. 그러고는 시간선상마저 **점**이 될 때까지 축소해버린다. 여유를 허용하지 않고 단기적인 결과를 바라기 때문이다. 8장에서 언급했던 P4 전략을 근거로, 우리는 패턴과 폴리포니에서 시간이 연장된 경로를 거쳐 한 점으로 이동해왔다. 그러면서 수직적인 면을 무너뜨리고 수평선을 축소시킨 결과 **구조의 잔해 더미에서 살고 있다.** 앞서 밝혔듯이, 복잡성을 보태지 않고 회복시키려면 지구촌의 이미지를 확장·재건할 P4 전략과 악보 재현 작업Score Representation이 필요하다. 우리는 기어코 이를 회복해야 한다. 불완전한 이미지나 지도를 근거로 진행한다면 엉뚱한 길로 접어들거나, 벼랑 끝으로 내몰리게 될지도 모르기 때문이다.

폴리포니와 폴리리듬이 담긴 악보인 지구촌의 이미지를 쇄신해야 사건의 인과관계에 대한 사고방식을 바꿀 수 있다. 사람들은 소위 미래라는 '장래Down the Road'를 내다보는 데 많은 시간을 투자한다. 그래서 행동의 결과를 생각하려고 하면 자연스레 선을 기준으로 좌측에는 선행 사건을, 우측에는 결과(시간의 간격을 두고)를 둔다. 즉 선의 개념으로 사고한다. 사건의 원인을 물을 때는 선행 사건에 주목한다. 가령 A가 B를 일으켰다면 악보의 수평적인 차원에 배치한 후 선행 사건(원인)과 후행 사건(결과)에 주안점을 둔다. 잘못을 지적하는 것이 아니라, 수직적인 차원으로 진행되어야 할 점과 그러지 말아야 할 점도 동시에 감안해야 한다는 말이다. 즉 **화음과 화음 진행**에도 관심을 기울여야 한다. 시간선상의 연이은 점에서 벌어진 사건을 **동시에** 밝히지 않은 채 해명이나 예측을 내놓는다면, 우연이 아닌 이상 누구든 오류를 벗어나지 못할 것이다.

사실 나와 '음악 컨설턴트'가 미국, 캐나다, 멕시코 국가를 동시에 재생한 결과와 프랑스와 독일의 국가를 동시에 재생한 결과에는 운이 작용했다. 충분히 불협화음이 날 수도 있는 조합인 데다, 어떤 국가가 서로 조화로울지는 알 도리가 없었기 때문이다. 복잡한 환경도 그렇다. 사건 다수가 일관된 패턴을 조성할지, 혹은 혼란을 일으킬지 누가 알겠는가?

각 국가는 각 나라의 고유한 특색을 반영하게 마련이다. 그렇다면 음악이나 박자가 어느 정도까지 동일해야 할까? 〈도표 C.1〉에서 후드득 떨어지는 음표는 침식을 상징한다. 미래는 기존의 음표(행동)를 재조합하거나, 바닥에 산적한 음표라는 새로운 자재로 재건될 수 있다. 일부 주역들(국가)은 신세계의 높은음자리표나 낮은음자리표에서 그들만의 지위를 주장할 것이다. 미처 거기까지는 내다보지 못했다거나, 설령 내다보았더라도 자신의 의도를 공개하지 않을 수도 있다. 브래킷(Bracket, 〈도표 C.1〉 오른쪽에 표시된 중괄호를 가리킨다.—옮긴이)으로 표시해둔 바와 같이, 파트너를 찾아 그들만의 아기자기한 곡을 구성해 나갈 주역들도 있을 수 있다.

작품이 펼쳐지면 여러 주역들(국가나 단체, 조직, 기관 혹은 개인)이 연주를 하거나, 각자의 역할(이를테면 작곡가와 지휘자, 연주자, 관객, 평론가 등)을 두고 오디션이나 경합을 치를 것이다. 작품이나 전략 혹은 비즈니스 모델을 창출하는 사람은 누구이며, 지휘자가 현대적 감각에 맞게 클래식을 재해석하듯 검증된 상품과 서비스를 시대에 맞게 깁고 보탤 사람은 누구인가? 더 나아가 기획이나 프로그램을 시행하거나 처리할 역량은 누구에게 있으며, 산출된 결과에 주안점을 두며 값어치를 규정할 주역은 누구인가? 끝으로 최종 결과를 판단하고 평가할 주역은 누구일까?

비즈니스 환경을 악보에 빗댄 이유는 자크 아탈리의 주장 때문이기도 하다.

음악은 예언이다. 음악의 형식과 경제적 조직은 사회를 앞선다. 우선 음악은 기호에 감춰진 가능성의 모든 경우의 수를 물리적인 현실보다 훨씬 더 신속히 탐색하기 때문이다. 만상의 질서를 규정하며 점차 시야에 노출될 신세계도 음악 덕택에 들린다. 따라서 음악은 만상의 이미지이자 …… 미래의 전조이기도 하다.[5]

그는 "따라서 …… 20세기의 정치 조직이 19세기의 정치사상에 근거를 두었다는 명제가 참이라면 후자(19세기 정치사상)는 18세기 음악으로 따지면 거의 태아로만 존재했을 것"이라고 결론을 맺었다.[6]

그의 주장이 너무 극단적이거나 설득력이 희박한 것 같다면 찰스 아이브스Charles Ives의 음악을 생각해보라. 1908년에서 1916년 사이에 작곡한 4번 교향곡은 리듬이 너무 복잡한 탓에 이를 연주하려면 지휘자가 둘이나 필요하다.[7] 로런스 크레이머는 아이브스의 기법을 두고 "다양한 음악 양식과 진행 과정을 포개어놓고 목표 지향적인 화음 진행은 억제하며, 소재를 쪼개고 조직을 철저히 복잡하게 만든다"고 했다.[8] 따라서 1세기가 지난 지금 우리는 아이브스 작품의 중앙(이를 이해하려면 신세대 작곡가와 연주자, 평론가가 필요하다)에 존재하는 셈이다. 전혀 새로운 음악은 으레 듣기가 어렵다(지휘는 말할 것도 없다).

결국 〈21세기 신세계 교향곡〉은 결단력이나 신중한 계획, 판단력만으로는 타이밍이 관건인 문제를 다룰 수 없다는 점을 일깨워준다. 물론 이런 것들 또한 가치가 있다. 하지만 현대 비즈니스 환경에 널리 확산되어 이를 규정하는 음악적 패턴Music-like Patterns을 상상하고, 찾고, 연구하는 능력이 더 의미가 있다. 시간을 달력의 날짜 정도로 취급한다면, 예컨대 매 순간 벌어지는 사건이나 행동에서(일정을 잡는 데 중요한 요소) 시간을 **분리해낸다면** 사건이 벌어지는 시기는 항상 오리무중일 수밖에 없다. 방정식에서 T를 쓰지 않으면 t는 해결할 수 없다. 행동이라는 맥락에 시간을 구성하는 6가지 변수(T), 즉 세상의 역동성을 드러내는 시퀀스, 레이트, 듀레이션, 도입과 종지부 등이 담겨 있지 않으면 타이밍을 결정할 수 없다는 이야기다. 그런 의미에서 악보를 보면 시간은 단순한 **선**이나 **숫자**가 아닌 **패턴**이자 **진행 과정**이며, 행동을 담는 **그릇**이 아니라 그 **구성 요소**라는 점을 알 수 있다. 《바가바드기타》에서 신이 아르주나에게 다음과 같이 말했다는 점도 눈여겨볼 만하다.

육신을 입은 자에게
현현하지 않은 것은 이해하기 어려울 따름이니.[9]

시간은 딱히 정의를 내리기가 어렵다. 눈에 보이지도 않고 들을 수도 없다. 냄새가 나거나 감촉이 느껴지지도 않으며 맛도 나지 않는다. 측정할 수는 있지만 (적어도 지금은) 시간의 구성 요소가 무엇인지 규정할 수는 없다. 시간은 감추어져 있고 베일에 싸여 있어 못 보고 지나칠 경우가 허다하다.

세월이 흐르면 비즈니스 리더가 당면하는 실질적인 문제도 달라질 것이다. 세계지도도 변하고 기업과 비즈니스 모델, 민족 국가도 교체될 것이다. 하지만 **적시에** 내려야 할 의사 결정의 필요성마저 달라질 리는 없다. 타이밍을 둘러싼 문제는 항상 주변에 맴돌 것이다. 조치가 너무 빠르거나, 이미 늦은 것은 아닐까? 절차는 어떻게, 어떤 속도로 진행해야 하며 혹시라도 마주치게 될 리스크가 있다면 무엇일까? 이 책에서 나는 이 같은 문제에서 의외로 많은 것을 배울 수 있다는 점을 보여주고자 노력했다. 아울러 타이밍 기술은 얼마든지 습득할 수 있으며, 이를 통해 지식의 원천과 경쟁적 우위를 차지할 수도 있다.

이제 글을 마쳐야 할 것 같다. 당장 컴퓨터를 끄고 타이밍 기술을 적용해보자. 문득 랍비 힐렐Hillel●의 말이 떠오른다. "지금이 아니라면 언제란 말인가?"(《탈무드》 2장 4절에 기록된 글.—옮긴이)

● **힐렐**
Hillel
사도 바울의 스승인 가말리엘의 조부.

부록

시간의 구조에 관한 짧은 설명

시간의 구조란 다양한 행동과 진행 과정이 시간상으로 서로 연관될 때 조성되는 음악적 패턴을 설계하고 창출하며 분석·활용하는 기술이자 학문이다.

악보의 수직·수평 구조를 가진 패턴의 수명은 몇 초에서 수년까지 다양하게 나타난다. 시간의 구조는 패턴의 **기능**이나 **목적**을 비롯하여 패턴이 표현하는 **특징**과 **의미**, 그것이 불러일으키는 **감정**, 구현하거나 저지하려는 **의도**, 패턴을 **가능하게 하거나 금하는 행동**(가장 중요할 듯한 주체)을 연구한다. 시간 구조의 설계도는 겉으로 드러나는 법이 거의 없다는 점에서 공간의 구조와 다르지만, 두뇌와 인체의 구조와는 비슷하다. 평소에는 육안으로 보이지 않으며 계획 시기와 관련된 것의 일부도 아니다. 대개는 지구촌을 거론할 때 조각조각 나뉜 설계도를 밝히곤 한다.

시간의 구조 영역은 공간의 구조와도 관계가 깊다. 공간 구조의 고전적 기능은 비트루비우스가 **피르미타투스**Firmitatus와 **우틸리타티스**Utilitatis, **베누스타티스**Venustatis로 규정했다. 피르미타투스란 건물의 구조를, 우틸리타티스와 베누스타티스는 각각 건물이 겸비해야 할 유용한 목적과 미적 감각을 일컫는다. 한마디로 건물의 외양도 아름다워야 한다. 시간 구조의 패턴도 이와 기능이 비슷하다. 이를테면 다양한 행동과 사건, 활동을 든든히 받쳐주거나 수용하고, 이를 위해 지속성이 갖춰져야 하며 기분도 제법 그럴싸해야 한다. 이렇듯 시간의 패턴은 수단의 효용성뿐만 아니라 미적 자질도 겸비해야 한다.

괴테는 전통적인 건축을 '얼어붙은 음악'이라고 규정했다. 이는 시간의 구조 패턴에도 적용되는 발언이다. 차이가 있다면 시간의 구조 패턴은 반석 위에 세워두지 않으며(전통적인 건축이 '얼어붙었다'는 대목) 마치 음악처럼 시간에 따라 발전·변화하는 추이를 표현한다는 점이다. 음악을 '녹이고' 스스로 연주하게 허용한다면, 음악은 귀에 들리는 시간이 되고[1] 인간의 시간 경험에 대한 이중적 특질(동시성의 개연과 연속성의 필요)을 띠게 될 것이다.

들어가는 글

1_ 에바 브란Eva Brann, 《시간이란 도대체 무엇인가?What, Then, Is Time?》 (Lanham, MD: Rowman & Littlefield, 1999); J. T. 프레이저J. T. Fraser, 《우주의 경계를 말하다Time and Time Again: Reports from a Boundary of the Universe》(Boston: Brill, 2007). 《경영학 리뷰Academy of Management Review》 26호(2001년 10월)는 경영학 분야에서 연구한 시간을 정리했으나 아주 방대한 문헌인 까닭에 권하고 싶진 않다. 시간의 철학적 이론을 간략히 요약한 작품으로는 에바 브란이 쓴 《시간이란 도대체 무엇인가?》가 가장 훌륭하다. 물론 학제간 연구라면 프레이저의 저서를 능가할 작품은 없을 듯하다. 저자의 논리를 일부 요약한 소논문 시리즈는 《우주의 경계를 말하다》에서 찾을 수 있으며, 아울러 1년에 3회의 정기 회담을 개최하고 관련 도서를 편집하는 국제시간연구학회The International Society for the Study of Time의 서적에도 관심을 두라.

서론

1_ 우리가 흔히 놓치는 바가 상당히 많다는 점은 댄 길버트Dan Gilbert도 역설한 바 있다. 길버트와 T. D. 윌슨T. D. Wilson의 글 '전망: 미래를 체험하다 Prospection: Experiencing the Future', 〈사이언스Science〉 317호(no. 5843, 2007년 9월 7일): 1351~1354.

2_ 적절한 순간이나 시간을 일컫는 카이로스Kairos의 역사와 토론은 J. 바르투네크J. Bartunek와 R. 네코체아R. Necochea가 공동 저술한 '고대문명의 혜안

과 신문명의 시간: 카이로스와 잉카 우주론 및 현대 경영 연구Old Insights and New Times: Kairos, Inca Cosmology, and Their Contributions to Contemporary Management Inquiry', 〈저널 오브 매니지먼트 인콰이어리Journal of Management Inquiry〉 9호(no. 2, 2000), 103~113.

3_ L. 번스타인L. Bernstein, 《음악의 즐거움The Joy of Music》(New York: Amadeus Press, 2004), 160.

4_ M. B. 리버먼M. B. Lieberman과 D. B. 몽고메리D. B. Montgomery가 공동 저술한 '선점우위First-Mover Advantages', 〈스트래티직 매니지먼트 저널Strategic Management Journal〉 9호(여름호 1988): 41~58, M. E. 포터M. E. Porter, 《비교전략Competitive Strategy》(New York: Free Press, 1980).

5_ J. 글로버J. Glover, 《휴머니티: 20세기의 폭력과 새로운 도덕Humanity: A Moral History of the Twentieth Century》(New Haven, CT: Yale University Press, 2000), 242.

6_ M. 잉게브레첸M. Ingebretsen, 《왜 회사는 망하는가?: 사업이 망하는 10대 이유와 회사 관리법Why Companies Fail: The Ten Big Reasons Businesses Crumble and How to Keep Yours Strong and Solid》(New York: Crown Business, 2003), xi.

7_ A. 발머A. Ballmer, '오프너스: 고급 사무실Openers: Corner Office', 〈뉴욕타임스〉, 5월 17일, 2009, B2.

8_ G. 미첼G. Mitchell, 《평화 만들기Making Peace》(New York: Knopf, 1999), 173.

9_ 베토벤Beethoven, Ludwig van, 1770-1827, 〈교향곡 5번〉, op. 67, 가단조(New York: Kassel, Bärenreiter, 1999).

10_ K. E. 와이크K. E. Weick, '즉흥곡과 조직 분석 마인드Improvisation as a Mindset for Organizational Analysis', 〈오거니제이셔널 사이언스Organizational

Science〉 9호, no. 5 (1998): 543~555. 와이크 같은 경영학자들은 조직 활동을 즉흥적인 재즈에 빗대어 논의해왔는데, 내 의견은 그와 아주 무관하진 않지만 약간 다르다. 나는 조직 활동의 환경과 그 속에 담긴 음악과 유사한 패턴을 리스크와 기회의 창에 대한 정보원으로 활용하는 데 좀 더 관심이 있다. 악보의 구성을 수학 용어로 풀이할 수 없는 까닭에 연구 분야를 수학적 모델로는 구축할 수 없다. 웨이브**Wave**와 웨이블렛**Wavelet**(디지털 신호 처리 및 이미지 압축에 사용되는 유용한 수학 함수.—옮긴이)으로 교향곡의 원음을 표현할 수는 있겠지만, 악보 자체를 풀어낼 수는 없을 것이다. 리스크 모델이 별 효과를 거두지 못하는 이유도 불완전한 데이터에 근거를 두기 때문이다.

11_ P. 브룩**P. Brook**, 《빈 공간**The Empty Space**》(New York: Simon & Schuster, 1968), 125~126.

1장

1_ 〈존 A. 휠러**John Archibald Wheeler**〉, TastefulWords.com/, http://quotations.tastefulwords.com/john-archibald-wheeler/.

2_ D. 오언**D. Owen**, '발명가의 딜레마**The Inventor's Dilemma**', 〈뉴요커〉, 2010년 5월 17일, 42.

3_ Ibid.

4_ L. 스토리**L. Story**와 D. 바르보자**D. Barboza**, '리콜의 여진**The Recalls' Aftershocks**', 〈뉴욕타임스〉, 2007년 12월 22일, B1, B9.

5_ '후추…… 와 소금**Pepper…… and Salt**', 〈월스트리트저널〉, 1999년 8월 27일, p. A9. 대개는 '소금과 후추'라고들 하는데, 만화 제목의 순서를 바꿔서 게재하지 않은 까닭을 모르겠다.

6_ K. K. 게스와인**K. K. Gesswein**과 S. 필티**S. Fealty**의 '서약**Vows**', 〈뉴욕타임스〉,

2001년 1월 23일, 38.

7_ 미국 암학회American Society of Clinical Oncology, 〈위암치료의 발전 **Progress Against Stomach Cancer**〉(2012), http://www.cancerprogress.net/ downloads/timelines/progress_against_stomach_cancer_timeline.pdf.

8_ J. P. 뉴포트**J. P. Newport**, '과학자들이 골프 연구에 매진하는 이유**Why Scientists Love to Study Golf**', 〈월스트리트저널〉, 2012년 3월 24~25일, A16.

9_ '혁신적인 전쟁**Inventive Warfare**', 〈이코노미스트〉, 2011년 8월 20일, 57~58.

10_ J. 클레먼츠**J. Clements**, '술수에 말려들지 마시오**Don't Get Hit by the Pitch: How Advisors Manipulate You**', 〈월스트리트저널〉, 2007년 1월 3일, D1.

2장

1_ J. 베커**J. Becker**와 M. 루오**M. Luo**, '투손에서는 총기 후원층이 두텁다**In Tucson, Guns Have a Broad Constituency**', 〈뉴욕타임스〉, 2011년 1월 10일, http://www.nytimes.com/2011/01/11/us/11guns.html.

2_ J. 마코프**J. Markoff**, 'IBM의 PC산을 힘겹게 등정하다**Slogging up PC Hill at I.B.M.**', 〈뉴욕타임스〉, 1992년 5월 10일, http://www.nytimes.com /1992/05/10/business/slogging-uppc-hill-at-ibm.html?pagewanted= all&src=pm.

3_ B. 오브라이언**B. O'Brian**, '꼭 기억해두어야 할 점**You Must Remember This: A Slide Is Still a Slide**', 〈월스트리트저널〉, 2001년 3월 5일, R1.

4_ L. 그린하우스**L. Greenhouse**, '미란다 변칙 금지**Tactic of Delayed Miranda Warning Is Barred**', 〈뉴욕타임스〉, 2004년 6월 29일, A17.

5_ S. 앨버트**S. Albert**와 G. 벨**G. Bell**, '타이밍과 음악**Timing and Music**', 〈경영학 리뷰〉 27호, no. 4 (2002): 574~593. 여기서는 좀 더 치밀한 분석이 이어지 나 일부는 동일하다.

6_ G. 모르겐슨**G. Morgenson**, '안전한데 상어가 맴돌고 있는 까닭은 무엇일까?**The Markets: Market Place—Mixed Signals from the Fed; If the Water's Fine, Why Are Those Sharks Still Circling?**', 〈뉴욕타임스〉, http://www.nytimes.com/1998/10/16/business/markets-market-place-mixed-signals-fed-if-water-s-fine-why-arethose-sharks.html.

7_ '밥 먹고 합시다. …… 판사가 언제 배를 채웠느냐에 따라 판결이 달라질 수 있으니까**I Think It's Time We Broke for Lunch …… Court Rulings Depend Partly on When the Judge Last Had a Snack**', 〈이코노미스트〉, 2011년 4월 16일, 87.

8_ G. 볼리**G. Bowley**, '41억 달러의 론세일이 5월의 순간 폭락 일으켰다**Loan Sale of 4.1 Billion in Contracts Led to 'Flash Crash' in May**', 〈뉴욕타임스〉, 2010년 10월 2일, B1.

9._ T. 로리셀라**T. Lauricella**, '타이밍을 놓친 채권형 펀드**Bond Funds Fall Victim to Timing: Thinking Worst Was Over, Top Performers Now Lag Behind**', 〈월스트리트저널〉, 2007년 11월 17~18일, B1.

10_ D. 그로스**D. Gross**, '주택 시장에 다시 출몰한 유령**A Phantom Rebound in the Housing Market**', 〈뉴욕타임스〉, 2007년 1월 7일, C5.

11_ M. R. 고든**M. R. Gordon**, '전쟁, 2008년 대선과 만나다**War, Meet the 2008 Campaign**', 〈뉴욕타임스〉, 2008년 1월 20일, A4.

12_ L. 타무라**L. Tamura**, '누가 황색등을 무시하고 달리는가?**Who Really Runs Yellow Lights?**', 〈워싱턴포스트〉, 〈스타트리뷴**Star Tribune**〉, 2010년 6월 30일, A4.

13_ 일부는 《조직적 행동 연구**Research in Organizational Behavior**》(배리 M. 스토**B. M. Staw**와 래리 L. 커밍스**Larry L. Cummings** 편집)에 게재된 스토와 J. 로스**J. Ross**의 〈갈등이 증폭되는 상황의 행동**Behavior in Escalation Situations**〉에 근거를 두었다(Greenwich, CT: JAI Press, 1987), 9:39~78.

14_ Ibid.

15_ 조직 문화와 타이밍과의 관계는 E. H. 샤인**E. H. Schein**의 《조직 문화와 리더십**Organizational Culture and Leadership**》(San Francisco: Jossey-Bass, 2004); 151~163N을 참조하기 바란다. 문화에 따라 달리 비친 미래는 애슈카나시 V. 굽타**Ashkanasy, V. Gupta**, M. S. 메이필드**M. S. Mayfield**, E. 트레버로버츠**E. Trevor-Roberts**가 쓴 〈퓨처 오리엔테이션**Future Orientation**〉과 《문화·리더십·조직**Culture, Leadership, and Organizations: The GLOBE Study of 62 Societies**》(R. J. 하우스**R. J. House**, P. J. 행스**P. J. Hanges** M. 재비던**M. Javidan**, P. W. 도프먼**P. W. Dorfman**, V. 굽타 편집)을 참고하라(Thousand Oaks, CA: Sage, 2004), 282~342.

16_ W. W. 로런스**W. W. Lowrance**, 《현대 과학과 인간의 가치**Modern Science and Human Values**》(New York: Oxford University Press, 1986), 168에서 인용.

17_ 피터 레오**Peter Leo**, '인간의 기본 욕구**Channeling Man's Basic Instinct**', 〈피츠버그포스트가제트**Pittsburgh Post Gazette**〉, 1994년 8월 25일, http://global.factiva.com ezp-prodl.hul.harvard.edu/hp/printsavews.aspx.

18_ L. 엘리슨**L. Ellison**, '아메리카 컵, 유럽에 오다**The America's Cup Comes to Europe**', 〈이코노미스트〉, 2006년 11월 16일, http://www.economist.com/node/8132643.

19_ S. 셸렌바거**S. Shellenbarger**, '시간대 설정: 밤낮이 없는 평일에 근무하기 **Time-Zoned: Working Around the Round-the-Clock Workday**', 〈월스트리트저널〉, 2007년 2월 15일, D1.

20_ R. 워커**R. Walker**, '톡톡 튀는 기사**Pointed Copy: The Ginsu Knife**', 〈뉴욕타임스 매거진〉, 2006년 12월 31일, 18, http://www.nytimes.com/2006/12/31/magazine/31wwln_consumed.t.html?n=Top%2fFeat

ures%2fMagazine%2fColumns%2fConsumed&_r=0.

3장

1_ I. 칼비노I. Calvino, 《새천년을 위한 6가지 메모Six Memos for the Next Millennium》(Cambridge: Harvard University Press, 1998), 54.

2_ S. 마이댄스S. Mydans, '호주 병력, 동티모르 입성Australians Enter East Timor in Show of Force', 〈뉴욕타임스〉, 1999년 9월 29일, A7.

3_ G. 콜라타G. Kolata, '연구원들, 폐암 CT 촬영의 장점 논박Researchers Dispute Benefits of CT Scans for Lung Cancer', 〈뉴욕타임스〉, 2007년 3월 7일, A18.

4_ Ibid.

5_ C. 도슨C. Dawson, '일찌감치 경계 태세에 돌입한 일본 공장Japan Plant Had Earlier Alert', 〈월스트리트저널〉, 2011년 6월 15일, A11.

6_ R. L. 로스R. L. Rose, '직장 생활 특별기획 기사Work Week: A Special News Report About Life on the Job—and Trends Taking Shape There', 〈월스트리트저널〉, 1994년 12월 6일, A1.

7_ '지구촌의 변화와 축복Commencements: Change the World and Godspeed', 〈타임〉, 1995년 6월 12일, 82.

8_ A. 얼터A. Alter, '돈 드릴로의 책이 말해준 것What Don DeLillo's Books Tell Him', 〈월스트리트저널〉, 2010년 1월 30~31일, W5.

9_ J. P. 리히터J. P. Richter, 《레오나르도 다 빈치의 노트The Notebooks of Leonardo da Vinci》(New York: Dover 1970), 296.

10_ J. 슈타인하우어J. Steinhauer, '의회의 하루가 순식간에 지나갈 때Sometimes a Day in Congress Takes Seconds, Gavel to Gavel', 〈뉴욕타임스〉, 2011년 8월 6일, A12.

11_ '120세 아파트 임대인의 기묘한 사연A 120-Year Lease on Life Outlasts Apartment Heir', 〈뉴욕타임스〉, 1995년 12월 29일, A8.

12_ J. E. 가튼J. E. Garten, '개혁 없는 위기A Crisis Without a Reform', 〈뉴욕타임스〉, 1999년 8월 18일, http://www.nytimes.com/1999/08/18/opinion/a-crisiswithout-a-reform.html.

13_ S. 셰인S. Shane, '복잡하면서도 끝은 모호한 투표의 힘The Complicated Power of the Vote to Nowhere', 〈뉴욕타임스〉, 2007년 4월 1일, D4.

14_ E. 나거니E. Nagourney, '때늦은 낙관론Undue Optimism When Death Is Near', 〈뉴욕타임스〉, 2000년 2월 29일, D8.

15_ 관련 논의는 S. 자히르, S. 앨버트, A. 자히르의 '시간의 척도와 조직 이론Time Scales and Organizational Theory'을 참조하기 바란다. 〈경영학 리뷰〉 24호, no. 4(1999): 725~741.

16_ D. 핀D. Finn, 《만상을 보는 법How to Look at Everything》(New York: Abrams, 2000), 95.

17_ D. 란데스D. Landes, 《시간의 혁명Revolution in Time: Clocks and the Making of the Modern World》(Cambridge, MA: Harvard University Press, 1983), 348~349.

18_ B. 허버드 2세B. Hubbard Jr, 《실무이론A Theory for Practice: Architecture in Three Discourses》(Cambridge, MA: MIT Press, 1996), 164.

19_ R. 라이트R. Wright, E. 드사바타E. de Sabata, G. 세그레티G. Segreti, '콩코르디아호 수사팀, 늑장대응이 '심각한 위기' 초래Alarm Delay 'Critical' Says Concordia Probe', 〈파이낸셜타임스〉, 2012년 5월 18일, http://www.ft.com/intl/cms/s/0/0c0cbd0e-a0f7-11e1-aac1-00144feabdc0.html#axzz2P96YG0Fy.

20_ J. 맥피J. McPhee, '체크포인트Checkpoints', 〈뉴요커〉, 2009년 2월 9일, 59.

21_ J. 베일리**J. Bailey**, '제트블루 사태에 실망한 기장**Chief 'Mortified' by JetBlue Crisis'**, 〈뉴욕타임스〉, 2007년 2월 19일, A1.

22_ P. 그리어**P. Greer**, 1970, J. G. 밀러**J. G. Miller**의 《리빙시스템스**Living Systems**》(New York: McGraw-Hill, 1978), 163에서 인용.

23_ S. 아담스**S. Adams**, '딜버트**Dilbert**', 〈미네아폴리스 스타앤드트리뷴**Minneapolis Star and Tribune**〉, 2005년 10월 16일, Comics, 1.

24_ J. 롱맨**J. Longman**, '글로벌 무대에서 위상이 높아진 소인국 사람들**Lilliputians Gaining Stature at Global Extravaganza'**, 〈뉴욕타임스〉, 2002년 6월 17일, D2.

25_ G. 모르겐슨, '채권 등급심사가 상할 때**When Bond Ratings Get Stale'**, 〈뉴욕타임스〉, 2009년 10월 11일, B1.

26_ J. 월고렌**J. Wilgoren**, '급작스런 사임에 브라운 대학 술렁**President Stuns Brown U. by Leaving to Be Vanderbilt Chancellor'**, 〈뉴욕타임스〉, 2000년 2월 8일, A18.

27_ B. 페닝턴**B. Pennington**과 J. 커리**J. Curry**, '갈림길에 선 호르몬제**Andro Hangs in a Quiet Limbo'**, 〈뉴욕타임스〉, 1999년 7월 11일, D4.

28_ T. 맥긴티**T. McGinty**, K. 켈리**K. Kelly**와 K. 스캐넬**K. Scannell**, '뭇매 맞는 부채 감추기**Debt 'Masking' Under Fire'**, 〈월스트리트저널〉, 2010년 4월 21일, A1.

29_ A. K. 나즈**A. K. Naj**, 'GE 내부고발자, 1150만 달러 횡재**Whistle-Blower at GE to Get $11.5 Million'**, 〈월스트리트저널〉, 1993년 4월 26일, A3.

30_ M. 제이**M. Jay**, '동거의 함정**The Downside of Cohabiting Before Marriage'**, 〈뉴욕타임스〉, 2012년 4월 15일, SR4.

31_ V. 번스타인, 'NASCAR, 대충은 금물**No Cutting Corners as NASCAR Seeks a Clean Start'**, 〈뉴욕타임스〉, 2007년 2월 18일, http://www.nytimes.

com/2007/02/18/sports/othersports/18nascar.html.

32_ P. 드보락**P. Dvorak**, '디자인 회사를 따르는 기업**Businesses Take a Page from Design Firms**', 〈월스트리트저널〉, 2008년 11월 10일, B4.

33_ I. 몰로츠키**I. Molotsky**, '윈터스, 시상식을 후끈 달아오르게 하다**Winters Warms Up for Humor Prize**', 〈뉴욕타임스〉, 1999년 10월 21일, A14.

35_ C. 버그**C. Berg**, '타이타닉의 비화**The Real Reason for the Tragedy of the Titanic**', 〈월스트리트저널〉, 2012년 4월 13일, A13.

4장

1_ L. 네리**L. Neri**, L. 쿡**L. Cooke**, T. 드뒤브**T. de Duve**, 《로니 혼**Roni Horn**》 (London: Phaidon, 2000), 18.

2_ M. 알리**M. Ali**, '무하마드 알리의 위대한 연설**Muhhamad Ali's Greatest Speech**'의 녹취록, YouTube, http://www.youtube.com/watch?v=LxLokrATgIw.

3_ G. 콜라타, '약으로는 안 되는 이유 New AIDS **Findings on Why Drugs Fail**', 〈뉴욕타임스〉, 1995년 1월 12일, A1.

4_ J. 그랜트**J. Grant**, '연결된 사무실, 같은 직원**Wired Offices, Same Workers**', 〈뉴욕타임스〉, 2000년 5월 1일, A27.

5_ G. 콜라타, '지방세포는 죽고 난 후 대체된다**Study Finds That Fat Cells Die and Are Replaced**', 〈뉴욕타임스〉, 2008년 5월 5일, http://www.nytimes.com/2008/05/05/health/research/05fat.html.

6_ Ibid.

7_ R. 러들럼**R. Ludlum**, 《할리돈의 절규**The Cry of the Halidon**》(New York: Bantam Books, 1996), ix.

8_ G. 입**G. Ip**, '까다로운 방정식**Tough Equations**', 〈월스트리트저널〉, 2001년 5월 16일, A1, A10.

9_ T. 개브리엘**T. Gabriel**, '스탠바이! 액션! 컷! 자르고, 붙여라!**Roll Film! Action! Cut! Edit, Edit, Edit**', 〈뉴욕타임스〉, 1997년 5월 5일, C1, C13.

10_ A. 짐발리스트**A. Zimbalist**, '약물 근절, 하루아침에 되는 일 아니다**Stamping Out Steroids Takes Time**', 〈뉴욕타임스〉, 2005년 3월 6일, http://www.nytimes.com/2005/03/06/sports/baseball/06zimbalist.html.

11_ A. R. 소킨**A. R. Sorkin**, '모닥불 다시 사르기**A 'Bonfire' Returns as Heartburn**', 〈뉴욕타임스〉, 2008년 6월 24일, C5.

12_ 거울이나 반사경 혹은 상**Reflection**과 관계가 깊다.

13_ I. 칼비노, 《한겨울 밤의 나그네라면**If On a Winter's Night a Traveler**》(New York: Knopf, 1993), 162.

14_ W. 태플리**W. Tapply**, 《의뢰인 특권**Client Privilege**》(New York: Delacorte Press, 1990), 73~74.

15_ G. 스토크**G. Stalk**와 T. 헛**T. Hout**, 《시간을 역행하여**Competing Against Time**》(New York: Free Press, 1990), 58~59.

16_ J. 마에다**J. Maeda**, 《단순함의 법칙**The Law of Simplicity**》(Cambridge, MA: MIT Press, 2006), 27~28.

17_ S. 컨**S. Kern**, 《시공 문화**The Culture of Time and Space**》, 1880~1918 (Cambridge, MA: Harvard University Press, 1983), 275~276.

18_ Ibid.

19_ '인터넷뱅킹의 헛된 약속**The Hollow Promise of Internet Banking**', 〈이코노미스트〉, 2000년 11월 11일, 91.

20_ B. 바흐리**B. Bahree**와 K. 존슨**K. Johnson**, '이라크의 감산으로 높은 유가 이어져**Iraqi Shortfall Means Oil Prices Could Stay High This Year**', 〈월스트리트저널〉, 2003년 6월 27일, C10.

21_J. E. 힐전래스J. E. Hilsenrath, ‘회복이 침체처럼 느껴지는 이유Why For Many This Recovery Feels More Like a Recession’, 〈월스트리트저널〉, 2003년 5월 29일, A1, A14.

22_N. 파체티N. Pachetti, ‘원유경제학Crude Economics’, 〈뉴욕타임스 매거진〉, 2000년 4월 23일, 36.

23_‘크리스털 클래식스Crystal Classics’, http://www.crystalclassics.com/riedel/ riedelhistory.htm.

24_메를로 퐁티Merleau-Ponty, 《눈과 마음L'Oeil et l'esprit》, J.-P. 몽티에J.-P. Montier의 《카르티에 브레송과 소박한 기교Henri Cartier-Bresson and the Artless Art》(Boston: Little., Brown, 1996), 308에서 인용. 좀 더 쉽게 읽을 수 있도록 번역문을 살짝 수정했다.

5장

1_G. 앤더스G. Anders와 A. 머레이A. Murray, ‘HP 회장을 둘러싼 비화Behind H-P Chairman's Fall, Clash with a Powerful Director’, 〈월스트리트저널〉, 2006년 10월 9일, A14.

2_P. 제임스P. James, 《20세기 예술 문헌The Documents of 20th Century Art: Henry Moore on Sculpture》(New York: Viking Press, 1971), 67.

3_Ibid.

4_E. 이킨E. Eakin, ‘은유로 마음을 꿰뚫다Penetrating the Mind by Metaphor’, 〈뉴욕타임스〉, 2002년 2월 23일, A19.

5_M. 지메인M. Gimein, ‘헤지펀드계에 지각변화가 일까? 내부자들, “그렇다”Is a Hedge Fund Shakeout Coming Soon? This Insider Thinks So’, 〈뉴욕타임스〉, 2005년 9월 4일, B5.

6_R. 커즈와일R. Kurzweil, 《특이점이 온다: 기술이 인간을 초월하는 순간The

Singularity Is Near: When Humans Transcend Biology》(New York: Penguin Books, 2006), 8.

7_ G. 소로스G. Soros, 《금융시장의 새로운 패러다임The New Paradigm for Financial Markets》(New York: PublicAffairs, 2008), xviii-ix.

8_ B. 차일즈B. Childs, 《작곡가의 눈으로 본 시간과 음악Time and Music: A Composer's View》(Seattle: University of Washington Press, 1977).

9_ J. 앵윈J. Angwin, '온라인 업체의 비보Consumer Adoption Rate Slows in Replay of TV's History: Bad News for Online Firms', 〈월스트리트저널〉, 2001년 7월 16일, B8.

10_ M. 올리버M. Oliver, 《낙엽과 구름The Leaf and the Cloud》에 게재된 〈플레어 Flare〉(Cambridge, MA: DaCapo Press, 2000), 1.

11_ D. A. 레델마이어D. A. Redelmeier와 D. 카너먼D. Kahneman, '고통스러운 치료의 기억Patients' Memories of Painful Treatments: Real-Time and Retrospective Evaluations of Two Minimally Invasive Procedures', 〈고통Pain〉 66, no. 1 (1996): 3-8.

12_ J. C. 밀러J. C. Miller, 《피로Fatigue》(New York: McGraw-Hill, 2001), 46.

13_ M. 블룸M. Bloom, '여성 크로스컨트리의 피해Girls' Cross-Country Taking a Heavy Toll, Study Shows', 〈뉴욕타임스〉, 1993년 11월 4일, http://www.nytimes.com/1993/12/04/sports/track-field-girls-cross-country-taking-a-heavy-tollstudy-shows.html.

14_ J. 모워드J. Mouawad, '유가의 불규칙한 등락으로 불투명한 전망Volatile Swings in the Price of Oil Hobble Forecasting', 〈뉴욕타임스〉, 2009년 7월 6일, A3.

15_ K. 브라운K. Brown, '기업의 긴축 재정으로 전조가 심상치 않다Leaner Budgets at Corporations Are Bad Omen', 〈뉴욕타임스〉, 2001년 7월 16일, C2.

16_ 소로스, 《금융시장의 새로운 패러다임》, 68.

17_ '결론 없는 무역 협상The Trade Talks That Never Conclude', 〈이코노미스트〉, 2008년 8월 2일, 71.

18_ A. 델방코A. Delbanco, 《필독: 지금 미국 고전이 중요한 이유Required Reading: Why Our American Classics Matter Now》(New York: Farrar, Straus & Giroux, 1997), 116.

19_ M. 코커리M. Corkery와 J. R. 해거티J. R. Hagerty, '주택 및 금융시장의 악순환이 시장을 위험에 빠뜨릴 것Outlook: Continuing Vicious Cycle of Pain in Housing and Finance Ensnares Market', 〈월스트리트저널〉, 2008년 7월 14일, A2.

20_ B. 무차바우B. Mutzabaugh, '브라질 엠브라에르 항공기 규모 축소Brazil's Embraer Jets Are Sized Just Right', 〈플로리다투데이Florida Today〉, 2012년 7월 20일, Available at http://www.floridatoday.com/article/20120722/BUSINESS/307220011/Brazil-s-Embraer-jetssized-just-right.

21_ A. 주거A. Zuger, '야심한 밤, 열이 오르다Nighttime, and Fevers Are Rising', 〈뉴욕타임스〉, 2004년 9월 28일, D6.

22_ T. 파커포프T. Parker-Pope, '암 치료가 능사는 아니다?Why Curing Your Cancer May Not Be the Best Idea', 〈월스트리트저널〉, 2003년 2월 11일, R1.

23_ L. 스턴L. Sterne, 《트리스트럼 섄디Tristram Shandy》, H. 앤더슨H. Anderson 편집(New York: Norton, 1980), vii. 원래는 9권으로 발행되었다, 1759, 1761, 1762, 1765, 1767.

6장

1_ E. W. 소자E. W. Soja, 《포스트모던 지오그라피스Post Modern Geographies: The Reassertion of Space in Critical Social Theory》(London: Verson, 1989),

138.

2_ A. 코플런드A. Copland, 《음악에서 무엇을 들을 것인가What to Listen for in Music》(New York: Penguin Books, 1953), 105, 106, 107~108.

3_ R. 스미스R. Smith, 《무력의 효용The Utility of Force: The Art of War in the Modern World》(New York: Knopf, 2007), 19.

4_ A. T. 보드A. T. Board, '34개월째 이혼하지 못한 사연34 Months and Still No Divorce', 〈뉴욕타임스〉, 1996년 8월 3일, A15.

5_ Ibid.

6_ J. 피어슨J. Pierson, '서서 들으라, 의자가 꼭 좋은 것만은 아니다Stand Up and Listen: Your Chair May Harm Your Health', 〈뉴욕타임스〉, 1995년 9월 12일, B1.

7_ W. 칼리W. Carley, '창공의 미스터리Mystery in the Sky: Jet's Near-Crash Shows 747s May Be at Risk of Autopilot Failure', 〈월스트리트저널〉, 1993년 4월 26일, A1.

8_ D. 로드릭D. Rodrik, '중국 가정의 기펜 현상Elusive 'Giffen Behavior' Spotted in Chinese Homes', 〈월스트리트저널〉, 2007년 7월 17일, B9.

9_ '패널, 펜실베이니아 경찰 과잉 대처Panel Says Penn Police Overreacted', 〈뉴욕타임스〉, 1993년 7월 28일, B7.

10_ W. 코너W. Connor, '왜 놀랐지?Why Were We Surprised?', 〈아메리칸 스콜라American Scholar〉 60, no. 2(봄호 1991), 177.

11_ J. 플린트J. Flint, 'NBC 시청률, 기대에 못 미치는 마무리NBC Ratings: Olympic-Sized Anticlimax', 〈월스트리트저널〉, 2000년 9월 22일, B6.

12_ B. 카터B. Carter, 'NBC 방송, 올림픽에 기대 걸다NBC Banks on Olympics as Springboard for New Shows', 〈뉴욕타임스〉, 2012년 8월 13일, B1.

13_ J. 호핀J. Hoppin, '교량이 무너질 때 쌓인 수 톤의 바위와 모래Tons of Rock,

Sand Piled at Point Where Bridge Broke', 〈파이오니어프레스**Pioneer Press**〉, 2008년 3월 18일, A1.

14_ A. 스카디노**A. Scardino**, '시장 불안을 둘러싼 어제의 교훈과 오늘의 조언, 29년 증시 폭락이 대공황을 촉발시켰는가?**The Market Turmoil: Past Lessons, Present Advice; Did '29 Crash Spark the Depression?'**, 《뉴욕타임스》, 1987년 10월 21일, http://www.nytimes.com/1987/10/21/business/the-market-turmoil-past-lessons-present-advice-did-29-crash-spark-thedepression.html.

15_ R. H. 탈러**R. H. Thaler**, S. 베나치**S. Benartzi**, '내일을 위해 저축을 늘려라**Save More Tomorrow: Using Behavioral Economics to Increase Employee Saving'**, 2000년 11월 http://www.cepr.org/meets/wkcn/3/3509/papers/thaler_save_more_tomorrow.pdf.

16_ P. 브룩, 《시간의 맥락**Threads of Time**》(Washington, DC: Counterpoint, 1998), 63.

17_ J. 스코트**J. Scott**, '조만간 봄이니 잠은 이제 그만**Spring Ahead, Sleep Behind'**, 〈뉴욕타임스〉, 1995년 4월 2일, A37.

18_ D. 골드너**D. Goldner**, '시대를 주도하다**Ahead of the Curve'**, 〈월스트리트저널〉, 1995년 5월 22일, R19.

19_ S. 캐리**S. Carey**, '항공기 추락 이후의 혼란**Chaos in Jet After It Hit River'**, 〈월스트리트저널〉, 2009년 2월 9일, A6.

20_ A. 코에스틀러**A. Koestler**, 《창조의 기술**The Art of Creation: A Study of the Conscious and Unconscious in Science and Art**》(New York: Dell, 1964), 175.

21_ '앰뷸런스·살인 이론**The Year in Ideas: The Ambulance-Homicide Theory'**, 〈뉴욕타임스 매거진〉, 2002년 11월 15일, 66.

22_ D. 엘스버그**D. Ellsberg**, 《베트남의 비망록과 펜타곤 문건**Secrets: A Memoir** of Vietnam and the Pentagon Papers》(New York: Viking Press, 2002), 141~142.

23_J. 단튼J. Darnton, '두 아일랜드인의 꼼수But How Two Irish Enemies Got the Ball Rolling', 〈뉴욕타임스〉, 1994년 9월 5일, A1, A4.

24_ '동조'를 두고는 문헌이 방대하다. 이를테면, 《조직 행동 연구Research in Organizational Behavior》(B. 스토B. Staw와 L. 커밍스L. Cummings 편집, Greenwich, CT: JAI Press, 1996, 18:251~284)에 게재된, D. 안코나D. Ancona와 C.-I. 청C.-I. Chong의 〈동조, 조직 행동의 속도와 주기 및 리듬 Entrainment: Pace, Cycle, and Rhythm in Organizational Behavior〉을 참고하기 바란다. 일부 저술가들은 조직은 내부와 환경의 리듬을 동기화해야 한다고 주장하지만 나는 중요한 리듬을 찾아내는 것이 시급한 문제라고 생각하기 때문에 입장이 약간 다르다. 물론 코플런드의 주장을 감안한다면 문제가 그리 쉽지만은 않을 것이다. 리듬을 찾아냈다면 그것이 달라지는 시기와 경위, 그리고 소통이나 상호관계 또한 이해해야 한다. 환경의 리듬과 동기화하는 편이 나을 때가 있는가 하면, 그 역이 성립할 때도 더러 있기 때문이다.

25_ F. 슈와츠F. Schwartz, 《블라인드 스팟Blind Spots: Critical Theory in the History of Art in 20th Century Germany》(New Haven, CT: Yale University Press, 2005), 130.

26_ 린지Lindsay, 케네스 C.Kenneth C.와 피터 거고Peter Gergo의 《미술계의 거장 칸딘스키Kandinsky, Complete Writings on Art》에서 발췌, 저작권자인 센게이지 러닝Cengage Learning, Inc.의 동의하에 수정·게재함. www.cengage.com/permissions.

27_ F. 노리스F. Norris, '투자자가 들어야 할 경고Buried in Details, a Warning to Investors', 〈뉴욕타임스〉, 2012년 8월 2일, http://www.nytimes.

com/2012/08/03/business/awells–fargo–security–goes–wrong–for–investors.html?pagewanted=all.

28_ C. 딘C. Dean, ‘공학과 실패의 기술Engineering and the Art of the Fail’, 헨리 페트로스키Henry Petroski의 《디자인을 용서하기 위해To Forgive Design: Understanding Failure》에 대한 평론, 〈뉴욕타임스〉, 2012년 7월 13일, C25.

29_ T. 프리드먼T. Friedman, ‘두 세계가 붕괴될 때Two Worlds Cracking Up’, 〈뉴욕타임스〉, 2012년 6월 12일, http://www.nytimes.com/2012/06/13/opinion/friedmantwo–worlds–cracking–up.html.

30_ T. S. 버나드T. S. Bernard, ‘대학 교재를 매매하기 좋은 때The Best Time to Buy and Sell College Textbooks’, 벅스Bucks(블로그), 2012년 8월 8일, http://bucks.blogs.nytimes.com/2012/08/08/the–best–time–to–buy–and–sell–college–textbooks/.

31_ S. 블레이크슬리S. Blakeslee, ‘환지증 극복 수기A Rare Victory in Fighting Phantom Limb Pain’, 〈뉴욕타임스〉, 1995년 3월 28일, B12.

32_ J. L. 런스포드J. L. Lunsford, ‘점진적인 상승Gradual Ascent: Burned by Last Boom, Boeing Curbs Its Pace’, ‘항공기 주문을 제어하기 위한 신규 제한 규정It Uses New Restraint to Juggle Jet Orders’, “토끼 구멍” 피하기Avoiding ‘Bunny Holes”, 〈월스트리트저널〉, 2007년 3월 26일, A1.

33_ Ibid, A13.

34_ ‘경기순환에 따른 금융 규제 적응Joseph and the Amazing Technicalities: Adjusting Banking Regulation for the Economic Cycle’, 〈이코노미스트〉, 2008년 4월 26일, 18.

35_ ‘보건 전망, 질병과 기온의 관계를 규명하여 병원을 도와야 한다And Now Here Is the Health Forecast: Understanding the Link Between Illness and Temperature Should Help Hospitals’, 〈이코노미스트〉, 2002년 8월 1일,

http://www.economist.com/node/1259077.

36_ A. 스톤**A. Stone**, '줄을 서서 기다리는 것이 괴로운 이유**Why Waiting Is Torture'**, 〈뉴욕타임스〉, 2012년 8월 18일, SR12.

7장

1_ 마하트마 간디 인용, 브레이니쿼트**BrainyQuote** 사이트, http://www.brainy-quote.com/quotes/authors/m/mahatma_gandhi.html#8K8lItl36cQKsbQR.99.

2_ S. 앨버트, 〈갑론을박 타이밍**The Timing of Dissent**〉, 〈리더 투 리더**Leader to Leader**〉, 가을호 2001, no. 22, 34. 7장의 분석은 〈리더 투 리더〉를 참고했고, 대화는 그룹 진행 과정을 담은 16밀리미터 흑백 영상(지금은 활용할 수 없다)에 기반을 두었다. 정확하진 않지만 배급 업체는 맥그로힐**McGraw-Hill**로 기억한다. 제목은 아마 〈집단사고의 희생양**Victims of Group Think**〉일 것이다.

3_ 《회의법 일반 준칙 개정판**Robert's Rules of Order Newly Revised**》, 11판(New York: De Capo Press, 2011).

8장

1_ J. 알베르스**J. Albers**, 《색상의 소통**Interaction of Color**》(New Haven, CT: Yale University, 2006), 2. 초판은 1963년에 출간.

2_ J. 골드스타인**J. Goldstein**, '소방청, 방재 전략 재고**As Furniture Burns Quicker, Firefighters Reconsider Tactics'**, 〈뉴욕타임스〉, 2012년 7월 2일, A1.

3_ J. 그룹먼**J. Groopman**과 P. 하츠밴드**P. Hartzband**, '양질의 건강관리가 위험한 이유**Why 'Quality' of Care is Dangerous'**, 〈월스트리트저널〉, 2009년 4월 8일, A13.

4_ 골드스타인, '소방청, 방재 전략 재고', A3.

5_ J. 마코프J. Markoff, '연구팀, 암호화된 데이터 도용법 확인Researchers Find Way to Steal Encrypted Data', 〈뉴욕타임스〉, 2008년 2월 22일, C1, C6.

6_ D. J. 와킨D. J. Wakin, '바이올린에 끈을 묶어둘 시간Time to Tie a String Around That Strad', 〈뉴욕타임스〉, 2008년 5월 11일, A6.

코다

1_ W. 에이펠W. Apel과 R. T. 대니얼Daniel, 《간추린 하버드 음악사전The Harvard Brief Dictionary of Music》(New York: Pocket Books, 1960), 62.

2_ S. 베케트S. Beckett, 《엔드게임Endgame》과 《무언극Act Without Words》(New York: Grove Press, 1958), 1.

3_ A. 카뮈A. Camus, 《작가수첩Notesbooks 1935~1942》, (New York: Knopf, 1963), 10.

4_ 모차르트가 쓴 것으로 추정되는 서신에서 인용, E. 브란, 《상상력의 세계The World of the Imagination: Sum and Substance》(Savage, MD: Rowman & Littlefield, 1991), 321.

5_ J. 아탈리J. Attali, 《소음: 음악의 정치경제Noise: The Political Economy of Music》(Manchester,UK: Manchester University Press, 1985), 11.

6_ Ibid, 4.

7_ M. 홀M. Hall, 《고향을 떠나며Leaving Home: A Conducted Tour of the 20th Century Music with Simon Rattle》(London: Faber & Faber, 1996), 68.

8_ L. 크레이머L. Kramer, 《고전음악과 포스트모던 지식Classical Music and Postmodern Knowledge》(Berkeley: University of California Press, 1995), 176.

9_ S. 미첼S. Mitchell이 옮긴 《재번역한 바가바드기타Bhagavad Gita: A New

Translation》(New York: Three Rivers Press, 2000), 145.

부록

1_ S. K. 랑거S. K. Langer, 《감정과 형상Feeling and Form》(New York: Charles Scribner's Sons, 1953), 110. 이 작품에서 랑거는 "음악 덕택에 시간이 귀에 들어오고 시간의 형상과 연속성이 오감으로 느껴진다"고 말했다(원문에는 이탤릭체로 되어 있다).

이 책이 출간하기까지 수십 명의 도움을 받았다. 많은 동료가 시간을 내어 각 장을 정독하고 느낀 바를 전해주었다. 특히 원고에 대해 몇 차례씩 의견을 교환하며 격려를 아끼지 않았던, MIT 대학의 에드거 샤인 교수에게 감사드린다. 친구이자 동료인 마크 앤더슨 교수는 7장 '6개의 렌즈를 활용하라 : 갑론을박 타이밍을 찾아서'의 사례를 덧붙여나갈 때 아이디어를 제공하는가 하면 글의 표현을 좀 더 개선하기 위해 일부 원고를 꼼꼼히 읽기도 했다. 시간과 타이밍에 관한 글을 함께 집필해온 미네소타 대학의 스리 자히르 학장과 악스 자히르, 제프 벨 교수에게도 감사드린다. 제프 교수는 타이밍과 음악의 관계를 규명하는 데 도우미를 자처한 바 있다. 아울러 집필에 전념할 수 있도록 한 학기 동안 연구비를 지원해준, 동대학 고등학술연구소의 앤 왈트너 소장에게도 감사의 마음을 전한다. 시공간 디자인을 주제로 열린 우수학생세미나에서 강사로 수고한, 디자인 대학원의 토머스 피셔 학장도 고맙다. 매우 소중한 기회에 이 두 영역을 나란히 통찰해볼 수 있어 좋았다. 또한 하버드 대학 심리학부의 엘런 랑거와 허버트 켈먼 교수는 두 차례의 휴가 기간 동안 객원연구원 자리를 마련해주었고, 데보라 안코나 교수는 MIT 슬론 경영대학원의 객원교수로 초빙되는 데 힘을 보태주었다. 그 덕분에 풍성하고 유쾌한 해를 보냈다.

원고의 제목으로 《웬**When:The Art of Perfect Timing**》(이 책의 원제이다.─옮긴이)을 귀띔해준, 하버드 대학의 댄 길버트 교수에게도 감사드린다.

책이 진작 출간되지 못해 좀 아쉽다. 뜻밖에 시간을 많이 잡아먹는 일이 더러 있었다. 타이밍을 잡으라는 주제의 책이 도리어 늦게 출간되고 말았으니 정말 아이러니할 따름이다!

미네소타 대학의 전략·기업가정신학부 직원인 줄리 커팅과 노엘 프렌치, 케이트 넬슨은 언제든 나를 도울 준비가 되어 있었다. 옆에 두고 싶은 베테랑 직원이다.

브라질 상파울로의 푼다카오게툴리오바르가스**Fundacao Getulio Vargas** 대학의 토마즈 우드 교수와 프랑스 파리의 경영대학원 HEC의 베르트랑 무앙종 교수는 고맙게도 원고 이야기를 나누기 위해 나를 초대해주었다.

덧붙여 고 J. T. 프레이저가 창설한 국제시간연구학회는 20여 년간 지성인의 안식처로 자리를 잡아왔다.

책을 쓰면서 필자와 인연을 맺어온 기업과 경영인도 많다. 매달 오찬을 함께 해온 알렉스 시릴로(3M)에게 특히 감사드린다. 각 장에서 구체적인 논의가 있었기에 기업 환경에서도 이를 명쾌하게 적용할 수 있었다. 또한 동료애를 베풀고, 당사와의 협의를 주선해준 로저 래그나를 비롯하여 다양한 비즈니스 환경에서 부딪치는 타이밍의 이해를 도운 MSI 보험의 전 CEO 짐 밴 후튼과 브래마에너지벤처스**Braemar Energy Ventures**의 경영 파트너이자 애드벤트인터내셔널**Advent International**의 전 북미 투자 총괄자 데니스 R. 코스텔로, 메드트로닉**Medtronic** 연구·사업개발부 부대표 마이클 콜슨에게도 고마움을 전하고 싶다.

메리엄 코차랸은 탁월한 연구 조교 겸 음악 컨설턴트로 〈21세기 신세계 교향곡〉을 기획·재생하는 데 큰 도움이 되었다. 도표의 초안을 생각해낸 나탈리 로버츠와, 책에 그래픽을 삽입하고 디자인을 조언해준 퍼스트스트리트디자인First Street Design의 에린 메이슨에게도 감사의 마음을 전한다. 집필 관련 피드백을 비롯하여 여러모로 수고해준 컨설턴트 겸 제자 암자드 하벅에게도 감사드린다.

카티지리터러리Cottage Literary에서 편집과 자문으로 애써준 재클린 머피가 없었다면 이 책은 빛을 보지 못했을 것이다. 돌이켜보건대, 그녀와 고생한 결실이 탁월한 편집으로 승화된 듯하다. 복잡한 아이디어를 단순화하고 가장 효과적인 구조를 찾아내는 그녀만의 역량은 가히 최고라고 자부한다. 아울러 출판 에이전트로서 조시베이스·윌리Jossey-Bass/Wiley의 인재들과 인연을 맺게 해준 것도 감사드린다.

조시베이스의 제노베바 로사 편집주간은 원고 출간을 적극 지지하며 필자를 격려해주었고, 클랜시 드레이크는 원고를 보강하기 위해 심층적으로 편집상의 조언을 일러주었으며, 존 마스는 필자의 생각이라면 뭐든 적극 후원해주었다. 미셸 존스는 교열의 달인이었으며, 자네 콜먼은 책의 방향이 확정되기 전부터 편집과 관련해 여러모로 도움을 주었고 나를 따뜻하게 응대해주었다. 모두에게 감사의 마음을 전한다. 점심과 저녁 식사를 같이할 때뿐만 아니라 수시로 그들과 의견을 교환하면서 핵심 아이디어의 가닥을 잡을 수 있었다. 에린 위그는 이 책의 근거가 된 데이터베이스를 관리하고 부호화하는가 하면, 서지 정보에 대한 내 의문을 명쾌히 해결해주어 무척 고마웠다. 그녀라면 인근 도서관에 소장된 책 3000권의 위치를 조목조목 다 기억하고 있을 것 같다. 조 스콧과 클레이튼 맥클린톡은 교열을 도왔고, 앨런 파인과는 표지에 대한 의견 및 피드백을 교환했다.

잭 갤러웨이는 초고를 쓸 때 편집을 도왔는데, 그와 함께한 시간을 돌이켜보면 거장이 지도하는 글쓰기 강좌라고 해도 손색이 없었다. 강좌의 수준은 지금도 일취월장하고 있다. 독자가 이 책을 꼭 읽어야 한다는 당위성을 그가 변호해주고 본서의 가치를 굳게 믿었기에 책이 출간되지 않았나 싶다.

편집자 루시 매컬리도 집필을 몸소 도와주었고, 조앤 포리츠키와 잭 위어스마 역시 수년간 지도편달을 아끼지 않았다. 직장에서 성과를 인정받은 오랜 친구 존 브라이슨과 바버라 크로스비도 내게 큰 귀감이 되었다. 책의 굵직한 아이디어를 아내, 앨런과 캐럴 벤스먼 부부와 함께 나눈 기억이 반갑게 떠오른다.

브라질에 소중한 가족이 있어 특히 운이 좋았던 것 같다. 클라리스와 호세 아불레아키, 술리와 토마스 히슈브루시는 우리를 따뜻하고 친근하게 맞이해주고 수년간 집필을 도왔다. 고인이 된 베르나르도와 엘라 다스칼은 이 타지에서 사랑과 거처를 베풀어주었다. 아직도 그들이 그립기만 하다. 늘 "책은 잘 돼가나요?"라며 묻는 루시아 비센트도 고맙다.

작품에 관심을 두고 겉표지에 예리한 통찰력을 제시한 누이 마이라 앨버트에게도 감사하고, 수년간 원고에 관심과 열정을 쏟은 로버트와 캐시 민츠, 지니와 스티브 프라이드에게도 박수를 보낸다.

끝으로, 지금까지 사랑과 내조에 모든 걸 쏟아부은 아내 로시타에게는 어떤 말로 감사의 마음을 전해야 할지 좀 막막하다.

시간이 창조한
필연과 우연의
패러독스

—

"יהי אור (여히 오르)"
"빛이 있으라!"(창세기 1:3)

천지창조는 빛에서 출발한다. 시간 개념을 역추적하려고 하니 자연스레 빛과 마주한다. 빛에 시간이 내포되어 있기 때문이다. 빛의 입자가 일정 거리를 이동해야 가시적으로 이를 감지할 수 있고, 거리를 이동하려면 시간이 걸리게 마련이니 빛의 창조는 곧 시간의 창조인 셈이다 (신학자의 견해는 잘 모른다!).

사람은 누구나 시간을 의식하며 산다. 예컨대 11월 11일이 되면 빼빼로나 가래떡을 주고받고, 생일에는 미역국을 먹는다. 밸런타인데이, 화이트데이, 크리스마스, 추석, 한글날, 개천절 등이 돌아오면 날의 기원은 모르더라도, 어렴풋이나마 다른 날과는 사뭇 다르다는 생각이 든다. 하다못해 방정을 떠는 조카의 모습에서도 유수와 같은 세월이 새삼 느껴지지 않던가.

이처럼 시간을 의식하며 살다 보니 타이밍도 무관하지 않은 관심사가 되었다. 우리는 전문 강사에게 타이밍을 포착하는 비결을 배운 적은 없지만 아주 문외한은 아니다. 저자의 말마따나, 사람은 누구나 타이밍에 대해 의외로 많은 것을 알고 있다. 올림픽이나 월드컵 등 국민의 이목이 쏠리는 국제행사 시기를 피해 프로젝트를 기획하는 기업, 대박을 기대하며 개업 며칠 전부터 일찌감치 전단 세례를 베푸는 치킨 업체나 피자 가게 등은 아주 많다. 어디 그뿐인가, 2012년 초에는 헤밍웨이 서거 50주년을 기화로 일부 작품을 재번역하여 펴낸 출판사도 더러 있다. 이 모두가 타이밍을 의식한 발상이다.

그렇다면 타이밍을 잡는 데 일가견이 있는 우리가 실수하는 까닭은 무엇일까? 저자가 1990년대에 구상한 개념이 뒤늦게 독자의 문을 두드린 이유가 바로 여기에 있다(타이밍 저자가 정작 자신의 책을 내는 데는 타이밍이 늦었다).

타이밍을 놓쳐 막대한 손실이나 피해로 이어진 사례를 보자. 미니애폴리스의 미시시피 강을 잇는 교량이 붕괴하여 150여 명의 사상자가 나왔고(2007년 8월), 텍사스 와코에서는 다윗파 데이비드 코레쉬와 그의 추종자 86명이 51일간의 무장 대치 끝에 집단 자살의 길을 택했다(1993년 4월 19일). 게다가 2010년 동계 올림픽을 앞두고 그루지야 대표 선수 노다르 쿠마리타시빌리가 최종 훈련 중 루지 충돌사고로 세상을 떠났다. 저자는 이 모든 사건이 타이밍과 무관하지 않다고 말한다.

사건이 일정한 방향으로만 흘러가지 않고 돌발적인 변수가 작용한다는 점도 아주 무시할 수는 없지만, 좀 더 근본적인 원인은 인간의 사고력이 무한하지 않다는 데 있다. 저자의 용어를 빌리자면 직렬(순차성)과 병렬, 시퀀스와 폴리포니의 한계랄까. 어찌 보면 이 둘은 사고력을 두고 서로 모순되는 면이 있다.

순차성(시퀀스)의 한계는 두뇌가 너무 발달한 까닭이고, 병렬(폴리포니)적인 한계는 두뇌가 '멀티'에 능숙하지 않은 까닭이다. 순차성의 한계를 잘 보여주는 예는 이렇다. 현관에 열쇠를 넣는 상상에서 우리는 집에 도착하기까지의 과정(지금 앉아 있는 사무실 문을 열고, 계단을 내려오고, 건물을 빠져나와 차를 타고, 혼잡한 도로를 달리는 과정)을 모두 생략한다. 밑도 끝도 없이 어느덧 열쇠가 자물쇠에 들어가 있다. 중간 과정을 몽땅 건너뛰는 능력이 두뇌의 이점이긴 하지만 도리어 허점이 될 수도 있다.

폴리포니의 한계는 음악에서 멜로디가 4개 이상이면 잘 들을 수 없다는 '코플런드의 한계'로도 설명할 수 있다. 음악에서와 마찬가지로, 인간은 벌어지고 있는 사건이 넷을 초과하면 잘 인식할 수 없다. 사건의 경계가 모호해져서 그렇다.

저자 스튜어트 앨버트는 이러한 한계를 극복하기 위해 시간의 구성 요소, 즉 시퀀스, 구두법, 인터벌, 듀레이션, 레이트, 셰이프의 특성을 정리했다. 폴리포니를 다룬 장에서는 이들이 서로 병렬적인 위치에 놓여 어떻게 작용하는지를 보여줌으로써 독자의 시야를 넓혀준다.

책의 하이라이트는 단연 폴리포니로 타이밍을 잡는 요령이겠지만, 시간의 구성 요소 자체도 흥미롭다. 개별적으로 응용해도 가정이나 직장에서 멋진 아이디어를 창출해낼 수 있을 듯하다. 헌츠 케첩은 고전적인 케첩 용기의 시퀀스(케첩을 쥔다 ⇨ 입구를 아래로 내린다 ⇨ 짠다 ⇨ 케첩이 나온다) 중 한 단계(입구를 아래로 내린다)를 생략하여 상품으로 구현했고, 〈명탐정 코난〉은 시퀀스와 역시퀀스가 공존하는 독특한 발상으로 17년 남짓 사랑을 받아왔다. 〈명탐정 코난〉에서 우리는 유

선전화에서 시작해 2D 휴대전화, 스마트폰, 태블릿 PC까지 현대 기술의 진화를 엿볼 수 있다. 배경은 이렇듯 시퀀스를 순차적으로 따르지만 등장인물의 나이는 전혀 달라지지 않는다. 코난은 17년이 지나도 여전히 초등학교 1학년이다. 환경은 플러스(+) 방향으로 가는 시퀀스를 따르지만 나이는 마이너스(−) 방향으로 가는 역시퀀스를 따른다.

이 책은 타이밍과 관련해 흥미롭게 읽을 수 있는 사례가 아주 많다. 이론 자체는 다소 딱딱해 보이지만, 실제 사례와 접목해 풀어내므로 이해하는 데 무리가 없을 것이다. 번역을 마치고 난 이후, 나도 예전보다 더 타이밍을 의식하게 되었다(폴리포니 렌즈를 적용하고 싶은 욕심도 생겼다). 책의 위력이란 이를 두고 하는 말이 아닐까 싶다.

일독으로 타이밍의 달인이 될 순 없겠지만, 막대한 손해를 사전에 차단하거나 절호의 기회를 살리는 효과를 기대할 순 있다. 세상은 복잡다단하고 우연과 필연이 공존하는 것처럼 보여도, 타이밍을 분석하면 우연이란 없다는 결론을 얻을 것이다.

끝으로 내게 귀감이 된 랍비 힐렐의 격언으로 글을 마칠까 한다.

나를 위해 살지 않는 나는 누구인가?
나만을 위해 사는 나는 누구인가?
지금이 아니라면
언제란 말인가?
그때가 언제란 말인가?

퍼펙트 타이밍

© 스튜어트 앨버트 2014

초판 인쇄 2014년 7월 30일
초판 발행 2014년 8월 11일

지은이 스튜어트 앨버트
옮긴이 유지훈
감수자 최성락

펴낸이 강병선
편집인 김성수

기획·책임편집 김성수 **디자인** 이현정 **교정** 네오북(김연정)
마케팅 방미연 이지현 함유지 **온라인 마케팅** 김희숙 김상만 한수진 이천희
제작 강신은 김동욱 임현식

펴낸곳 (주)문학동네
출판등록 1993년 10월 22일 제406-2003-000045호
임프린트 아템포

주소 413-120 경기도 파주시 회동길 210
문의전화 031-955-1930(편집) 031-955-2655(마케팅)
팩스 031-955-8855
전자우편 kss7507@munhak.com

ISBN 978-89-546-2545-6 13320

www.munhak.com